インド藩王国

ウィリアム・バートン

国土計画研究所　訳

インド君主の戴冠式

ニューデリーの藩王会議室

一七八四年当時の旧カルカッタ河畔

象狩り

カシミール地方の渓谷

ブンディの王宮

ウダイプルの水宮

グワリオール王宮

マイソール藩王国
におけるダシャハラー
の行列

ネパール王国
パタン市の街路

ジュナガール王宮の城門

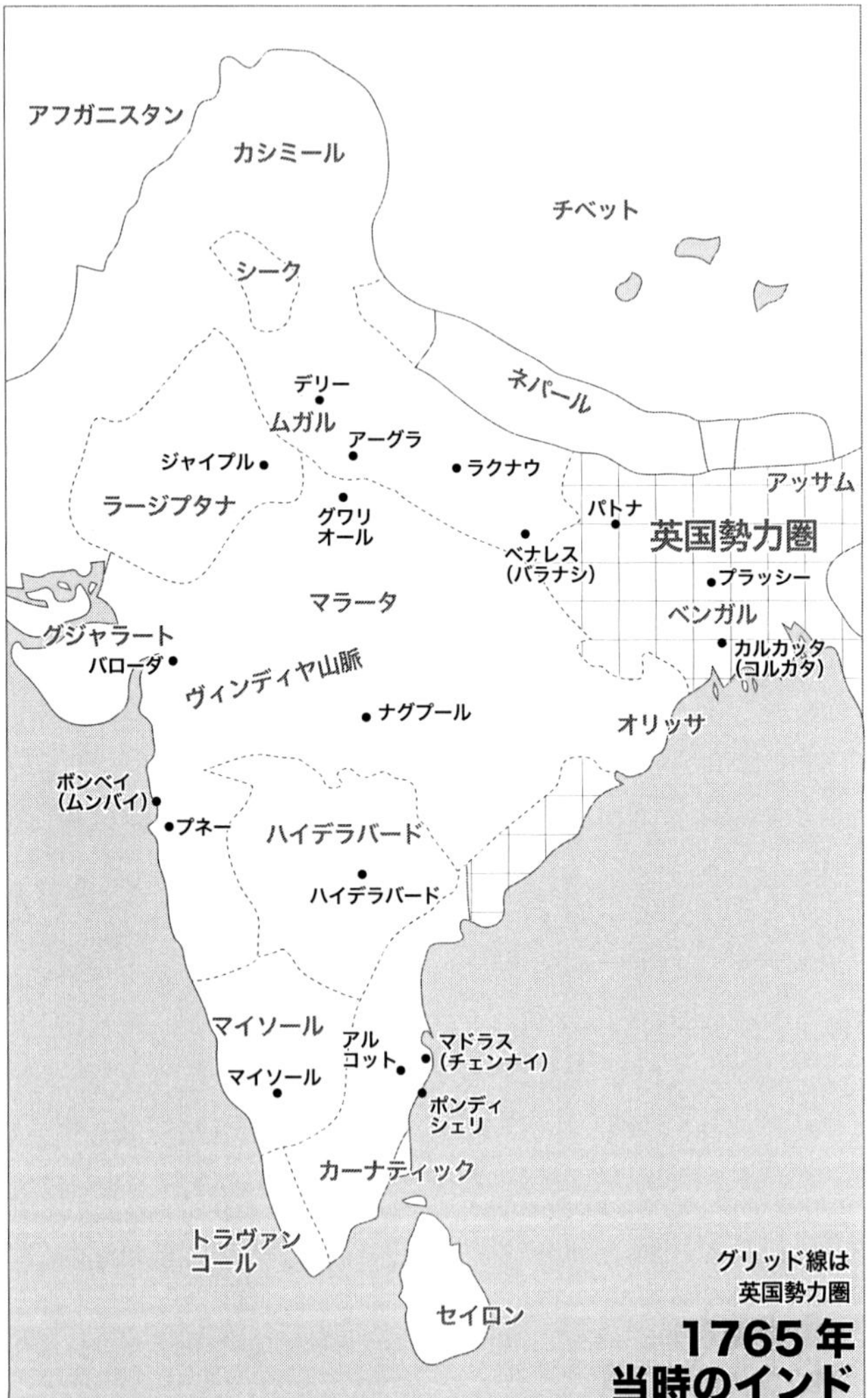

アフガニスタン
カシミール
チベット
シーク
ネパール
デリー
ムガル
アーグラ
ジャイプル
ラクナウ
アッサム
ラージプタナ
パトナ
グワリオール
ベナレス(バラナシ)
英国勢力圏
プラッシー
マラータ
ベンガル
グジャラート
カルカッタ(コルカタ)
バローダ
ヴィンディヤ山脈
ナグプール
オリッサ
ボンベイ(ムンバイ)
プネー
ハイデラバード
ハイデラバード
マイソール
アルコット
マドラス(チェンナイ)
マイソール
ポンディシェリ
カーナティック
トラヴァンコール
グリッド線は英国勢力圏
セイロン
1765年
当時のインド

ここに示したふたつの図は
1934年出版の『印度藩王国』
見返し掲載図をもとに作製。

内容目次

Preface

序

序・原著者に対する序文・原著者序文

序

インドはかつて英国東亜侵略の根拠地であったばかりでなく、現在、再び、新たに、東亜、西亜、太平洋、豪州の戦線に対する敵米英の一大兵器廠として利用せられている。反枢軸戦力最大源泉の一である。したがってインドの向背《こうはい》ならびに対インド作戦は、大東亜戦争の関ヶ原であり、これが欧州戦局にこたえる影響は決定的であろう。我が皇軍はすでにインドの東国境に迫っている。敵英米反枢軸軍は周章《しゅうしょう》なすところを知らず、これが防御に奔狂《ほんきょう》しているのもまた無理なきことといわねばならぬ。東條首相はインド独立の支援を声明し、チャンドラ・ボースの独立軍また皇軍とくつわをならべてデリーを指して進入態勢にある。まことにインドは大東亜共栄圏の一環として、再び、この世界に出現せんとしつつある。インドには歴史がないといわれるが、今こそインドは真の歴史を織り出さんとしているのだ。インドはかつてなき大きな嵐のなかに入らんとしている。インドの一切は有史以来の一大変革に遭遇するであろう。一切のものが文字通りの変革である。社会も、文化も、経済も、カーストも、宗教も、一大革命の洗礼を受けるであろう。その旧時代的、封建的、またアングロ・サクソンの侵略主義的残屑《ざんせつ》の一切も、「東方よりの光」とともに消え失せて、我が八紘為宇《はっこういう》の大精神の下に、大東亜的にしてしかも真のインド的なる自我が、新たに形成、創造せられるであろう。「英帝国の第五列」たる諸々のインド藩王国が、この有史以来の大変革に際して、如何に運命づけられるであろうか、それもまた同じく、我々の大きな関心事の一でなければならない。けだし、インド総面積の五分の二、総人口の四分の一は、実にこれら藩王国君主の支配にまかせられているからである。

アングロ・サクソンは、これらの藩王国を、インド国内における最大の味方として利用した。英国のインド侵略にあたり、またアジア、アフリカ、欧州における戦争において、さらにインド独立運動の鎮圧において、これらのインド藩王らは、インドの同胞を犠牲に供《きょう》しつつ、英帝国に対し如何に忠犬の振舞いを続けてきたことか。今次大戦の勃発にあたっても、インド国民の独立運動を無視して、彼ら藩王が英皇帝に対して示した忠勤ぶりを人々は思い出すであろう。インド藩王国問題は、新たなるインドにとって、したがってまた大東亜共栄圏の指導者としての日本にとって、即刻解決すべき問題として目前に迫っている。我々はインド藩王国問題について明確なる判断力をもたねばならぬ。

しかるに、遺憾ながら、我が国のインド研究は、ごく一部を除き、多くいまだ幼稚の域を脱せず、今やっと慌てて着手したという段階にあり、いわんや藩王国研究にいたっては、まったく無着手の状態にある。したがって我々は、残念ながら、一応の出発を、外国人の研究によらざるを得ない。外国人の研究といえば、やはり、支配者としての必要からなされた英国人のものとなるが、それにふたつある。古くはリー・ワーナーの研究であり、最近の代表作としては、ウィリアム・バートンの著作であろう。

本書は後者Wiliam Burton:Princes of India.1934.を全訳したものであるが、原著者の序にも見るごとく、その目的は、「英国がインド支配の新しい政策、すなわち、インド連邦制をしくにあたってぶつかった問題――「諸藩王領における独裁的専制政治と英直轄領におけるいわゆる民主主義政治とを如何に調和結合させるか」という矛盾した問題を如何にして解決し、さらにそれによって藩王国の支配者たちを永久に英帝国の味方に引きつけておくかという点にある。したがってその書きかたは自然、これらの藩王国と英帝国との利害の一致と藩王国政治の賛美とならざるを得ない。すなわち英国のインド征服史上ならびに同支配史上行なわれた連続せる幾多の血なまぐさき惨虐史は頬かぶりせられ、どうしてもふれざるをえない事実については、ちょっと英国をたしなめながら、その万《ばん》やむをえざる事情として弁護または曲筆し、また一方諸藩王の英皇帝への忠勤ぶりを称揚《しょうよう》するとともに、藩王国における統治様式を、讃うべき「真のインド的政治様式」なりとして推称《すいしょう》し、その永く維持すべきを説き、そこに行なわれる一切の暗黒なる実態に厚い蓋《ふた》を覆うた。著者の目的とするインド連邦形成上の上述の矛盾問題の解決への努力は、今や無意味であり、侵略者アングロ・サクソンの一場《いちじょう》の空しき夢に過ぎなくなるであろう。ともあれ、本書は数少なき藩王国研究の一労作であり、その意味において、我々の同研究の参考書としての利用価値は十分であろう。

最後に、原著はかくれたインド問題の研究者企画院第一部第三課長村山道雄氏の好意により借り受けたものであり、翻訳については鈴木幸氏に委嘱《いしょく》した。二氏に対し深い感謝を捧げる。なお、藩王国一般について予備知識を得たい人のために「インド藩王国について」を付録として載せておいた。併読せられんことを希望する。

昭和十八年八月

国土計画研究所

常務理事　野副重次

原著書に対する序文

インドに関する問題は、現今の政治的段階において、はなはだ重要な地位をしめるものである。本書の内容のすべてに賛意を表することは必ずしも必要ではないが、本書は実にインドについての我々の知識を大いに啓発するものをふくんでいる。

本書に論ぜられている多くの点に関しては、あるいは相当大きな意見の相違もあり、またそれらの問題の最善の処理方法如何という点にも見解の開きが大分ある。しかしながら、何人といえども近々のうちに、インドの将来がかつて経験したことのないもっとも困難な実際政治上の問題を、英国人に対して提供するであろうということを認めるにやぶさかではないであろう。

判断が聡明な判断であるためには、それは問題の本質に関する健全な概念にもとづいていなければならない。そして新しきインドにおいて、インドの諸藩王国のしめるべき地位如何ということは、この問題のうちもっとも重要な要素たるものである。彼ら藩王国は、インドの他の部分をもインド連邦のなかに加入させるべきであらうか。彼らはインド連邦政府に対して強さをあたえるであらうか。あるいはまた弱さをもたらすであろうか。藩王国の利害関係は、全インド連邦へ加入することと両立しうるであろうか。藩王国に対するインド連邦政府の司法裁判権は如何に取り扱わるべきであろうか。これらの諸問題について、近い将来に必ずやはげしい論議が起こってくるであろう。

おもうに、英国においては、インド全般の問題のなかのもっとも重要な問題に比して、インド藩王国に関する知識ははなはだしく低いものだということは疑いのないところである。例えば、著者ウィリアム・バートン君がとくに多大の関心をもって論じているネパール王国のごときについても、ネパールはインド藩王国の部類に入らない国であり、かつ過去においてもいまだかつてインド藩王国たりしことはなかったし、さらに現在ネパール王国はまさに独立国家として考えられているのだというようなことが、英国においては必ずしも人々に銘記されていない有様である。あるいはまた、当然のことではあるが、インドの諸藩王国はそれ自体英国の領土ではなく、藩王国の住民は、英国の臣民ではないのである。かつ、ごく短期間のうちおよび特殊な情況の下において例外はあったが、インド藩王国は、いまだかつて偉大なインド政庁の行政官によって統治されたことはなかったのである。このインドの行政官等は、英領インドの幸福増進に、はたまた我々の英領インドに関する知識の啓発に大いに寄与するところがあったのである。すべてこれらのことについて、英国民はあまりよく知っているとは言いえないのである。

ウィリアム・バートン卿の興味深いこの書物は、上記のごとき我々の知識の間隙《かんげき》を充たしてくれるものである。そして彼は長いあいだインドに勤務していたしかつ聡明な判断の持ち主であるからして、本書はそこに論ぜられている問題について一般の注意を喚起するには最適当の資格をもっているというべきである。余が今ここに提出した問題のすべてに対して解答をあたえたと公言しうるのに、彼はもっとも適当な人と言うことができるであらう。この解答が相当の価値をもつべきであるとすれば、その解答のために信頼しうべき多くの資料が整えられなければならない。彼は、これらの資料の多くを明快なかつ興味を惹くような形式でならべている。

著者バートン君の結論は次のごとくである。

もしインドの諸藩王らが、インド連邦に加入する最後の決意を固めるならば、藩王らは、富と経験と指導性を有しているからして、連邦内において、重要な地位を保障されることになるであろう。かつまた、現在のインドでは彼ら藩王こそが、主として政治上の安定性を代表しているのであるが、インド連邦に加入するとすれば、藩王らは、このインド連邦に対して、安定という性質を付与する機会をあたえられるし、また安定性を付与すべき責任をもつことになるであろうというのである。

以上のごときが、インドについて深き経験をもちかつ永久的なインド連邦という建築物につきまとう諸々の困難を明確に知っている著者の熟考に熟考を重ねて得られた見解なのである。

インドの政治的進歩の実質をなすべきものを処理するためのもっとも賢明な方法であり、かつまたインド政府の基礎を強化するもっとも確実な方策は、全印に連邦制を樹立することであるという考えをもつ人々にとって、ウィリアム・バートン君が前記のごとき結論に到達したことは、彼らの確信をいよいよ強めるものであろう。

ハリファックス識

原著者序

インドを連邦化せんとする英国政府の政策は、実にインドの総面積の三分の一およびその人口の四分の一以上が、英国の司法権の管轄外にあるという事実に対して世人の注目を惹かしむるにいたった。一般に熟知されているように、インド人のインドにおける政治は、独裁専制政治である。そして英国の政治家がその新しい政策すなわちインド連邦の構成を遂行するにあたって当面するもっとも困難な問題は、如何にしてこれらの相反する二つの制度—すなわち諸藩王国における個人的支配と英領インドにおける民主主義政治—を総合統一するか、ということである。

こうした事情であるからして、インドの改革問題については興味をもちながら、しかも、リー・ワーナー（Lee-Warner）氏の印度藩王国（Indian States）のような膨大な古典とか、あるいは近年出版された際物的《きわものてき》なインドに関する文献によって、インド問題を研究する余暇もなく、またそれほどの熱心さもない多数の人々に対して、インドの諸藩王の歴史上および憲法上の地位を簡潔ではあるがまた広汎な概観をあたえてやることは、それらの人びとの大いに歓迎するところであろうと思われる。

インドの藩王国は、総数五百六十二か国に上るが、そのなか、三百二十七か国は、比較的大した重要さをもっていない。そしてただ、歴史の偶然の結果として独立を保っているに過ぎないのである。厳密に紙数の限られている書物のなかで、これらの藩王国をすべて論述することはほとんど不可能であるからして、本書においては、比較的著名な藩王国、とくに英印円卓会議に直接に利害関係をもった藩王国について簡単にふれるだけに止めざるをえない。したがって、本書においては、アッサム地方の国境にあるマニプールとかビルマにあるシャンのような遠隔な地方の藩王国に関する論述は、省略することとした。

またアフガン国境方面における酋長らを考慮の外におくのは如何なる理由によるかとの疑問を抱かれるかもしれないが、これらの酋長らは、インドの諸藩王らと比較してみると、また別の範疇に属するからである。彼らはすべてマホメット教徒である。元来、彼らの政治の自然的傾向は、カブールに向かって引きつけられていたものであって、インドのデリーに向かっていたものではなかった。領土の点から言うと、これらの酋長らの支配地域は、デュランド・ラインとして知られているところの、英国の行政権の境界とインドとアフガニスタン間の政治上の境界との中間に位しているのである。また、国内統治という点から言えば、これらの境界地域に存する藩王国等は、あらゆる点で独立国である。なるほど、デュランド・ラインの彼方から攻撃を受けた場合には英国が保護してやるという黙契《もっけい》のある保護国もあるが、しかし英国は、これらの酋長に対して、その境を接している部族らから攻撃を受けた場合については、何らの保障をもあたえていないのである。インドにおける諸藩王国における慣例とは反対に、英国は、これら辺境地方の酋長らに補助金をあたえてその軍備を強化させている。

辺境地方の藩王国といっても、その数はわずかに七か国にすぎない。その重要性にいたっても大はカラート汗国から小はプーレラ藩王国にいたるまで種々様々である。このカラート汗国は、荒涼たる乾燥しきった山岳国で、面積は七五、〇〇〇方マイル、人口は三二八、〇〇〇人で、バローチスタン地方にある。また小藩王国プーレラは、ハザラ国境地方に位し、面積はわずかに三十四平方マイルにすぎない。これらの藩王国酋長のうち二人だけは殿下の称号を許され、また礼砲の挨拶を受ける身分をあたえられている。すなわちチトラル地方のメータルの王およびカラート汗国王の二人がそれである。

これら藩王国中もっとも重要な国の一つに、新しく成立したスワート藩王国（State of Swat）がある。この国は、ペシャワール藩王国の国境に位するスワートのアークンド氏族（Ahkund of Swat）の子孫たるミアングル・シャーザダ（Miangul Shahzada）が、最近の十年間のうちに建設したものである。

本書において、著者は、歴史的背景について素描《そびょう》を試み、またすべてのインドの藩王らが熱望している英国の保護国の歴史的発展の跡づけをなすことを試みた。

藩王国を詳細に論じた各章のはじめに、名を有する場合には各国の宗教および人種、統治者の姓名（可能な場合には、該統治者の先祖以来の王朝の名称）、即位の年月日、面積、人口、および大略《たいりゃく》の歳入を詳述しておいた。これらが、読者の理解に役立つことを希望するものである。

著者は、ネパールについてとくに一章を付加しておいた。それは、前世紀中におけるインドとネパールとの関係を見ると、本書の読者はこの重要な王国についての何《なに》ほどかの情報を得ることを望むであろうと思ったからである。著者は、ネパール王国は一箇のインド藩王国ではなく、また過去においても決してインド藩王国の一つではなかったことを、完全に明らかにしえたことを望むものである。このことは、さらに本書の標題において明らかに強調し示したところである。

私は最近までネパール王国の駐在官をしていたW・H・J・ウィルキンスン＝ギルマード氏（氏はインド星勲位所有者であり、またインド帝国カンパニオン勲位所有者である）が、種々の写真を貸与《たいよ》してくださったことに対して感謝をささげる。さらに、英国美術院のハーバート・ベーカー卿からは、ニュー・デリーにおける王侯（藩王）会議室の写真を借用した。マイソール藩王国の総理大臣ミルザ・イスマイル卿およびバローダ藩王国総理大臣クリシュナマ・チャリー卿は種々の写真を送付してくださった。またインド事務省の官吏諸氏には参考書についてお世話を願い、旧カルカッタの写真を複写することを許していただいた。ヴィクトリア・アルバート博物館長には、インド君主の戴冠式の図の複写を許していただいた。ケー・ド・ビー・コッドリングトン氏には、これらの絵および彼の著書「古代印度」中に掲げられたカマラク寺院の車輪の絵に関して特別のご援助にあずかった。またインド自治領長官およびオックスフォード大学新聞は、本書見返しに掲載した地図のもととして、インドのインピーリアル・ガゼッティーア（インド帝国地名辞典）から二葉の地図を使用することを許してくださった。

これらすべての人々に対して、深く謝意を表する次第である。

著者識

本書の表紙に掲げた装飾図は、オリッサ地方の十一世紀時代のカマラク寺院の車輪をスケッチしたものである。

車輪は、古代から、インドにおける宗主権の表徴《ひょうちょう》である。

第一章

Indian India

インド人のインド

I

第一章

インド人のインド

ムガル王国の系図

(1) バーブル　(ティムールより五代目の後裔) 一五二六年—一五三〇年
(2) フマユーン　一五三〇年—一五四〇年
(3) アクバル　一五五二年—一六〇五年
(4) ジャハンギール　一六〇五年—一六二七年
(5) シャー・ジャハーン　一六二八年—(退位させらる) 一六五八年
(6) アウラングゼーブ　一六五八年—一七〇七年

（7）バハドゥール・シャー　一七〇七年―一七一二年
（8）ジャハーンダル・シャー　一七一二年―（殺害された）一七一三年（註一）
（9）アラムギール二世　一七五四年―（殺害さる）一七五九年
（10）シャー・アリ二世　一七五九年―一八〇六年
（11）アクバル二世　一八〇六年―一八三七年
（12）バハドゥール・シャー二世　一八三七年―（退位させらる）一八五七年

註一　一七一三年より、一七五四年にいたる間に、バハドゥール・シャーの六人の孫および孫が、ごく短期間にわたって、国政を支配した。

インドの北部、インドと中央アジアとが境を接するところに、巨大なパミールおよびカラコルムの大山岳地帯がある。そこから南のコモリン岬にいたる延々二千マイルあまりにおよぶ長い距離を、人は英領インドに一歩も足をふれずして、ほとんどまったくインド藩王の領土のみを通って旅することができるであろう。諸君は、旅行の第一歩をチトラルから踏み出したとしよう。このチトラルは峨々《がが》たる山岳国であって、メータル族が支配しているが、英国の保護国である。諸君は幾人かのカフィル人に出遭《であ》うだろうが、彼らは白色人種であって、メータル族に臣服《しんぷく》の義務を負うている。噂によれば、彼らはアレキサンダー王のひきいた大軍団のなかにいたギリシャ人の後裔であるとのことである。チトラルを出発してから諸君は、カシミール藩王国の属領たるギルギット地方を通り、やがてカシミール渓谷地帯にいたるであろう。ここは往昔《おうじゃく》、ムガル人の愛した土地であって、彼らムガル人は、かのダール湖の湖畔、スリナガルのほとりに美しい庭園をつくろうとして献身的な愛情をそそいだが、この美しい庭園は、彼らの不滅の形見として今に残っているのである。

カシミールから、諸君の道筋はヒマラヤ山脈中の小さなラージプート人の藩王国のなかに入り、やがてシムラを過ぎて、パンジャーブ平原のなかに位するシーク教徒のパティヤーラー藩王国に達する。パティヤーラー王国の村々は富み栄え、その住民はたくましく戦闘的である。ここを過ぎればやがてラージプタナ地方の沙漠地帯に出る。ここは貴族生まれのラージプート人の故郷であり、今日もなお古代からの騎士道の名残りをとどめている。やがて道を進めればマラータ人の住むバローダおよびインドールの藩王国に入るが、このマラータ人はラージプート族とは幾千年来の敵同志である。さらに進めば、回教徒の大藩王国ハイデラバードにいたり、次に中央平原地帯の最南端マイソール藩王国に達する。この地方はいつもだるい午後のような気候である。その国を過ぎてトラヴァンコール藩王国に入れば、森や鹹湖《かんこ》の美しさは喩《たと》えんものもないほどである。それからコモリン岬にいたる。これは女神クマリが住んでいたところだと伝説にいわれている。またインド洋とベンガル湾の相連なるところである。同様に旅行者は、英国皇室に臣服の義務を負うていない国々を通って、西はインダス河より、東はカルカッタまで行くことができる。

旅行者は、ふたつのインド、すなわち藩王国領インドと英領インドの境界を通過しても、新しい政治的雰囲気のなかに入ったのだということを、すぐには気がつかないかもしれない。しかしまもなく、周辺の模様が一変していることを知る。そして事実また英帝国のデリー政府の統治を受けている人々と藩王諮問会議の支配下に生活している人々との日常生活を対照してみると、それはまさに、インド人のインドなる政治上の観念と、円卓会議に連なるインド人政治家の観念くらいの大きなへだたりがあるのである。英領インドと藩王国とはまったく別の世界なのである。古代の伝統をもったインド、インドの政治的天才が達成した偉業を秘めたインドは、藩王国のなかに、その最善の状態で見受けられるのである。

ここで、次のごとき質問が当然起こってくる。なぜに八千万のインド人は英国の支配権外にあるのか。またなぜに、英帝国の令状はこの小大陸の三分の一以上におよばぬのであるか。

この問題を探求することは、繁茂密生《はんもみっせい》した熱帯の森林にも似た複雑なインドの政治事情の通路を求める研究者にとっては、きわめて重要なことである。多くのインド藩王国は、すでに千二百年あるいはそれ以上の年月にわたって存するのである。藩王国中最大のハイデラバード国は、その面積においてほとんど英本国に匹敵し、人口は一千四百万人に達している。

これらの事実を考え合わせてみれば、次のことは明らかである。すなわちインドの諸藩王の歴史的政治的重要性つまり彼らの諸々の伝統や彼らが将来果たすだろうと思われる役割を研究し、その研究にもとづいて、インド社会のうちにおける彼らの政治上の身分に応じた適当の地位を諸藩王にあたえるのでなければ、インド問題の永久の解決というものはありえないといわなければならない。

インドにおいて、比較的進歩した政治思想をもっている人々は、インドの藩王国を一つの時代錯誤であると見なしている。すなわち藩王国は個人による国家統治の残骸《ざんがい》であって、もはや今日のごとき民主主義の時代には存続することは到底不可能なものであるとしている。だがこうした思想をもつ人々は、英国はその自らの利己的な目的のために、かえって藩王らのおとろえ果て無能力になった専制政治をさらに続けさせる悪逆無道《あくぎゃくむどう》の政策をとっているのだという風に言っている。

この考えかたは、しかしまったく現実を無視しているといわなければならない。事実はインドにおけるあらゆる政治組織のうちで、藩王国に定型化されているところの半自治的な王国の組織こそが、もっとも永続性のある制度なのである。すでに藩王国が何千年にもわたって存続してきたということが、その活力を証明しているのみならず、また同時に、この藩王国というものがインド人の気質によく合致しているのだということについての反駁《はんばく》のできない証拠をなしているものである。

一般にインドについては、太古このかたインド帝国の伝統を蔵《ぞう》していて、多少程度の差はあるが大体同質の政治的構造をもっているのだという考えかたが広く抱かれているけれども、この観方《みかた》はいろいろの事実と合致しないのである。インドの政治的天才、とくにヒンドゥー教徒のインドにおいては政治的天才は、常に適当の面積をもった王国をもっとも統治に好都合なりとして好んだのである。これは、程度の差こそあれ大体今日のインド藩王国と同型のものだということができる。

過去に建設された大帝国においては、個人主義の原則が妥当した。これらの帝国の組織はほとんどすべてが、中央の権力に対して封建的関係に立つ半自治体的な王領制度もしくは藩王国制度を基礎としていたのである。かりに英国が、インド藩王国の後嗣《こうし》問題の失敗に乗じて、また条約義務不履行に対する罰として財産没収の機に乗じて、過去の封建理論を徹底的に否認してしまったとしても、依然として同様の原則が今日のインド帝国においてはもっとも有力なものであったであろう。インド帝国政府が、大封建臣下の権力を打破するのに成功したところにおいてさえも、長い期間にわたって中央から離れんとする傾向を喰いとめることは不可能であった。遠隔な地方の太守らは、中央の権力の衰微していくにつれて、自己の独立の宣言を行なったのである。ついに、帝国の権力は次第に組織が麻痺症状を呈してきて最後には瓦解の運命をたどり、またその国土は互いに王国を獲ようとして戦いつつあった封建的な王の直臣や軍事的指導者の好餌《こうじ》となるにまかせられたのであった。こうした現象は、いくどもいくどもあきるほど繰り返されたのである。最後には、こうした均衡のない不安定な情勢が行くところまで行ってしまうとついに新しい侵略の波がこの国土の要衝を突破して押し寄せてきてその国を荒らしてしまうか、あるいは、二三の新しい帝国の建設者が、その自分の隣国たる諸藩王国を併呑《へいどん》してしまうかしたのであった。

かかる自治的または半自治的な王国の型態は如何にして発展してきたものであろうか。これは、太古の霧のなかに閉ざされた難しい問題である。この王国の制度は、はじめヒンドゥー教的な政治理論から生まれたものであるが、後には厳格な社会的経済的構造をもったバラモン（僧侶階級）のカースト（種姓または階姓制度）の影響を受けている。このカースト制度は、少なくとも三千年以前から存在する。僧侶の創始者たちすなわちバラモンによって制定された生活の秩序は、ダルバールすなわち最高諮問会議《しもんかいぎ》の助けを得て統治者が比較的せまい領土を支配する組織になっている政府とはもっともよく調和しているのである。この最高諮問会議は、国王の国務大臣、僧侶、軍事的封建臣下および種々のカーストおよびギルド（組合）の代表者から構成されているのである。在来インドの民衆は、彼らの支配者とそれが藩王たると英国の地方官たるとを問わず、とにかく個人的な接触をする機会をもっていることを非常な誇りとしてきた人々である。このことがまた、小さな政治上の単位を流行させるにあたって力があったのである。統治者と親密な関係にあることがまた武士階級が忠誠をつくす根源となっていた。侵略の嵐が不断に全インドを吹きまくり、しかもその侵略者がそれぞれ人種を異にしていたということが、また政治単位を分散させるに大きな役割を果たしたのであった。

ダルバール（最高諮問会議《しもんかいぎ》）による統治方法は、中央インドおよび大インド沙漠中の緑地地方にある比較的古代からのラージプート族の藩王国で今なおよく活用されているのである。これらのダルバール制度のうちのあるものはその起源は種族的のものであった。そしてごく最近まである場合にはその会議の総裁の決定には選挙の形式によったものがあった。ラージプート族の藩王国とか南部地方の比較的古い藩王国たとえばマイソール、トラヴァンコールおよびコーチン等の藩王国 ―等が数世紀にわたって存続しえたのは、その藩王国の貴族や農民たちの忠実な援助があったからである。はじめは、二三の比較的古い藩王国には、独裁制に対して明瞭に種々の制限が設けられていた。

現代のインドの政治機構のなかにおいて、藩王国が如何なる地位をしめるものであるかを明瞭に認識するには、それらの藩王国を歴史的に展望してみる必要がある。長期間にわたった外部からの侵略の悲劇、諸々の帝国や王国の瓦解、宗教的軋轢《あつれき》の苦悩、これらのすべての事柄は、比較的小さな数々の王国の発展史のなかに写し出されている。

もっとも早期に行なわれた種々の人種の外部からの侵略に関しては、何らの記録も残っていない。ゴンド族やビール族のような原住民族を除外して考えれば、古代においてはインドは二つの大民族にわかれていた。インド＝アーリア族およびドラヴィダ族がこれである。両民族の相違は、言語、宗教および身体的特徴に現れている。

ドラヴィダ族の制覇は、インド＝アーリア族の侵入より遥か以前に行なわれていたものであって、彼らはインドの大部分をしめていたのである。西暦紀元前二千年頃からして、白色の皮膚をもった種族が、ペルシャおよびアフガンの高地より侵入しきたった。彼らはアーリア語を話し、近世の史家によって便宜上インド＝アーリア民族と指称されている。彼らは北部インドを併呑し先住のドラヴィダ族をあるいは奴隷にしあるいは追放してしまった。

インド＝アーリア族の征服は、ヴィンディヤ山脈のところでとまった。これは一帯の丘陵の連続であって、キャンベイ湾にも近い点からインド半島を斜行的に横断して北東の方向に走っている。そしてアーリア族の多数居住する北部とドラヴィタ族の多い南部とをわけている。

千年間も他からの妨害を受けなかったが、その間にインド＝アーリア族は一つの宗教、カースト制度にもとづいた社会制度および一つの人生哲学を展開した。これらは三千年の昔に形成され発展させられたものであるが、これをインド＝アーリア族は、ついに全インドに広め採用させたのであって、今日まで彼らの宗教、社会制度および人生哲学はインドを支配している。中国文明をのぞいては、他にこれほど不断に連綿と継続した文明は他にはないのである。

この文明は主としてバラモン（インド人四階級中の最高位）の僧侶たちによって完成されたものであって、ヒンドゥー教という一般に人のよく知っている言葉で表現された一つの組織にもとづいているものである。このヒンドゥー教は人間生活のあらゆる部面に、宗教的生活に、社会生活にはたまた経済生活に浸透している。事実バラモンの優越性こそがヒンドゥー教の真実の根拠をなしているのであるが、その優越性の根因は、僧侶階級が厳格なカーストを制定しかつ学問および教養を僧侶階級の独占物としている点に存する。

カースト（インドヒンドゥー教の階級制度）はその本質においてバラモン的なものである。今日にいたるまで、正統派のヒンドゥー教徒は、このカーストを一つの神意《しんい》による制度であると見なしている。カルマ（業《ごう》）の原理すなわち仕事の自由の束縛がこのカーストの本質的な特徴の一つである。

このカーストは、再生者“Twiceborn”とシュードラ（首陀）すなわち元来の奴隷階級とに二大別されている。この「再生者」ははじめは、もっぱらアーリア族に限られていた。シュードラは主としてドラヴィダ族である。未開種族は、社会の境界外におかれていたが、今日の無籍者の先祖である。ヴィンディヤ山系の南部では、実際上二つのカーストが存在するだけである。すなわち、バラモンとシュードラがこれである。「再生者」のもっとも目立った標識《シルシ》というのは聖なる糸であって、これは新加入者に対してバラモンが授けるのである。この聖糸を伝授されて以後は、新加入者は、それを自分の首のまわりにかけているのである。

最初カーストは四階級すなわち、バラモン、クシャトリヤ（武士階級）、ヴァイシャおよびシュードラにわかれていたのだとの通説は、現在は一般に歴史家によって根拠のない説だといわれている。昔のヒンドゥー教徒の著作家の採用した分類法というのは、主として職業によったもので、次のごときものである。

（1）学者、文人または僧侶階級すなわちバラモン

（2）軍事および支配統治階級すなわちクシャトリヤ
（3）地主および商人、すなわちヴァイシャ
（4）下賤の民、百姓、職人ら、すなわちシュードラ階級

近代においては、上級のカーストは大体からいって、ヨーロッパの上流および比較的上流の中流階級に相応《そうおう》している。シュードラ階級はその職業に応じて、ヨーロッパの中流階級、比較的下層の中流階級および職人階級に相応しているといってさしつかえないであろう。「ヴァイシャ」という言葉はほとんど使用されていない。

南部地方ではクシャトリヤという称号は、元来はシュードラの出身者でありながらしかも彼ら自身の社会上の地位を改善しようと欲している人々によって使用されていることがある。だがクシャトリヤに属するか否かの主たる判別は、聖なる糸を首に巻いているか否かによってつけられるのである。カーストのなかにもほとんど無限の細かい区別が行なわれている。また多くの場合、身分違いや種族違いの人同志の雑婚は、特殊な団体の成員だけに限られている。

バラモンのヒンドゥー教は必ずしも常に絶対優勢の立場を保っていたではなかった。後年にいたっての最大の敵は、仏教と回教とであった。回数についてはインドに対する回教徒の侵入を論ずる際に言及することにしよう。

今日のインドからは、仏教はほとんど完全に影を没してしまっている。わずかに残っている仏教徒約四万人くらいが、仏教国チベットとの国境近辺の山麓地方に集まり住んでいるにすぎない。ごくわずかではあるが、カシミール地方の東部にも少々住んでいる。歴史的に見て、仏教については多少言及しなければならない。

そもそも仏教は、バラモンの専制政治に対する一つの反動であった。仏教の開祖、ゴータマ・ブッダは、蒙古族を祖先とするある支配家族の出身であった。彼の家というのは、現代のビハール藩王国内にあったコーサラ王国の一封建臣下であった。ブッダが自己に課した使命とは、業《カルマ》からの離脱および輪廻転生《りんねてんしょう》による更生を無限に続ける道を求めることであった。彼の信仰すなわち生の態度というのは究極の涅槃《ねはん》（ニルヴァーナ）すなわち無限者との結合への道として、自我を去ることを目的としたものであったのである。

ブッダは、紀元前五八七年頃に死去した。その後三百年をへて、仏教は、アショカ皇帝の支配下にあった大マウリヤ帝国の国教になった。しかしながら、仏教はついにバラモンの勢力を駆逐《くちく》することができなかった。そして敷百年以上におよびその勢力の試練をへて、バラモンの教義はまた完全に昔日《せきじつ》の力を取り戻してしまったのである。

カースト制度は明らかに国家的発展の障害物であり、また軍事的勢力を弱める源泉であった。このこととまた宗教上の軋轢とが相重なって、インドは、北方からの新たなる侵入者に対して容易にその餌食となってしまった。

第六世紀になって、ペルシャのダレイオス皇帝は、パンジャーブ地方を席巻し、その国土をインダス地方に合併して、インド太守領をつくった。彼の跡を継いだのはアレキサンダー大帝であった。これは紀元前三二六年のことであった。西部インドは当時は数個の王国および貴族政治の共和国にわかれていた。このギリシャの侵入軍は、たやすくインド人の抵抗を撃破した。そしてもしも自己の軍隊内に反乱が起こらなかったならば、北部インドの全域を征服してしまったであろうと思われる。だがこの反乱のために、アレキサンダー大帝は、やむをえずペルシャに帰りその後二年にして没した。

アレキサンダー大帝旗下の諸将軍は、大帝の征服したところを銘々《めいめい》わけてその所領とし、かくていくつかの新しい王国をそれぞれ樹立したのであった。

さて、チャンドラグプタ・マウリヤは、最初の大インド帝国を建設した。帝国は主として中央政府に対して封建的関係に立つ従属的な王国や大公領からなっていた。

バビロン王セレウコスは、メガステネスを大使としてインド皇帝の宮廷に派遣した。メガステネスは、当時のインド事情を備忘録《びぼうろく》に書きしるしたが、これの抜粋は、インド歴史の研究者にとってはもっとも早期の資料をなすものである。これによるとメガステネスは、大インド帝国には、それに対して封建的従属の地位にある王国が一一八か国あることを指摘しているのである。

チャンドラグプタ皇帝はその下に一人の立派な総理大臣をもっていた。彼の名は、カウティリヤ、バラモンの出身であり、「アルタシャーストラ」の著者である。これは、インドの政治に関する著作であって、その内容と倫理学とは、まさにマキャヴェリの「原則論」に匹敵すべきものである。この本によると、王者は、権謀術数《けんぼうじゅっすう》と外交とを重視すべきであると説かれている。また国庫収入が増大するように、酒場には人を惹きつけるための一切の設備をできるだけ整えることが要求されている。警察は、政治的諜報機関として淫売婦を利用すべきであるとも説かれている。この「アルタシャーストラ」なる書物のなか、もっとも興味ある章は、小王国支配の最上の制度を取り扱ったところである。このことはまた二千年以上の昔においても、この小王国という特殊な型態が、インドにおいては最適の政治単位であると認められていた、ということを示唆している。

アショカ皇帝（紀元前二六九年—二三二年）の死後いくばくもなくしてマウリヤ帝国は、一連の小王国に分裂してしまった。

紀元前一五〇年頃、スキタイ人によって中央アジアのバクトリア王国から追放された一人のギリシャの王が、パンジャーブ地方に一つの王国を建設した。約百年の後にこの王国はスキタイ人によって転覆されてしまった。スキタイ人は、彼ら自身の力で、北部インドに一つの帝国を樹立したが、これは紀元後二〇〇年まで続いた。

さてグプタ王朝は、再びヒンドゥー教徒のための北部インドの支配権を取り戻した。バラモンも昔日の威信を回復し、次の百五十年間は、ヒンドゥー教の黄金時代であった。第五世紀に入って、中央アジアより侵入しきたった遊牧民族白色匈奴がまたグプタ帝国を粉砕打倒してしまった。その結果、群小の王国ができた。今のデリーの位置近くに首都を定めていたヒンドゥー人の領袖《りょうしゅう》ハルシャは、七世紀のはじめ頃にそれら群小の王国を結合して、北部に新しい帝国を建設するに成功した。しかしこの新帝国は五十年も続かずに、ハルシャの死とともに崩壊してしまった。

このハルシャの建設した帝国が、インドにおける国民的帝国として最後のものであった。この束の間の光栄こそは、アーリア人のインドの終焉を告ぐる標識であった。結局今までの時代を簡潔に素早く回顧してみたことから得た一般的結論は、インドにおいては、比較的小面積の王国のほうが、帝国という広汎な政治的結合体よりも、より強い生活力をもっているということである。民主主義は、この傾向を変容させるであろうか？　この問題を一々詳細に特説するための諸兆候は今日すでに現れてきているが、とくに北部インドにおいていちじるしいと思われる。

その後ラージプート族の支配が二百年続いた。ラージプート族の統治組織はガンジス河平原および西部パンジャーブ地方にまたがるマルワ（中央インド）地方にある一連の小王国の基礎の上に立っていた。これはヒンドゥー人インドの第二の輝ける時代であった。ラージプート族の起源は多様である。ある家族の起源は前史時代にさかのぼっている。だが大多数のラージプート族は、第一世紀から第五世紀にかけて、独力で帝国、王国または封建的領土をインドに建設したスキタイ人および匈奴《きょうど》のごとき侵略民族のなかの貴族あるいは高位の武将たちの後裔である。往古《おうこ》のヒンドゥー教徒のクシャトリヤすなわち軍人家族および軍人氏族はすでに事実上消滅してしまっていたのである。ヒンドゥー教がその生命を保持するためには、新しい軍事的指導者たちの援助にまたなければならなかった。そのために採るべき唯一の手段は、カーストの門扉をこれらの武将らに開放することであった。これらの武将らは多くは仏教徒であった。僧族（バラモン）はここにおいて大決心を固め、もって多数の者をヒンドゥー教徒に改宗せしめ、彼らの敵たる仏教徒に対抗して有力な同盟を結成した。ひるがえって、またラージプート族の王の直臣らにとっては、僧族の協力を得かつカースト制度の存することは、自己の優位を樹立するために大きな政治的価値をもっていたのである。数少ない例ではあったが、ゴンドの王様その他原住民族の人々がラージプート族と結婚したが、その際彼らは彼らの憧れていた社会階級ラージプート族のカーストの内に参加することを認められたのであった。これらの家族のうち多くは、今日でもなお中央の平原地方およびオリッサ地方に自己の王領をもっている。ラージプート族の族長の支配下に属していた同民族の有象無象《うぞうむぞう》は、シュードラ階級に入ることを許されたのであった。

ここで注意すべきは、元来「ラージプート」という言葉は、raja-putra なる二語よりなるものであって、王の子息ということを意味するということである。

ラージプート族はもともと一つの国民ではなく、または民族あるいは種族でさえもなかったのである。彼らはむしろ一つの武士階級であり、新しきヒンドゥー教徒の騎士であったというべきである。事実、十世紀および十一世紀時代のラージプート族は、自己の大きな城のなかに住んで、多くの家臣すなわち封建的従臣をしたがえていたのである。また彼の礼儀正しい挙措《きょそ》、死を侮《あなど》ること、分捕《ぶんど》りや狩りを愛すること、騎士的な名誉についての掟等、これらは多くの点で、同時代の西洋の騎士すなわちフランス、ドイツまたはイングランドの封建的王の直臣のそれと好一対をなすものであった。

十世紀および十一世紀におけるヒンドゥー教徒のインドは、幸運にも、さし迫った恐怖に対しこれを防ぎ守ってくれる人々を見出すことができたのだ。もしもラージプート族がいなかったならば、おそらくヒンドゥー教はあふれ氾濫し来る回教徒の侵略の波に覆没してしまったであろう。孤立無援のバラモンのみでは、人民をしてヒンドゥー信者たらしめておくことはできなかったであろう。

第七世紀の初葉、一人の微賤《びせん》なアラビア人が一つの偉大な宗教を樹立し、その教えはまもなく全世界をその信仰の嵐のなかに巻き込んでしまった。その後百年をへて、今や回教運動の最高潮に達したときに、回教徒はアラビア人の信仰の規準を大西洋地域すなわち西方はフランスおよびスペインに伝道した。また東の方はアフガンの高原地方に伝え、かくて、インド国境地帯に居住していた未開民族を、彼らの新しき信仰へと改宗させたのであった。かくてまた爾後《じご》千年におよぶマホメットとヒンドゥーとの軋轢《あつれき》の幕はまさに開かれんとしていたのである。第九世紀の中葉までにすでにアラビア人は、シンド地方およびインダス河の三角洲地帯を占拠していた。第十世紀の末頃に、一連の回教徒の侵略が開始された。この侵略によって、それに続く二三百年の間、インドには殺戮の血があふれ流れることとなったのである。一一九一年に、ラージプート族の大騎兵軍団が、この侵略者をサトレジ河の彼方に駆逐したけれども、この勝利は長くは続かなかった。ほとんど時を同じくして、ベンガル、ビハールおよびオリッサの諸地方が、少数のアフガン騎兵隊の前に陥落してしまったのである。かくて一二〇二年、新しい王国が建設され、そしてマホメット教は、一七五七年プラッシーの戦におけるかのクライブの勝利の日まで隆盛をきわめたのであった。ベンガル地方は、インドにおける仏教徒の最後の城塞であった。そして、ヒンドゥー教の勢力範囲たる地域内に押し戻されてしまった民衆は、バラモンの統治を憎んだのであった。かくて、これら民衆は大量に回教に改宗してしまった。これ実に、マホメット教徒が、容易にベンガル地方をその手に握りえた理由である。そしてまた、それに附随的に、今日ベンガル地方に回教徒が大多数をしめている理由でもある。仏教は、その尾にとげをもっていたのだ。

今やマホメット教徒は、インドに自己の帝国を樹立したが、この帝国は六七百年の間にわたって存続すべき運命をもっていたのである。一三一一年にこの帝国のマリク・カフール将軍はコモリン岬まで戦火をおよぼしたが、その後まもなくマホメット教徒はデカン地方を伐《う》ちしたがえた。

デリーに都した最初のスルタンの勢威はまもなく凋落してしまった。インドの歴史の本質をよく表現しているわけだが、絶えず中央の権力から離脱せんとする力が発展しつつあったのである。かくて散り散りに分離したマホメット王国がデカン地方に樹立されたが、そのなかには今日のハイデラバード藩王の領土となったところをふくんでいた。その他の王国もまた帝国から分離した。グジャラート、マルワおよびカーンデーッシュ等の諸王国がこれである。回教徒侵略者の新たなる軍勢が北部地方を席巻し、一三九八年には、韃靼人ティムールはデリー城を攻略占拠したが、しかし彼らはインドに一つの帝国を樹立はしなかった。

回教徒がインドを支配した最初の四百年間を通じ、彼らは中央アジアの高原地方から新兵を募集してきては、絶えずその異国人を編成してつくった軍勢を増強していたのであった。彼らの主たる敵対者であったラージプート族はその戦闘員に限度があったため、無制限に軍隊の増強をはかることができず、したがって、長くはその地位を維持することができなかった。しかしラージプート族は、敗北を容認することをこばんで各地方に逃避していったのである。まず今日ラージプタナといわれている大沙漠のなかのオアシスのなかへ、またヴィンディヤ山系の北部、中央平原のなかにある遠くへだたった城塞のなかへ、さらにまたカティアワール半島へと避難所を求めたのである。その地にラージプート族は小さな王国を樹立した。これらの王国は、のちにムガル帝国の封土となった。中央平原地方においては、多くの小さなラージプート族の王の直臣らは、回教徒のマルワ王国の封建的臣下になった。

これらのラージプート族の王者の宮廷には、アーリア時代の文化、伝統および宗教が保持されていた。これらの王国の多くは幾世紀にもおよぶ嵐をしのいで今日まで残存してきて、現在のインド藩王国の大多数を形成しているのである。これはまさに、彼らが具体化した政治組織が如何に生活力の大きなものであるかを立証しているのである。すなわちここにもまた我々はインドにおける小規模の王国が根強き存在たる例証《れいしょう》を見るのである。

他方、新しき侵略者回教徒を自己の勢力のなかに吸収してしまうことのできなかったバラモンは、その圧制者に反抗してカーストの関所をますます強化した。幾世紀もの間僧族は考えたのである。すなわち、現在緊急の仕事はカーストとヴェーダの宗教を維持保存することである。またカラユーガ（すなわち絶望の時代）は永遠に続くものではないだろう。そしてまた憎むべき回教徒の専制政治はそのうちに過ぎ去ってしまうであろうと。

インドに樹立された回教帝国のうち最大のものは、一五二六年パニーパットの戦の後に、ムガルのバーブル皇帝によって樹立されたものである。バーブル皇帝の先祖がすでに帝国建設の前兆を示していた。ティムールから五代目の直系の後裔であったが、彼はチンギス・ハンを母方の祖先であると主張した。ティムールはバルラ系トルコ人であったが、チンギス・ハンはモンゴル人（蒙古人）であった。モンゴルとムガルとは実際は同じことなのである。蒙古人が回教に改宗して後は、トルコ人と蒙古人とは自由に婚姻をしたのであった。

バーブルの孫アクバル皇帝は、ムガル人のうちもっとも偉大な人物である。彼はイングランドのエリザベス女王と同時代の人であって、ヒンドゥー人の臣下を慰撫《いぶ》することの必要なるを理解していた。彼はヒンドゥー教徒に課せられていた人頭税を廃止した。

幾度もの戦で、彼はラージプタナ地方および中央平原（マルワ）地方のラージプート族を服従させた。今日の比較的大きなラージプート族の藩王国の多くは、すなわちウダイプル、ジョードプル、ビカネール、ブンディ、およびコーターのごとき藩王国は、すでに当時存立していたのである。ウダイプルの首都、チトール城の包囲攻撃がアクバル大帝によって行なわれたことは、インドの歴史上もっとも有名な事件として人のよく知るところである。

ラージプート藩王国らの屈服後、アクバル皇帝はラージプート族の領主や族長らと擬制的な封建的主従の関係を樹立した。これらラージプート族の族長の多くは、ムガル帝国の政治家および軍人として高位に上り優遇された。一方ムガル皇帝らは、幾人かのラージプート族の婦人と結婚した。かくてラージプート族の王妃らはジャハンギール皇帝やシャー・ジャハーン皇帝の生母となったのである。ラージプート族の族長や貴族らはその家臣とともにいつもムガル皇帝の側近に奉伺《ほうし》していた。ラージプート族の軍隊、とくに騎兵は、回教徒の大貴族に対する均衡勢力としてとくに重要な存在であった。

だが、ムガル皇帝の最後の人、アウラングゼーブは狂的な偏信者《へんしんしゃ》であって、ヒンドゥー教徒迫害の政治を行ないかつヒンドゥー教の社殿や寺院を破壊しては底抜け騒ぎを演じたためついにラージプート族の支持を失った。このためにムガル帝国の軍隊の素質は低下し弱まった。軍の力を維持していた繊維はすでにそれ以前から、デカン地方の回教王国とのたびたびの戦争で極度に緊張させられまさに破れようとしていたのであった。

十七世紀のなかば頃、一つの新しい重大事の勃発を告げる前兆、すなわちマラータ族の国家主義という新しい星が水平線上に現れた。マハラシュトラすなわちマラータ国というのは、ヴィンディヤ山脈のやや南寄りのデカン高原地帯の一つの大地域を指すのである。この領土の大部分はデカン地方の回教王国のなかにふくまれていた。マラータ族というのはシュードラ階級に属する非常に勤勉な農民であって、その祖先はドラヴィダ族であった。このマラータ族のなかに交じって、チットパーヴァン系のバラモンが住んでいたが、これは機敏にして有能な人間たちであった。そこで回教徒はこれらのチットパーヴァン系バラモンをその国の文官や事務員に使っていたのであった。外国の征服者たちはこれらの地方の村落組織には何ら手をふれずにいたので、国民的再起は比較的容易に行なうことができた。

回教徒が支配権を握っていた最初の二三世紀の間、十五世紀以後からして、デカン地方の回教君主らは、アフガン人、アビシニア人、ペルシャ人およびアラビア人らからなる傭兵の軍隊を雇っていた。これらのアフガン人その他の人種は、ハイデラバード王領中に居住する回教徒の人々の祖先となったものであった。しかしながら、新しい移住者に対し地方に土着していた回教徒らの激しい敵意にさまたげられ、十七世紀のはじめ頃にはもはや新兵の徴募《ちょうぼ》は困難になってしまった。よって各政府もやむをえずその軍隊にマラータ族を雇い入れる方法を選ぶにいたったのである。このことは回教徒の犠牲においてこれらのヒンドゥー系の種族（すなわちマラータ族）に、軍事的訓練と軍事上の経験をあたえることであった。ゴールコンダは現在のハイデラバード王国の首府となっているが、このゴールコンダ城がアウラングゼーブ皇帝に降伏するとともに、今やヒンドゥー国家主義にとっては、くびきを一擲すべき機が熟したのである。その指導者としてシヴァジーがある。彼は一六二七年の生まれで、はじめは泥棒貴族であった。プネーの近くのガート山脈中に丘陵の城をもって近傍《きんぼう》を荒らしまわり、まもなくその付近一帯の恐怖の的となった。シヴァジーはいたるところをあますところなく掠奪し、十七世紀の中頃までに一つの王国を建設した。西部ガート山脈中に侵しがたき丘陵の砦をつらねて王国の護りを固めたのだが、これらの城塞に対しては、アウラングゼーブ皇帝の軍隊も如何に力攻めしてもただその精力を無駄に費やすのみであった。

シヴァジーは一六八〇年に死んだ。彼の後継者のうちには、一人としてシヴァジーの天才を受け継ぐ者がなかった。かくてマラータ族の王国の支配権はチットパーヴァン系僧族の手中に帰してしまった。これらの僧族は、はじめは国務大臣として、後にはペシュワすなわち総理大臣となって、王国最高の政治的権力を簒奪してしまったのである。

比較的初期のペシュワ（Peshwa）すなわち総理大臣たちはみな偉大な才能と性格の持ち主であった。したがって僧族の支配によって、マラータ族の運動の国家主義的性格は弱められはしたものの、なお当初の感奮興起《かんぷんこうき》の際の刺激は次の半世紀間は続いていたのであって、マラータ族の軍勢は遠くインダス河のあたりまで出征したのであった。

一七〇七年、アウラングゼーブ皇帝の没するや、ムガル帝国は急速に瓦解していった。そして、ムガル帝国の中央権力に対してとどめの一撃をあたえたものは、ペルシャ皇帝、ナーディル・シャーであった。彼は一七三九年、デリーを劫略《ごうりゃく》した。

マラータ族の戦術は一種特別のものであった。マラータ族の軍勢は軽騎兵の大集団で構成されていて、あたかもイナゴの群のごとくインドの隅から隅まで席巻した。一七五八年までに彼らは遠くデリーまで侵攻した。それより少し以前に彼らはマルワ地方に侵入し、ラージプート族の諸藩王国を屈服せしめた。もし当時において、ラージプート族が一致団結することができたならば、多分彼らラージプート族はその新しい敵マラータ族を喰いとめることができたであらう。現在のハイデラバード国王の祖先、天才的なアサフ・ジャーのみは、よくマラータ族の完全なる支配から南部地方を救ったのであった。アサフ・ジャーは、上述したゴールコンダ城最後の開城後、アウラングゼーブ皇帝によりデカン州知事に任命されていたのである。このデカン州は、デカン地方の回教王国を数個合わして形成されていたものであった。一七二三年までに、彼はほとんど実質的には独立していた。今一人の偉大な回教徒の指導者ハイダル・アリーは、マイソール国をマラータ族の毒手から救った。マラータ族の諸将領例えばシンディア、ホールカル、ガイクワール家、ボーンスレー家らは自己の軍隊を扶養するために、征服地のなかから自己の封土を分割形成しはじめていた。かくのごとくにして、グワリオール、インドール、バローダおよびナグプール、すなわちベラー州等のマラータ族の藩王国は樹立されたものである。南部地方にあったコーラプール王国は、完全にシヴァジーの後裔の家族がその支配を継続していった。

マラータ族は概して彼ら自身が行政に干与《かんよ》することはなかったのである。そして、しばしば領土を併合する代わりに彼らは好んでチャウントすなわちその国の歳入の四分の一の貢納を課するのであった。ハイデラバード王国でさえもマラータ族が最後に英国によって打倒されるまでは、かくのごとき形式の強権的納貢物をマラータ族に納めていたのであった。

一七五八年に、マラータ族はパンジャーブ地方を占拠した。しかしこのことはアフマド・シャー・ドゥラニーの憤りを買った。アフマド・シャー・ドゥラニーは、すでにこのときはアフガニスタンに一つの新王国を樹立していたのである。彼はインダス河を渡って進攻し、マラータ族を駆逐した。しかしながらマラータ族総理大臣は、アフガン王と決戦を試みようと決心した。そしてアフガン王に対抗すべく大軍を動員してデリーに向かった。マラータ族のヒンドゥー教徒とアフガンの回教徒とは、一七六一年パニーパットにおいて遭遇した。再びそこは戦いの舞台となった。その結果は、ほとんど完全にマラータ軍の敗北に終わった。もしも部下の軍隊が反乱を起こさなかったならば、そしてまたその反乱のためよぎなくカブールに帰還することがなかったならば、おそらくアフマド・シャーは、デリーにその新しい帝国を樹立したであろう。

マラータ国首相（ペシュワ）の政府は、再びパニーパットの敗北から回復することはできなかった。このことはすでにマラータ軍の将領らが、自己のための王国を建設せんとする努力のなかに展開していた分離主義者の傾向を一層強化したように見えた。他方このときにあたって二三のマラータ族の指導者とくにシンディアは新しい戦略を採用していた。この戦略とは、在来のマラータ族の不正規な騎兵隊よりは、むしろヨーロッパ人士官によって訓練された歩兵に多く重点をおくものであった。これはまさに騎兵隊にその機動性を失わせた一つの大きな変化であった。

今日我々の知っているインド藩王国の大部分は、すでに十八世紀の中頃までに形成されたかもしくは形成の過程にあったのである。北部インドにおいては、カシミールの国境周辺で、ドグラ・ラージプート族の支配者の家族は、カシミール地方を英国から獲得することになっていたが、すでに藩王国が樹立されていた。パンジャーブ地方においては、シーク教徒が軍事的結合を完成していて、今日のシーク教徒の藩王国がすでにいくつか存在していた。

また十八世紀の初頭、すでにバハワルプールの回教徒藩王国は、シンド地方出身の一人のアフガン人によって、ラージプタナ地方の西部国境方面にいたラージプート人の犠牲においてつとに建設されていた。シンド地方は、当時はアフガン人のカブール王国の一領域であった。

ラージプタナ地方のラージプート族の藩王国、例えば、ジャイサルメール、ビカネール、コーター、ブンディー、ジャイプル、ジョードプル、ウダイプルらの藩王国　―これらの諸王国の支配者は皆、現在インド藩王国中に列している。―　は、事実上、デリー（ムガル帝国）に対する同盟を放棄してしまっていた。それはすでにマラータの掠奪者の重圧が彼ら諸王の上にさし迫ってきていたからであった。パンジャーブ地方のほとんど大体の村落にいるジャートと称するヒンドゥー人種に属する身体のたくましい農民が反乱を起こしたが、その結果二つの独立したジャート族の王国ができた。これらの国は、ジャイプル藩王国の国境に位し、それぞれバーラトプルおよびドールプール藩王国と呼ばれるものであって、デリーからは二日か三日の進軍行程にある。

遥か北辺の地においては、一人のアフガン将領が、強力な身体をもった彼の部族をひきいて、アワドの西方の一地区ロヒルカンドを奪った。その後になってこのアフガン人の征略《せいりゃく》したところは、現在の回教徒の藩王国ラムプール国のなかにある比較的せまい地域に縮小してしまった。アワド藩王国は、事実上ワジール国王の統治の下にあって独立国となっていた。ベンガルもまた同様であった。

中央インドにおいては、大抵のラージプート族の藩王国はマラータ人の侵略の潮に覆没《ふくぼつ》してしまっていた。ごく少数の、比較的大きな藩王国がわずかに壊滅をまぬがれてマラータ国の納貢国として存在を保っていたにすぎなかった。マルワ地方のラージプート族の領土は大抵ホールカルとシンディアとの間に分割されていた。新しい回教徒藩王国ボーパルは、十八世紀の末頃、ムガル帝国の一士官たるアフガン人によって、マルワ地方の南部のラージプート族の領土から分割し建設されたものである。このムガル帝国のアフガン人士官こそは、現在のナワーブ（ボーパル藩王）の祖先である。

マラータ族の一派たるボーンスレー家は、カッタック地方をふくめてベンガル州の南部地方を獲得し、そこに住む未開の森林地帯の原住部族とその王とを納具者として従属せしめた。これらの地域は、現在は大抵、中央諸州のなかにふくまれているところである。

他方、西方においては、ガイクワール家が、グジャラート旧王国の領土を大部分獲得していた。ジャムナガール、ナワナガール、カッチ等々をふくむカティアワール地方のラージプート族の族長らは、ガイクワール王朝に従属した納貢者となった。マルワ平原地帯の西部傾斜面地域にあった小さな丘陵藩王国の藩王らは ―その大部分はまたラージプート族であった― 同様にガイクワール王家へ納貢していた。

デカン地方においては、ハイデラバード国王アサフ・ジャーの後継者が非常に広い領土を支配していた。領土はプネー付近からベンガル湾におよび、またゴダヴァリから南部マドラスにいたるまで広がっていた。

アサフ・ジャーの封建的臣下たるアルコットの太守は、コモリン岬までのカーナティック地方を領有していたがそのなかにはマドラス州の大部分がふくまれていた。

かの王位の僣取者《せんしゅしゃ》ハイダル・アリーは、彼の前に仕えていた主君すなわちマイソール藩王国の大王の領土を三倍にふやした。

トラヴァンコール藩王国のなかにあるガート山脈の彼方では、古代から続いていたヒンドゥー教徒のある家族が、群小の酋長の土地を融合統一して一つの王国を建設した。その北方に、他のヒンドゥー教徒の藩王国コーチンがあった。マイソール藩王国の北部からバローダ藩王国まで、ハイデラバード藩王国と海の間がペシュワの領土でありその首都はプネーにおかれていた。ペシュワとはマラータ連合国の名義上の首相の肩書きを意味する言葉である。

マラータのペシュワの領土のなかにはコーラプール藩王国がふくまれていたし、また、多くの小さな封建臣下的な藩王国が入っていた。これらの小藩王国は大抵、ペシュワに仕えていたバラモンの役人らが領有していたのである。これらの藩王国の多くは、今日もなお存在している。

約二百年の歳月にわたって、インドにおける政治的権力が集中され、その活躍の中心点であったムガル帝国は、今や汚辱《おじょく》の墓穴のうちに沈み行きつつあった。その光と実力とを失った、影のごとき皇帝は、実際上は、その謀叛を起こした家臣らの手に捕えられた囚人にすぎなかった。中央の権力、政府の統制から離脱していこうとする傾向は、随所に見受けられる有様であった。

かくて、一つのヒンドゥー教徒の帝国を建設せんとしたマラータ族の夢は、果敢なき失望に終わるべき悲運をになうのよぎなきにいたったのである。

かかる情勢の下にあって、インドは、混沌と無政府との一時代に終焉をもたらすべき、新しき帝国の出現を待望していたのであった。

まさにこのときにあたって、英国はこの舞台に姿を現わしたのである。

The States and the Evolution of British Power in India

第二章

藩王国と、インドにおける英国勢力の発展

II

第二章

藩王国と、インドにおける英国勢力の発展

過去より現在にいたるまで、およそ一度たりとも、インドは、海上に優越権らしきものを成就《じょうじゅ》達成したことはいまだかつてなかった。

一部分の沿岸貿易は例外として、インドの海上貿易は約一千年の間、アラビア人、中国人およびアビシニア人の掌中《しょうちゅう》に握られていた。その後十六世紀の初頭に、ポルトガル人がインド洋に現れ、強力な反対のないのに乗じて、インドおよび極東地域との貿易について実際上の独占権を獲得し、その後百年にわたって独占権を保持した。彼らはインドの海岸の処々に植民地を建設した。またボンベイ州

南方のゴアにおいて、広大な地域を支配せんと試みた。そしてセイロン島の低地の大部分を占領した。

十七世紀のはじめにオランダ人が現れて、東洋の水域におけるポルトガル人の優越権に挑戦し、かくて次の五十年のうちに極東における自己の地位を確立した。オランダ人は、セイロン島からポルトガル人を駆逐し、かくて希望岬に一つの植民地を建設したのである。

その後まもなくして、オランダ人に続いて英国人が現れた。一六〇〇年、エリザベス女王は、ロンドンの商人のある団体に対して特許状をあたえ、彼らに東洋方面の貿易の独占権をもった会社を設立することを認可した。この団体が「東インド社」を設立したのである。

最初の英国の貿易たむろ所は、ボンベイ州の北部、西海岸のスーラトに設けられた。時は一六一二年頃、ムガル帝国のグジャラート県知事の許可を得てのことであった。ポルトガル人は、英人を追い出すために死に物狂いの努力をしたが、かえって英人のために打ちのめされてしまった。ペルシャ湾にのぞむポルトガルの貿易たむろ所を英人が占領したことによって、ついにポルトガルの排英計画も完全に画餅《がべい》に帰し、かくてその後は、それ以上ポルトガル人に悩まされることなく、英人は安んじて貿易上の用務に服することができた。とにかく、東インド会社がポルトガル人を圧倒して成功したことは、デリーにおける東インド会社の声価《せいか》を高めた。

十七世紀を通じて、英国の東インド会社は、いちじるしく貿易を隆盛におもむかしめた。会社は、トラヴァンコールのある酋長から西海岸のアンヂェンゴを取得した。これは胡椒取引の中心地帯にある要地であった。マスリパタムは、当時回教王国ゴールコンダの海港であったが、この東海岸のマスリパタムの知事は、会社に対して一つの出張所を開設することを許可した。これは、一六二五年のことであった。一六三九年には、ヒンドゥー教徒の酋長から取得した土地にマドラス市を建設した。

一六六三年には、チャールズ二世からボンベイ市を交易港にすることを許可されたため、西海岸における会社の地位はいちじるしく改善された。これによって、会社は、防御工事をほどこした植民地を獲得したことになった。カルカッタ市は、一六九〇年に、アウラングゼーブ皇帝から買収した土地に建設されたものである。フーグリ方面には、すでに他の小植民地が数か所建設されていた。

だが、会社がインドの処々に建設した植民地はどこでも一様にその地方役人に迫害され、またマラータの略奪者の攻撃にさらされた。よって、ついに会社は自己の利益を守るために城塞を築かなければならなかった。

ムガル帝国の急速な瓦解によって中央権力はなくなり、法令を施行しうる者がなくなった。マラータ族の樹立した国家的君主政治は、すでに一七五〇年頃にその絶頂に達していた。マラータ連合国家の神経中枢たるプネーからして、ペシュワは、明敏なバラモンの知能の助けを得て、インドの大部分を支配していた。しかしペシュワは、自己を皇帝と称するには躊躇《ちゅうちょ》を感じたのであった。

かくてパニーパットの戦において、マラータ軍が徹底的敗北を喫してから以後となっては、ペシュワが自ら皇帝と称する機会はついに過ぎ去ってしまったのである。

とかくするなかに、新登場者が現れた。フランス人がインドの舞台に現れたのは、比較的遅かったのだが、しかし、急速な発展を遂げた。フランスの主要植民地たるポンディシェリは、一六七四年に建設された。その他の場所への植民移住も矢継ぎばやに行なわれた。こうした小規模な発足からはじめたが、まもなく、フランス人は、いちじるしい勢力をしめるにいたったのである。

まさにかくのごとくにして、フランス人のインド進出ははじめられたのである。一七三五年には、デュマがポンディシェリ知事に任命された。この事柄ははなはだ重大な意義をもっていた。何となれば、彼デュマこそが、さまざまのインド統治者と緊密な関係を樹立せんとする政策の創始者であり、究極的には、英国をして、帝国建設への途《と》をたどらしめた者であったからである。一七三八年に、デュマは、兵力を派遣して、タンジョール王国の空欠のままになっていた王位を継承せんと要求していた人を援助してやった。その報酬として、デュマは一つの領土をあたえられた。一七四〇年に、マラータ族はカーナティックに侵入し、その国王を殺した。王の後継者は家族をともなってポンディシェリに逃れた。マラータ軍の将軍は、彼の引き渡しを要求した。デュマはこれをこばみ、これに反抗し、たび重なるマラータ軍の攻撃を撃退し、これを撃ち破った。マラータ軍撃破の名声は全インドに広がった。かくてムガル帝国皇帝は、このフランス人の知事デュマに、ナワーブ（太守）の尊称を授け、称賛の意を表した。デュマはこの称号をその後任者デュプレクスに引き継いだが、デュプレクスはまた、西洋より渡来してインドに勢威《せいい》を張った行政官のうちもっとも輝ける人々の一人であった。

かかる情勢の下において、ハイデラバート国王およびその封建的臣下たるアルコット太守の宮廷において、果たして英仏のいずれが優勢なるべきかという問題が徹底的に闘いぬいて解決されなければならなくなった。最初幸運はデュプレクスの上に見舞った。一七五〇年に、上記両国に王位継承に関する紛争が起こった。そのいずれの場合にも、デュプレクスは、彼自身の指名した人を王位につかせることができた。かくて、その報酬として、ハイデラバード国王は、デュプレクスをキストナー河よりコモリン岬にいたる地域の太守たることを宣言した。

かかる情勢は、ついにクライブの輝ける戦略によって救われて、英国の有利に展開するにいたった。一七五一年のことである。すなわちクライブは、ティルチラパッリにおいて仏軍を攻囲《こうい》しつつある間に、突如アルコット(太守の首府)を攻撃する戦法をとったのであった。かくしてアルコット太守もデュプレクスもともに敗北するという結果になったのである。その間、デュプレクス旗下の一士官ドビュシーは、フランス軍の一分遣隊をひきいて、新しい国王をハイデラバードに護送していった。これらのフランス軍隊は、当時ハイデラバード藩王国の一州であった北部サーカース地方を譲渡し、それによって維持されていた。かくのごとく、ハイデラバード国王の自由に動かしうるようにされた軍隊は「外国の傭兵となった軍隊」subsidiary force といわれていた。これは、インド藩王国の領土の割譲によって給与を受けた軍隊によって、インド藩王国内に政治的支配権を握るという政策の最初の一例であった。

一七五七年、プラッシーの野に戦いベンガルの攻略を終えたクライブは、次にハイデラバード藩王国におけるフランスの脅威に対しこれを除去すべき方策を断行することに意を決した。この方策を遂行するために、クライブは海上から一軍を派遣して北部サーカース地方を急襲攻略し、かくてフランス軍の根拠地を奪取し、その全軍を壊滅せしむるにいたったのである。

今や、東インド会社当局は、かのデュプレクスの政策を採用し、もって素質優秀なるヨーロッパ人部隊をインドの諸藩王の指揮下におくことによって、その宮廷内における支配的権力を獲得せんことを決意するにいたった。当時ハイデラバード国王およびアルコットの太守はともにマラータ軍の侵略に対して保護を要すべき情勢におちいっていた。アルコット太守は英国軍隊の救援に対する代償として、ただちに東インド会社に事実上彼の領土の全歳入の処分権をあたえた。これによって、会社は軍資を得ることができた。ハイデラバード国王は、アルコット太守の例にならって、会社はハイデラバード国王の必要とするときはいつでも、二箇大隊の歩兵と砲兵とを国王に提供するという保証に対する代償として、北部サーカース地方を英国人の租借地とすることにした。

プラッシーの戦後のベンガルでは、時の太守が東インド会社の使用人の強奪にたまりかねて自暴自棄となり、ついに自己の勢力圏内にいたヨーロッパ人を鏖殺《おうさつ》してアワド藩王国に逃げ込んだ。アワドの国王は、この太守の措置に同情しその主義に左袒《さたん》した。この時のアワドの支配者は、ナワーブ・ワジールおよびシャー・アラム（名義上の皇帝）として知られている。

しかしながら、この二国の連合軍は、一七六四年バクサールの戦で英軍のヘクター・ムンローによって完全に撃破されてしまった。かくて、アワド藩王国は英国の膝下に降伏したのである。

しかしながら、英国は、アワド藩王国を合併せんとする野望を抱いていたわけではなかったので、ワジール太守にアラハバードおよびコラーの二州を返還してやった。この両地方は、追放された皇帝のためにその領土としておいたものであった。そして皇帝は英国の保護を受けることになった。

この皇帝は、一七五九年頃マラータ族が侵入してデリー市を占領した後、擾乱《じょうらん》の治まらぬ期間中デリーを去っていたのであった。一七五九年、皇帝の父君が弑《しい》されるや、皇帝は帝位についたのである。この即位の代償として、皇帝は勝利者すなわち英国人に対して、ベンガル州のディワニ"Diwani（pl of Diwan or Dewan）"すなわち財務長官の地位をあたえた。だが一般行政は、依然として太守の手中に握られていた。この二重の制度、すなわち一般行政権はナワーブの手中に、財務は英人の手中にあるという機構は、成功しなかった。そこで、ついには英国が全責任を負わなければならなくなった。そもそも土着民統治に関して、この外にもなお幾多の方法がありえたのではないかどうかということについては、一般的な問題となっているところである。

一七七一年、逃走中だった皇帝は、デリーに帰還してマラータ族の手中に身をおいた。このマラータ族の財政上の最後の頼りというのは、いつもその近隣諸国を掠奪することであった。我々が今考察しているこの時代においては、マラータ族は事実上自己の領有していなかったところであるにもかかわらず、インドの大抵のところに歳入の四分の一の税を課していた。例えばカーナティック、ハイデラバード、カティアワール、グジャラート、ラージプタナ、東部パンジャーブ地方のごときは、マラータ領ではなかったが、歳入の四分の一をマラータ族に納貢していたのであった。

かくのごとき組織の下にあって、軍事上の責任を負うていた英国が、永遠にマラータ族との衝突を回避しえなかったことは、まことに当然のことと言わねばならない。

しかしながら、一七七五年までは平和はなお破れずに続いた。そして一七七五年英国は、軍事上の責任を果たすために立ち上がったのであった。ボンベイ州におかれた東インド会社業務管理部の最高会議の総裁は、ボンベイを去る二十六マイルのところにあるサルセッテ島およびバッセイン港を取得しようと望んでいた。これは最近マラータ族がポルトガル人から奪取占領したところであった。プネーにおけるペシュワの王位継承にからげる紛争がボンベイ政府に乗ずべき機会をあたえた。第一の王位請求者ラゴバは、もし英国が彼を支持してくれるならば、英国の欲するものすわなちサルセッテ島およびバッセイン港をあたえることを約束した。この戦は七年間続いた。この戦に対してボンベイ政府当局は軍事行動に対する措置《そち》を誤った。そのため、ウォーレン・ヘイスティングスの大胆な出撃政策がなかったならば、戦局は英国側の惨敗《ざんぱい》に終わったであろうと思われる。ウォーレン・ヘイスティングスは当時東インド会社の総督であったが、ゴッダード将軍旗下の軍隊を急遽《きゅうきょ》アワド藩王国から、インドをまっすぐに横切ってボンベイ救援におもむかしめ、もって会社のボンベイ政府の危機を救ったのであった。

一七八二年に、サルベイにおいて平和条約が締結され、その結果ボンベイ政府はサルセッテ島を獲得した。ただしその他のところでは、現状維持ということに定められた。かくてマラータ族と英国との間に友好関係が結ばれたが、この友好関係は二十年以上続いた。

マラータ族と英国との戦争中、ハイデラバード国王は、マドラス地方で東インド会社が突如グンター地区を攻略したことを激怒し、英国に対抗すべくマラータ族およびマイソール藩王国の回教君主ハイダル・アリーと同盟するにいたった。ヘイスティングスは、今度の事態に対しても前と同様の態度をとった。ベンガルにいた一軍が海岸沿いにカッタックを通過してマドラスの救援に急派《きゅうは》された。かくて、ハイデラバード国王は、グンター地方の返還によってなだめられ、和解することとなった。その結果、ハイダル・アリーのみは、単独で英国と交戦するのよぎなきにいたった。しかし一七八一年ポルト・ノヴォの戦で、ハイダル・アリーは、アイア・クート将軍のため徹底的な敗北を喫した。一七八四年、すなわちハイダルの死後まもなく、彼の息子にして王位継承者たるティプー・スルタンとの間に平和条約が締結された。

八年を経過して、マイソール藩王国との間に再び英国は新たに戦争状態におちいった。それは、東インド会社と防御同盟を結んでいたトラヴァンコール藩王国にティプー・スルタンの軍が侵入しきたったのにもとづくものであった。またハイデラバード国王は、ティプー軍が北部に存在した王の封建臣下らを攻略併合したのに憤激して英国に味方した。かくて、ティプーはまもなく抗戦の絶望的なるを悟った。そして、一七九四年の平和条約によって、ティプー王はその領土のなかばを奪われることになった。ハイデラバード国王はその失った封建的臣下らを取り戻した。英国は西海岸のマラバールおよびクールグを取り、さらにマイソール藩王国の南部の大地域を獲得した。その後、クールグはその前のクールグ王の手に返還した。

ティプーと講和して後の英国の地位は、はなはだしく強大なものとなった。すなわち、英国人は第一に、ハイデラバード藩王国の軍事的支援に頼ることができた。第二に、南方インドのほとんど全部にわたっての資源が、英人の自由になった。第三に、アワド藩王国は、英国と密接なる同盟国の関係に立っていたのである。もしも英国人が望んだならば、おそらくラージプート族もまた英国の味方になったであろう。しかしながら、ラージプート族を英国の味方につけることは、また他方マラータ族の憤激《ふんげき》を触発することになったであろうと思われる。何となれば、真の危険はマラータ国の首都プネーに存していたからである。すなわちマラータ族とブリトン人とが帝国建設の栄誉をかけて、その力を試み合うのは、ただ時間の問題にすぎなかったのである。

マハーダジ・シンディアは、十八世紀末葉《まつよう》においてはマラータ連合国家のうちもっとも傑出した人物であった。彼は十八世紀末頃までに、大部分フランスの将軍ド・ボアンヌおよびフランス人に指揮された彼の正規軍の力によってではあるが、デリー周辺の国土およびラージプタナ地方の実際上の支配権を獲得していた。

シンディアはすでに早くから、彼の旗下の軽騎兵は、ラージプート族の密集した騎兵部隊によって戦場では蹴散《けち》らされ掃討されてしまうであろうし、さらにまた攻城砲兵の外には如何なる軍隊の力をもってしても抜くことのできないラージプート族の城塞に向かっては、彼の軽騎兵隊は役に立たぬであろうということをよく知っていたのである。さればこそ、フランス人を将軍に仰ぎ、フランス士官に旗下の兵の訓練を委嘱《いしょく》していたのであった。

マハーダジ・シンディアは、一七九四年に死んだ。その後まもなくド・ボアンヌは、グワリオール藩王国の勤務をやめて、フランスに引退した。ド・ボアンヌの後任者は、ペロンであった。ペロンは、シンディアの若き後継者ダウラート・ラオの治世時代に、北部インドに絶大な権力を獲得した。彼はアーグラ城を確保し、またデリーを手中に収めた。皇帝の身柄は彼の保護下におかれた。また彼は、アリガーに、兵二万人を収容しうる兵営を建て不落の要塞をつくった。ジャイプルおよびジョードプルのごとき大ラージプート族の王侯が彼に納貢した。ダオブのもっとも富裕な地方が彼の領有するところとなった。彼の地位は正しく、「帝国内の帝国」たる観があった。ペロンが黒幕として控えていたために、ダウラート・ラオ・シンディアは、実際上マラータ族の会議に際しては、はなはだ優れた地位をしめていた。

インドール藩王国の王ジャスワント・ラオ・ホールカルは、グワリオール藩王国の敵であったが、シンディアのラージプタナ掠奪に抗して勢を張り合っていた。十八世紀末にいたって、ついに両国は戦火のなかに相見ゆることとなった。一八〇〇年にいたって、両国の軍勢はプネーに進撃し、当時のペシュワの王位継承権の争奪に干渉した。戦場における勝者となったシンディアは、彼の指名せるバジ・ラオをペショワに樹立することに成功した。

しかしながら、その後いくばくもなくして、ホールカル(インドール藩王)はプネー城門の外で、ペシュワおよびシンディアの連合軍を撃破し、算《さん》を乱して大潰走《だいかいそう》せしめた。バジ・ラオはバッセインに逃れ、身を英国の手中に投じた。かくて、バジ・ラオと英国との間に防衛同盟が締結されたが、これは、バッセイン条約といわれている。しかのみならず、東インド会社は、ペシュワの費用をもって六千人の軍隊をプネーに駐屯せしむることに同意した。後にいたって、バジ・ラオは、英軍の力によってプネーで復位することができた。プネーの宮廷に英国駐剳官《ちゅうさつかん》がおかれることになった。

ちょうどその頃、バローダ藩王国では、宰相の位の継承をめぐって幾人もの要求者が現れ、紛糾をきたしていた。国務大臣は英国の援助を求めたが、その際英国軍隊を永久にバローダに駐屯させるということを示唆してきた。よって英国はこの申し入れを承認し、ここに一つの条約が締結されるにいたった。英国は、そのペシュワ継承権の主張者を即位せしめた。当時バローダ藩王国はガイクワール（註一）の雇ったアラビアの傭兵らによって事質上支配権を握られていた。英軍はバローダ王を即位せしめて後一週間にして、このアラビア人傭兵の手からバローダを奪回した。

註一　Gaekwar とはバローダ王の尊称にして本来はヒンドゥー教徒王朝の名前であった。Gaikwar または Guikwar とも書く

バローダ王およびペシュワ（マラタ国宰相）との条約を締結したことによって、東インド会社のマラータ族に対する戦略的地位はいちじるしく強化された。とかくする間に、彼らはハイデラバード国

王と条約を締結した結果、南部地方において完全な軍事上の優勢を把握するにいたった。元来ハイデラバード藩王国はマラータ族に歳入の四分の一の納貢を約《やく》していたがその残額未払のため、マラータ族の諸藩王はその残額を請求するという口実の下に巨額の納貢を強要するため有力な連合勢力を結成した。ハイデラバード国王は一七九五年この脅威に直面するのやむなきにいたりついに英国の援助を求訴した。最初はこの哀願は拒絶された。しかしこれは条約違反であった。

しかしながら、ハイデラバード国王のこの要求の重大性はただちにウェルズレー卿の認めるところとなった。すなわち、ウェルズレー卿は、英国とハイデラバード国王との同盟こそは、英国政治力がデカン地方に浸透していくための門の要石となるものでありもっとも根本的なくさびとなるものであるし、かつまたこのハイデラバード大藩王国の精紳的・物質的援助なくしては、プネーおよびマイソール藩王国のティプー・スルタンの脅威に当面することは、到底不可能であることを理解したのである。

そこで、ウェルズレー卿は、ハイデラバード国王に対して、国王がフランス士官およびフランス軍を解雇すべきことを条件として、国王のもっとも熱望せるものすなわちマラータ族に対する完全な軍事的保障をあたうべきことを申し入れたのであった。ハイデラバード国王はこの申し入れを承認し、かくて希望通りの条件で新条約が締結された。かやうにして大砲をそなえた六千人の東インド会社の軍隊は、ハイデラバード国王の首都に駐屯することとなった。この軍隊はすなわち、「外国人の傭兵部隊」Subsidiary forceとして知られているものである。

以上は一七九八年の出来事であった。その翌年、一七九九年には、ティプー・スルタンとの戦争が勃発した。この戦争にはハイデラバード国王の「外人の傭兵部隊」およびハイデラバードよりの大分遣隊が参加した。ティプーは殺され、その政府は転覆し、かくてヒンドゥー人の王朝は復活した。新しい支配者に対しては納貢の義務が課せられた。そしてウェルズレー卿は、失政あらば東インド会社が行政権を握るにいたるべきことを約《やく》した。

その後ハイデラバード王国と新条約がまた締結更新された。これによって、ハイデラバードに駐屯する「外人の傭兵部隊」の人員は六千人から一万人に引き上げられた。よって、ハイデラバード国王は、この傭兵を維持扶養《ふよう》するために領土を割譲した。この割譲された領土は、以前にマイソール藩王国から掠奪せるときのわけ前として国王にあたえられていたものであった。また元来は、国王の封建的臣下らの領有していた土地であったのである。

一、二年後に、カーナティックの太守はその領土を奪われ、その領土はマドラス州に合併されてしまった。これは弁解の困難なやりかたであったといえる。なるほど、カーナティック太守、ムハメッド・アリは無能な為政者《いせいしゃ》だったには相違ないが、しかし彼は、英人やインド人にして太守の位を狙う人々やいかがわしい財務官のために追跡されたり悩まされたりして、彼に課せられた二重の統治組織の下にあっては、真に実力をふるうべき機会に恵まれなかったというべきである。しかもマドラス政府は、これらのいかがわしい人々がカーナティックを掠奪するのを許しておいたのであった。

このカーナティック太守の英国に対する援助は、五十年間にわたって非常に大きな価値をもっていた。もしカーナティックの太守の援助がなかったならば、英国は、マイソール藩王国の強力な軍事的君主政治に対抗して、自己を保全することは不可能であったろうと思われる。

英国はカーナティックの太守を軽々に退位せしめてしまったが、英国がハイデラバード藩王国で支配勢力を獲得しうるにいたった原因と見なさるべき南部インドにおける英国の威信声望《いしんせいぼう》というものは、実は英国がカーナティックの太守と相結んでいたからこそかち得られたものだといっても大過《たいか》ないのである。後にマイソール藩王国の場合と同様に、もし英国がカーナティック太守に対し、一応その行政を健全な基礎の上に立て直すように試みさせて、もし太守の能力がついにその試練に堪えざるものとの証しを得てから退位させたのであったならば、まさしく、英国は正しい処理方法をとったということで、一層名声を博《はく》しえたであろうに。遺憾《いかん》ながら、太守の退位に関する措置《そち》は慎重さを欠いていたといわねばならない。この退位させられた太守はアルコット侯の称号を授けられ、年金を支給された。

ウェルズレーは、よぎなくマラータ族と和平の条約を締結する以前に、すでにインドの南部および北部においていちじるしく英国の軍事的地位を強化していた。かのバッセイン条約はマラータ族の三大族長、シンディア、ホールカルおよびナグプールのボーンスレー王にとってははなはだ不倫快なものであった。そこで彼らは、大軍を集結したのだったが、ついにウェルズレーが一八〇五年にインドを去る前に片づけられてしまった。

ウェルズレーは、誠に東インド会社の総督中もっとも有能な人物の一人であったが、彼は、インドにおける英国の勢力を最高のものたらしむべき政策を樹立したのであった。彼は彼の考え出した従属同盟の組織によって、この政策を成就せんと試みた。この従属同盟の目的は、同盟国たる諸藩王国の政治関係および軍事的資源の統制権を東インド会社の政府にあたえることにあったのである。彼の国もとへの召喚が早過ぎなかったならば、おそらくこの目的は達成されていたであろう。あまりに早く帰国命令の出たために、彼の在印中にはこの同盟組織は未完成のままになってしまった。したがって、後に残されたなすべき仕事というのは、シンディアやナグプールのボーンスレーと締結したのと同様の条約をホールカル王朝と締結し、もってホールカルをこの条約で束縛《そくばく》してしまうことであったし、またラージプート藩王国をこの同盟組織のなかに加入させ、最後にシーク教徒の統治者たるランジート・シングを、サトレジ河の彼岸の国土に釘づけにしてしまうことであったのだ。

悲しいかな！　イングランド本国における責任当局者は臆病でありかつ先見の明にかけていた。かくてこのウェルズレーの偉大な政策の実現を妨害し、かつ十五年間の長きにわたって中央インドおよびラージプタナ地方を史上いまだ類例なき無政府状態と大混乱の渦中におちいらしめてしまったのである。

かくてウェルズレー卿の輝しき時代に次いで、無味単調な無能と精神的怯懦《きょうだ》の一時期が続いた。レーク将軍は、やればインドールのホールカル王朝を再起不能のところまで打倒することもできたのだった。だが彼はこれをあえてやらなかった。新しい総督のジョージ・バーロウ卿は、ホールカルに対し自由勝手にラージプタナ地方に侵入してもさしつかえないからかとにかく、彼の支配する領土を全部返還せよと主張した。かくてラージプート族の諸藩王国は、英国の支援を求めたが無駄であった。またジャイプルと締結した条約の一つを、会社はおずおずと放棄した。さらにまたシンディアと新しい条約が締結されたが、この条約はまた、シンディアに対しラージプタナ地方で自由に行動することを許すことになってしまった。この結果として、不幸なラージプート族はマラータ族およびピンダリの名で通っている流浪《るろう》の山賊らの軍勢によって、四分五裂《しぶごれつ》に引き裂かれていったのである。

その時代は会社はいわゆる囲垣政策 Policy of the ring fence を採用してとにかく一八一七年までその領土を維持してきた。この囲垣政策とは、東インド会社の領土の範囲を超えたところでの出来事に対しては、一切責任を負うことを拒否する政策であった。だが、ただ一つだけこの政策から逸脱した行為を行なったことがあった。それは、一八〇七年に東インド会社総督に就任したミントー卿が、パンジャーブ地方の支配者であり、シーク教徒たりしランジート・シングに対して、サトレジ河以南の土地まで征服の手を伸ばすことを禁止したことであった。

このために、パティヤーラー、ナブハおよびジンドの諸国は史上から抹殺され滅亡するのを救われたのであった。

中央インドおよびラージプタナ地方に十年間にわたる無政府状態と混乱の時代が続いたために、会社の孤立政策すなわち囲垣政策は世の不評を招くにいたった。よって英国はたとえマラータ族と全面的な戦争状態を惹起する危険ありとしても、その危険を冒して、ピンダリ山賊の群に干渉を加えこれを絶滅しなければならぬと意を決したのである。

まず第一に、それに関係した国々に外交的な網が張られた。ラージプート族は、英国が軍事的保護に任じてやるとの約束によって、英国と同盟を締結し、ボーパル藩王国もまたこれにならった。ピンダリのもっとも有名な指揮者たるアミール・カーンは一つの小さな封土を手に入れそしてそれをあたえられた。この封土とはすなわちラージプタナ地方にあるトンク地方であり、現在もなおアミール・カーンの子孫がここを統治している。その後に起こった戦争でピンダリ（山賊）らは撃滅《げきめつ》された。シンディアは孤立するにいたり、攻撃をまぬがれるを得た。ナグプール国のマラータ族の支配者およびプネーのマラータ国宰相はともに武力に訴えて抗争したが、ついに無残な敗北を喫した。ホールカル王の不穏な軍勢もまた撃破された。

かくて、パンジャーブおよびシンドの二地方をのぞいて、全インドはその征服者英国の足下に慴伏《しょうふく》するにいたった。

今や、東インド会社を通じて、英国は、もはや、インドにおける最高の権力をもつものとしての責任を回避することはできなくなった。サトレジの河畔よりコモリン岬にいたるまでのすべての藩王国は、従属同盟の組織のなかに加入するにいたった。

マラータ国の宰相はその地位から退けられ、そしてその領土は英国に併合された。インドール藩王国のホールカル王家は「英国人の傭兵部隊」Subsidiary force を維持するために、その領土を割譲するにいたった。ナグプール藩王国もまたこれにならった。

ラージプート族の諸藩王国は、マラータ族の毒手をまぬがれ、その存続は確保されるにいたった。

第三章

Life in the States

諸藩王国における生活

III

第三章

藩王国における生活

後章において論述するごとく、現在、インドに残存せる藩王国というのは、過去に樹立された諸帝国の直系の後継者ではない。かのインド暴動（ベンガルの反乱、一八五七―五八年）の起こるときまでは、そうした過去の帝国の直系の藩王国がただ一つだけ残っていた。それはデリー王国であった。何となれば、英国は、ムガル帝国皇帝の合法的なる子孫をデリーの王として手をふれず存置《そんち》しておいたし、デリー王の構力というものはすでにほとんどなくなってはいたが、それでもなお、彼は若干の昔ながらの帝王の特権や威信を保っていたからである。かくて、一八五七年以前には、ハイデラバード国王は代々いずれも即位に際しては、ムガル皇帝に即位を確認してもらうのを例としていたのであった。それは、あたかもトルコ帝国のエジプトに対する至上権が実際上消滅してしまった後もなお長い間、すなわち一九一四年まで、エジプトのケジーブ Khedive（エジプト太守と訳す、一八六七年にトルコ政府が Ismail Peshwa にあたえた称号である。）が代々就任にあたってはコンスタンティノープルにいるスルタンから勅許を受けていたのと同然であった。

歴史的には、インドの藩王国は次のごとく分類することができる。

（1）非常に古いヒンドゥー教徒の藩王国。

例えば、ラージプタナ地方、中央インド、カティアワール地方、マイソールおよびトラヴァンコール等のラージプート族の藩王国。ならびにヒマラヤ山脈地方のラージプート族の小藩王国。

（2）ムガル帝国の諸州または小地域。

これら諸地方の太守または将軍連は後に独立してそれぞれの王国を建設した。例えば、ハイデラバード藩王国およびランプール藩王国のごとき場合はこれに属する。また、英国のインド征服以前の時代には、この種の藩王国として、アワドおよびベンガル藩王国があった。そのうち、ベンガル藩王国は、もっとも早期において、英国に合併された。

（3）ムガル帝国の崩壊後、いろいろの冒険的武将によって建設された藩王国。

この部類中もっとも重要なのは、マラータ族（ヒンドゥー教徒）の藩王国である。これには、グワリオール、バローダ、インドール、コーラプール藩王国がある。バーラトプル（ヒンドゥー）、シーク教徒の藩王国およびボーパル、トンク、バハワルプールらの回教徒の藩王国もこの種の部属に入る。

これらの部類の外に、政治的にみてさしたる重要さをもたない藩王国がある。すなわち、オリッサ地方および中央諸州中にある封建臣下らの藩王国がこれである。これらの藩王国は、回教徒のインド侵略があった後に、ラージプート族の避難者らによって建設されたものが多い。その大部分は人の登り難い山岳地方に位していて、人口の大部分は未開の原住民族である。その典型的な例は、カラハンジ、マユルブハンジおよびバスタール藩王国である。これらの藩王国中のごくわずかのもの例えばマユルブハンジ国のみが、完全な国内的司法行政権をもっているにすぎない。

さてこの辺で、支配権をもっている族長と比較してみた場合、二三のインドの大貴族の身分がいかに変則的なものであるかについて二三の例を説明してみてもよいであろう。人は次のごとく疑問を発することができるであろう。一体何故に、ベンガル地方のブルドワンの大王、ビハール藩王国のダルブハンガの大王、マドラス州英国駐箚官《ちゅうさつかん》の統治区域内にあるジャイプル藩王国の大王、北部マドラス州のボッビリおよびヴィジャヤナガラムの王らの世襲的な大貴族らが、彼らの領有面積のおそらく五分の一、場合によっては二十分の一にすぎない土地を領有しているにすぎないカティアワール地方の小族長よりも低い身分におかれているのか、と。

これはまったく歴史の偶然によって起こった問題にすぎない。少なくともマドラス州内の諸王は、ラージプタナ地方のラージプート族の族長程度の身分をあたえられてしかるべきだったと思われる。これらのマドラス州内の諸藩王の領土はハイデラバード国王領の一地区たる北部サーカース地方のなかにふくまれていた。事実、彼らはハイデラバード国王の封建臣下であったし、またこの地区が一七六二年に英国に割譲された当時は、ハイデラバード国王の封建的臣下としての待遇を受けたのである。明らかに、サーカース地方およびベンガル地方の場合には、東インド会社は、半独立的な族長たちを大地主として取り扱ったものであると言うことができる。

ここに今一つの奇妙な身分上の変態的な場合が指摘される。それはすなわち、ベナレス王の地位が一九一一年までは、ブルドワンの大王あるいはボツビリの王とまったく同一であったことである。一九一一年に、比較的初期の時代の政策に反して、ベナレス藩王国は改造されて、その前支配者の家族の一員にあたえられたのであった。新大王は、英国から十三発の礼砲を受けることおよび典型的なインド藩王たるの身分をあたえられた。

インド藩王国との関係において、英国政府は相当の期間孤立政策を採ったが、これはある程度までインド人のインドにおける進歩を阻害している。もちろん、政治的国境を超えて浸透し来る西欧の諸影響、諸勢力を阻止することは不可能であった。とくに英国が支配統治していた領土に囲まれていた藩王国例えば、バローダやマイソール（またはミブレ）藩王国においてはことさら西欧の影響を多くこうむらざるを得なかった。しかもなお、ダルバール（藩王国における最高諮問会議《しもんかいぎ》）の行なわれる国土においてはほとんどすべてのところにおいて、住民たちは太古からの生きかたをそのまま継続しているのである。

例えば、パルダ（婦人居室に掛ける帳）制度はいよいよ厳格であり、その生活はヒンドゥー教の掟による連合家族の理想によく合致しており、カーストの制限規定は根強く、かつ社会的な成功を望む志はそう執拗ではなくむしろ恬淡《てんたん》である。また荒涼たるインド沙漠のところどころにはいかめしいラージプート族の城が立っているが、この地方には巡回裁判が行なわれる。こうした巡回裁判の行なわれるようなところでは、誰も夜会を開いたり、劇場で晩餐会を催したりする者はない。パルシー族の娘やインド人豪商の娘たちは、ボンベイのタージ・マハル・ホテルで舞踊会を催したり、カルカッタのフィルポで晩餐会を開いたりするが、国境の彼方では誰もこれをまねる者もない。またボンベイやカルカッタ市で、酒店の監視をしたり、同盟罷業に参加するような政治運動に関心をもっている若い婦人たちも、ラージプート族やマラータ族の婦人伝道会には何らの関心を払っていない。

また産業主義も、英領インドの大都市におけるごとくには藩王国のなかにその触手を伸ばさなかった。藩王国には大きな港もなく、銀行の数も少なくかつその距離がはなはだ遠いし、結局、ダルバールによる政治の行なわれている雰囲気は、大金融業者の性に合わないのである。

インド人のインドにおいては、勝手気ままなそして無責任な新聞紙を信じない。そこでは、政治というものをインド政治家らとは別の角度から考えている。したがって、経済的ボイコットとか魂の力を誇示するとかまた非暴力的な不服従運動とか、そうした英領インドに起こるいろいろな動乱も藩王国における生活の静けさをかき乱すことはないのである。

経済的ならびに社会的単位としての村落は今もなお昔のままである。田舎に生活している人々の団結はきわめて強固である。高利貸しの金の取り立てさえも、他にくらべれば穏やかである。村落共同体の連帯性は、少数の官僚の圧政に対する一つの抑制手段となっている。また村落の諸行事については、政府の干渉はあまり行なわれない。英領インドにおいては、絶えず社会的立法が行なわれ莫大な数に上ってくるために、官吏の数がいちじるしく増加したのだが、大多数の藩王国にはこうしたことは起こっていない。

しかしながら、たとえ英領インドに比較して、インド人のインドにおいて、西欧の影響のおよんだ跡がはなはだ少ないにしても、それでもインド藩王国における生活の単調さを救ってくれるものはたくさんある。大王が象に乗って市場を通りすぎていくのを見るだけでさえも、英領インドで青白い顔をした収税官が自動車に乗って集税に走りまわっているのを見るのにくらべれば、どんなにご馳走だかわからない。インド人のインドにおいては、近代的なジャーナリズムのサーチライトのおよばぬところで、英国の社会主義者たちの性に合わないような事件がいくらも起こっている。インド藩王国のなかには、青表紙本（英国の議院または枢密院の報告書）などよりも虎のほうを大事だと思っている国もある。また一流のポロに出る仔馬が国の予算を狂わせるようなところもある。また美貌のために政治を左右しうる地位につけるところもある。さらにまた、ポロの決勝点にヒットを出したポロ競技者がその賞として一週間だけ大蔵大臣に任命されるところもある。まことにインド人のインドこそは、光と闇の交錯せる国であり、また大小さまざまの宮廷についての物語は、かのアラビアン・ナイト（Arabian Nights）の物語にも匹敵して、鮮やかに生々と面白く物語ることができるであろう。

宮廷生活、とくに小藩王国における宮廷生活は、一般人民の生活と密接にふれ合っている。例えば統治者たる藩王はその最高諮問会議《しもんかいぎ》（ダルバール）を通じて民衆に接触するとか、あるいは貴族や官吏を側近に召して引見するとかして下層のものと接触している。どんなに下践な民であっても、ダルバールの会議堂の閾《いき》の上でそのターバンを下に投げつけて、正義を要求することができる。また王は、時折の旅行や狩猟に出かけた際には、その田舎の人たちと親しい間柄になるようにしている。

二三の藩王国においては、宮廷内の文武および警察関係の常置委員に小さな世襲制度があり、それがさらに宮廷と人民とを結びつける環となっている。その制度は、英国軍隊内における軍職購求《こうきゅう》制度を思わしめるものがある。すなわち、年齢わずか四歳の子供が士官の地位を継《つ》ぐことができ、その後徐々に進級して将軍になることができるようになっている仕組みもある。ハイデラバード藩王国における軍職の世襲制度も同様の変態現象である。この種の旧来の奇妙な風習が今なお多く残存しているなかに、一つとくに一言しておく価値のある例がある。これは現在も広くインドで信ぜられている一つの迷信を反映しているものである。ここに述べる奇妙な昔からの風習というのは、ある家族にあたえられた永久年金に関係した話である。

つまり、昔ある一つの河に橋を架けようとして工事を進めていたときに、――これは二百余年前のことであったが――河の水神に対してある家族が一人の老人（その家族の一人）を工事の基礎となるべき犠牲として差し出したことについて永久年金があたえられたのである。その犠牲となった老人の体躯《たいく》は、一本の橋脚《きょうきゃく》の下に埋められた。そしてこの年金は、今日でも依然として支払われているのである。

野天《のてん》芝居、儀式、スポーツ、しばしば開かれるダルバール、すべてこれらのものは、王宮と人民とを合致させるために大いに役立つのである。野外劇のうち一番素晴らしいのは、藩王国の祭礼行列である。例えば、マイソール（またはミゾレ）における素晴らしい舞台を設けたダシャハラー祭や王の誕生祝いの行列がこれである。またバローダ藩王国その他の国々におけるダシャハラー祭の行列も素晴らしいものである。カシミール地方ではまたその地方独特の堂々たるゴンドラ(平底船)行列がある。

これは首都の市街のなかを曲がりくねって流れている川をゴンドラの行列が流れ下るのである。このダシャハラー祭は、大抵の藩王国では、宗教上の大祭事として祝われている。このダシャハラーは、藩王らにとっても、はたまたその人民らにとっても、かつて冬の戦いのためにあるいはまた不逞《ふてい》の暴徒を畏縮《いしゅく》させて貢物を納めさせるために、軍隊が編成されたかの往古《おうこ》の時代の記憶を秘めているものであり、それを記念するために行なわれるものである。こうした遠い自分らの祖先の功績や偉業、苦難や成功への共通の思い出が王と民とを同じ想いに浸《ひた》らせてその親しさを増させるのである。

宮殿内の生活は、とくに比較的古い藩王国の場合は、はなはだ絢爛《けんらん》多彩のものがある。比較的近世に発祥した王朝でも、古代からの慣習にしたがっているし、時にはムガル帝国の宮廷作法をそのまま借用しているものもある。

儀式や式典は、多分にダルバールにおける心理を表象している。それはあたかも、ヨーロッパの小王国の宮廷における場合によく似ている。ただし、ヨーロッパの小王国宮廷におけるかかる風潮は第一次世界大戦後は払拭《ふっしょく》されてしまった。とにかくかかる風潮が存続しているしそれに対するインド諸藩王も大きな関心を抱いていることは疑えない。例えば、ラージプタナ地方の二三の後進の藩王らにとっては、一体彼らが、彼らより古い諸王国の藩王らの左翼にならべられるかあるいは右翼にならべられるかが重大な問題なのである。今一つの政治上の重要問題というのは、後進または下級の藩王が、古老のまたは上級の藩王を訪問せんとしているときには、一体長老たる藩王は、後進の藩王を鉄道の停車場まで出迎えるべきかまたはその総理大臣をして代理を勤めさせてもよいかという問題である。もっとも重大な問題というのは、デリーやシムラに出頭した場合の着席の順位である。ごく最近のことであるが、藩王会議ではついに次のごとき条項について討議するにいたった。すなわち、第一に、十一発の礼砲の挨拶を受ける藩王は、英領インドの諸州の知事より上席に着くべきであるとの提案を、総督に提出すべきか否か。第二に、デリーおよびシムラにおいては、藩王らは総督の副官ではなくて、陸軍長官に駅頭《えきとう》に出迎えてもらうべきか否か。以上の問題について討議したのであった。さらにまた、英国王は、すべての古参のインド藩王らに対しバッキンガム宮殿の近衛兵を盛装させて挨拶させるべきではないというような議論はいつも絶えたことがない有様である。

有力な来客を接待する際には、どこでもその儀式については、儀仗兵がもっとも重要な役割をもつと見なされている。軍隊の素質はいくつもの段階にわかれている。つまり高度の訓練を受け、完全に軍装したマイソールやハイデラバードの正規軍から下は裸体のビール人の射手のふぞろいにならんだ一隊とか、もしくはだらしのない格好をした女武者にいたるまでいろいろの相違がある。この女武者は、もちろん、婦人の訪問客の場合の接待の意味で敬意を表すべく整列するものである。西洋風の儀式は今一の事例について行なわれる　—すなわち国歌の吹奏がこれである。大体現在の藩王国は自国独特の儀式の方法を工夫して採用している。

比較的大きな藩王国では大抵そうであるが、もし英国のインド駐在官が藩王国の宮廷に派遣されている場合には藩王の即位式に英国代表が列席するごとき公式の場合には、古代からのダルバールの儀式を見ることができる。

カーリタ・ダルバールというのは、新任された英国駐在官が、ハイデラバード国王猊下にその信任状を捧呈《ほうてい》する儀式であるが、これは上記の種類の儀式の典型である。駐在官は、彼の高級幹部および駐屯軍指揮官にともなわれて接見の間に入ると、そこで国王が謁見されるわけである。

国王の側近には国内の主だった貴族や顕官《けんかん》が奉伺《ほうし》している。国王は駐在官を大広間の上段に案内し、暫時《ざんじ》丁重な会話を交わした後に、駐在官は総督の任命状を捧呈する。これを読み終ると、国王は花環と香水とを慶賀の挨拶として送る。それが済むと駐在官は宮殿を退下する。百年前には、英国士官はインドの藩王を訪問するときには、正装している場合でもその着用している靴や長靴を脱ぐようにとの慣わしがあった。そしてこの慣習は、一八五〇年頃までは、やはり英国駐在官がハイデラバード国王を訪問する際には依然として守られていた。

英領インドにおける社会上の地位などは、比較的太古からの藩王国の宮廷では、ほとんど問題にしていないのである。例えば、数年前に英領インド内の王領の一貴族がウダイプル藩王国を訪問したことがあった。彼は王妃に面会したいと願ったが、その際に、もし彼が王妃に会うならば、彼の属するカーストにおいて通例行なわれている会釈をまず王妃にしなければならない。すなわち靴をぬいで床の上に坐らなければならないといわれたのであった。彼は別に異議を申し出なかった。しかしながら、英国の駐在官はこの話を聞いて、総理大臣と非公式に会談して説得した結果、王妃は、彼の貴族を同様の身分の英国人を接見すると同様に、格式張らずに引見することをただちに承諾した。

インド政庁の官吏は、青と金色の交じった制服を着ているし、その上インドおよびインド帝国の星の動章を佩用して、美しい服装をしているので、彼らがインドの藩王と丁重な儀礼を交歓《こうかん》しているのを見ると、一層宮廷生活にはつらつたる美しさを添えるのである。だが、英国駐在官が藩王に面接するときに幾歩進み出たらよろしいのかその歩数をはかって儀礼のときの訪問にまごつかぬように準備しているが、そのために大部時間を費しているなどとほのめかしているのは、政治部の口汚い悪口屋の誇張で、事実はそれほどのことはないのである。

インドの藩王の席順や重要さの程度は、藩王が帝国の首府デリーもしくは英駐屯軍の兵営を訪問するときに受ける礼砲の数に反映されている。例えば、ある藩王国は九発礼砲の藩王国だとかまたは二十一発礼砲の藩王国だとかいって、その藩王の身分を表わす場合もある。

二三の支配者は、国として受ける礼砲より、もっと高い程度の個人的な挨拶を受けているが、この個人として受ける挨拶の礼砲は、英帝国への奉仕を賞《しょう》せられて定められたものであるかまたはその他の理由によるものである。またしばしば、藩王は、英国軍隊の名誉位階《めいよいかい》（例えば名誉副官とか名誉大佐などのごとき）をあたえられることがある。

英領インドで定められているいろいろの資格が藩王にあたえられているのが通例であって、英帝国で騎士の階級を示す大綬章《だいじゅしょう》を佩用《はいよう》していない藩王はほとんど皆無である。藩王のうち二三の人々は、自分の国で自国の勲位を制定している。例えば、マイソール藩王国の大王は、ガンダ・ベールンダ Ganda Bherunda すなわち双頭の鷲の勲章を授けている。またハイデラバード藩王国の王は、ナワーブ（太守）、マハラジャ（大王）、ラージャ（王）等の尊称をあたえている。英領インド人はしかし許可なくしてかかる勲位を受けることはできないことになっている。

ラージプタナ地方および中央インドにおける古代の王権は、封建制度を基礎としていたものである。その結果は、サクール「（王の直臣の意にて、後には卿または爵位にあたる尊称に転義）とかサーダー（指揮官の意）らの貴族政治となって現れている。サクールとかサーダーらは、主なるラージプート族の藩王国およびマラータ族藩王国の宮廷に出仕していたもので、後にいたって彼らは、ラージプート族の領土を分割占有してしまったのである。この古い封建的な貴族らがいて、藩王に忠誠を誓っていることは、藩王の宮廷にひとしお威信と光輝とを添えるものである。しかしながら、現代においては藩王らは貴族がいなくても、英帝国の保護を受けてその身分は安全となっているからして、多くの藩王はこの貴族政治の政治的ならびに精神的価値を次第に低く評価する傾向が増大している。かくて、現在までに、絶えず貴族の特権や権力に対する侵害が行なわれてきたのである。

サクール等の封建的貴族らは彼らの借地人を虐《しいた》げそのために支配者の干渉を受けることがままある。しかこうして、英国のインド統治によって、インドには平和と無活気の雰囲気が導入されたが、こうした雰囲気のなかにあっては、封建的貴族の精神的な気骨も次第に弱まっていくのもまた当然の成りゆきであろうと思われる。

もしも、ラージプタナ地方のアラヴァリ山脈中の峨々《がが》たる断崖のなかに屹立《きつりつ》する巨大な城砦や、中央インドの丘陵地帯や南部のガート山脈中の断崖絶壁が、ありし日の戦いの武勇を物語り証拠立てているのであるならば、人は、インドの諸王朝の数々の宮殿の暗い迷路のうちに悲劇が立ち籠めていたのだ、そして今もなお、立ち籠もっているのだとの印象を受けざるを得ないであろう。かの旧態陳腐《きゅうたいちんぷ》のゼナナ（インド上流家庭の婦人居室）の陰謀と憎悪とそしてまたさまたげられたる本能とを思ってもみよ。そこにはあるときには二百有余の宮廷の美姫が、多くは年若くして懶惰《らんだ》と倦怠《けんたい》との不自然な生活を送っていたのである。しかしながら、パルダ（婦人室の帳）の蔭の生活にも、多くの刺激や興奮のあったことも事実であった。藩王国の政情におよぼす婦人の勢力は相当大きいものであって、婦人らの居室でたくらまれた一つの陰謀をもって政策をかたよらせ、また政府の重要な支柱のいくつかを失わしめることもできるのである。有名な総理大臣がかつて私に語ったことがあった。王のお側に近づくことができないために、何日にもわたって国の政務が渋滞麻痺してしまうことがしばしばある。それは、王が一度四つの門をくぐって婦人の居室の大奥に入ってしまわれると、侍女が歩哨《ほしょう》に立っていて、用務の如何を問わず、侵入者を内に入れないようにしているから王に近づけないことになってしまうからであると。

上流家庭や王宮における婦人の居室それ自身が、しばしば一つの法律であることがある。この種の事柄が相当以前に起こったことがあるが、それは、大王が長らく欲しがっていた息子だという噂のあった一人の赤ん坊を、ある侍医が見殺しにしてしまうと思って、王宮の侍女たちがその侍医を靴でほとんど殺さんばかりに打ちのめしたことがあった。この侍医は、バラモン階級の者であり、かつ英国の学位までもっていた非常に優秀な専門家だったのである。それにもかかわらず、侍女たちは彼を瀕死の目に ―しかも靴でたたいて― 遭《あ》わせたのであった。

陰謀は時として直接行動に優る効果をあげることがあるものだ。ある美しい奴隷女が、その美しさの故に大王を魅了したことによって、旧式な宮廷の閨房の怒りを買ったことがあった。嫉妬に駆られた後宮の侍女は、何の思慮も分別もなく、その奴隷女に、真珠の首飾りを盗んだという無実の罪をかぶせてしまった。よって大王は、その娘を打擲《ちょうちゃく》して、拷問によって白状させようとした。酒を飲んで興奮した大王は、常軌《じょうき》を逸し、手加減を忘れて拷問したため、ついにその娘は死んでしまった。この事件の噂は、英国駐在官の耳に入ったが、この後宮に起こった悲劇の証拠は容易には手に入れることができなかった。したがって、駐在官としても何らの行動に出ることもできなかった。まして、当時この大王の世間での評判はいたって良かったので、なおさら手の出しようもなかったのである。だが、運命の神は大王に幸しなかった。大王は財政処理の方法を誤って、国はほとんど破産に瀕するにいたった。インド政庁ではこれを親心で心配してやって、国の財政が均衡を回復しうるようにと、親切にも一英国人官吏を派遣してその財政の衝《しょう》にあたらせてやった。この頃かの奴隷女の死が大王の心のなかに時にふれては悩みの種となって良心の呵責《かしゃく》を引き起こした。そこで大王はその罪の消滅を願うために、聖地へ巡礼しなければならないと感ずるようになった。この巡礼に出るための金が欲しかった。王はその旅費の調達を英国人の財政専門家に依頼しなければならなかった。彼は少しも包みかくすことなく一切の事情を説明した。その結果、この国の政治の最高権威者らは、王に退位されんことを要求した。王は穏やかに退位した。

実際、後宮の婦人たちもその美を大王に認められていないと、とかく我慢がしきれずに、嫉妬に駆られたり陰謀をたくらむようになりやすいものである。時としては、王とその寵姫の間に差し出てくる人がいるが、それが利口に立まわって、王と寵姫の間に水をさして、自分の競争相手を打ち負かして、自分が王の寵愛を得るようになることも事実あるのである。

数年前のことであったが、次のような事件があった。ある宮殿に奉伺《ほうし》していた側近者が、自分の美しい妻を大王の通路に立たせておいて王のお目にとまらせ、ついにその婦人を宮中の寵姫として召し出させることに成功した。表面上、その婦人は夫と離縁したことにしたが、実際には夫婦は協働して、彼女に対する王の寵愛を利用し、国政を左右した。たくみに術策《じゅっさく》をろうして、彼らは他の外部の人々からの一切の干渉に対して、その身と地位の安全をはかったのであった。

いやしくも藩王たる身分にある以上、宝石を山積みするほど所持していない人はほとんどない。それらの宝石は多くはずっと昔から譲り伝えられたもので、現在でも国の行事のあるときはたくさん身につけている。美術品保管庫は、主としてこの宝石貯蔵のために設けられているものである。宮廷に奉伺する侍女らは、大抵自分自身の宝石をもっているのが普通である。西洋風の服装を着用するようになった多くの大貴族らは、現在ではあまりこの宝石を装飾用に使わなくなった。何故ならば、略式の礼服を着用した場合には、大きなエメラルドを身につけることはできないことになっているからである。亡くなったハイデラバード国王は、十万ポンドもする大きないまだ磨かれていないダイヤモンドを文鎮に使っていたという話がしばしば世間でされていたが、それはインド政庁が国王に対し、王はその宝石を買い上げた商人にあざむかれたのだと遠まわしに言ったほうが至当《しとう》だと考えたからであった。

インド人のインドは、その来客に対して素晴らしい歓待をするというので有名である。虎狩り、その他大小さまざまの獲物の銃猟《じゅうりょう》、ポロ仕合、および豚を突殺すことなど、これらのことは、藩王国への客に対してあたえる娯楽のほんの一二例にすぎない。他国の藩王や高官が訪問してきた場合には、饗宴や時には舞踊会が催される。そして太守の訪問にあたっては、比較的大きな藩王国では、非常に派手な祝典が行なわれることになっている。

マイソール藩王国における国王の誕生日祝いとかダシャハラー祭の週間のごときは、壮麗華美《そうれいかび》な歓待についての模範的な例である。ハイデラバード藩王国にも同様の立派な伝統が残っている。その他の多くの藩王国にもかかる例がたくさんある。さて、イングランドでは驚くほど多くの人々が、彼らがいまだ一度も面会したこともない藩王から虎狩りの許可を受ける資格があると考えているが、それは誤りであることを註釈しておく必要があると思われる。

後宮の婦人たちは、当然王宮の饗宴には出席しない。彼女らは、楽人たちのいる桟敷《さじき》の掛けものの間からそっと慎しみ深く隙見《すきみ》するだけである。だが彼女らはそれだけで大変な楽しみを感じているとのことである。

英国皇室の至上権およびそれに付随するいろいろの権利を思い合わせて、当然藩王らはデリーにおける英帝国政府の気に入られようとする望みをもつようになった。これとはまた別に諸藩王国の利害関係は、インド政庁の政策と非常に緊密に結びついており、相交錯している。すなわち、一例を挙げれば、いろいろの関税、鉄道、郵便、電信、阿片、内国消費税および塩などに関係ある諸問題については藩王国の利害関係は強くインド政庁の政策に左右されるのである。それ故に、諸藩王国の政府にとっては、インド帝国の首都デリーにおける政府首脳部と友好関係を培《つちか》うことは、その政略についての根本原理となるのである。

ある藩王国について、レーン公園に一棟の家屋をもつことは、デリーに半ダースの宮殿をもつに優るという警句が飛ばされたことがあるが、必ずしもすべての藩王がこの警句に賛成しているわけではない。そこで、多くの藩王たちは、すでにデリーに立派な邸宅をつくってもっている。公共建築物は多くインドサラセン式の建てかたを採用しているが、藩王らの邸宅も多くはこの建築様式を採っている。

二月の末に開かれるデリーの馬の展覧会は、たまたま藩王会議の季節と一致している。そのために多勢の藩王らがデリーに集まる。彼らはここで大饗宴を催し、社交季節の最後の歓楽にひとしおの喜びを添え飾るのである。またこの機会を利用して、身分高き人々の間に友情を培《つちか》いまた温めることが行なわれる。ただし時とすると、こうした友情はかえって藩王らの最上の利益を害することもある。それはすなわち、真に友として強制的に干渉してくれれば、破滅から救ってくれたかもしれないのに、通り一遍の友情によって心からの干渉や忠告が歪められ、追従にのみ終始することになって、かえって究極において身の破滅をきたすことがあるからである。ごく最近にかかる実例があった。それは、若い大王が、デリーからほど近いところで、インド随一の鴨打ちをしようとして起こった悲劇であったが、そのため、若い大王の王国は、ついに政治部官吏の保護監督を受けるにいたった。これによって王国の破産を救ってやろうとしたインド政庁の好意からであった。

昔ながらの変わらぬ慣例になっているのだが、主な藩王らは、総督をその在任中に一度は、彼らの首都を訪問してくれるよう招待する風習がある。総督の訪問を有意義にし相互に親愛の交誼を深めるために、藩王らは莫大な散財をするのだが、このインド総督の訪問は、その藩王国の壮麗な儀式や野外劇の一つとなっている。総督を迎える駅頭《えきとう》プラットフォームには、きら星のごとく制服を着用した人々がならんでいる。その制服は、最高会議に着用する礼服であり、またその上に無数の信じられぬほど多くの宝石が飾られている。そうして、藩王とその主だった貴族ならびに国務大臣らは政治部の高官および主脳部とともに集まって、白と金色に塗った副王（インド総督）の列車の到着を待ち迎えるのである。その披露《ひろう》の順序がまたはなはだ難しい問題である。停車場を出てから、客たる総督と亭主役の藩王とは、四頭びきの馬車に乗って行列の先頭に立ち、市場に密集する群衆の間をぬって、副王の滞在する邸宅に向かうのである。

各貴族、藩王国官吏および英国官吏の行列中における位置については、細心の正確さで決められている。その後貴族や高官たちの代理が副王の官邸で待っていて、総督の健康をたずねて挨拶する。総督にしたがう幹部連がそれに挨拶を返す。こうして訪礼の交換が終わると、ダルバールに似た儀式が続いて行なわれる。藩王はその貴族や高官をしたがえて総督を訪問する。ここでまた前に披露のときにおごそかに執行されたような歓迎会が開かれる。そしてしばらく藩王とちょっとした話を取り交わしてから、総督は藩王に花環をかけ、また香水と檳榔子《びんろうじ》の実を捧呈《ほうてい》して、この会見を終わるのである。

インド政庁の政務長官も上席の貴族や高官に同様のことをする。一人の比較的地位の低い英人官吏か、またはインド人官吏が、王の供《とも》まわりの人々に対して同様に司会する。総督はその直後に藩王に答礼の訪問を行なう。この場合には、藩王の訪礼された場合と同様の儀式がとり行なわれる。

この儀式の順序は、些細な点までくまなく丁重に取り運ばれるのであるが、この儀式次第は、多くは、デリーにおけるムガル帝国皇帝の礼法を真似て繰り返しているものだと思われる。

藩王国の大饗宴はまたはなはだ金のかかる仕事である。この場合は、藩王はまず総督の健康のために乾杯することを提議し、開会の辞において藩王国の行政状態およびインド政庁と彼との関係について批判をなし、さらに自己の希望や抱負について一言、言及するのである。総督は自分の演説すべき内容をコピーに取ってもっていて、それを大体藩王の挨拶に答えるべき資料とするのである。ときにはしばしば総督はこの機を利用して、少々友人としての忠言を呈《てい》することがある。そして万一、この藩王国政府がかんばしからぬ風評を立てられているような場合でもあると、あまり曖昧でない、比較的明瞭な意味をもった比喩をもちいて忠告することがある。また、時々は、インド人のインドに対して至大《しだい》の影響をおよぼす重大な言明が、こうした席上で行なわれることがある。

それについては、よく世間に知られている実例があったが、その点今なお世人の記憶に残っていると思われる。この事件は、かのカーゾン卿が総督に就任して後まもなく起こったものである。この偉大な植民地総督カーゾン卿の政治的信条の中心となっていた主義は、能率を挙げるということであった。そして、彼は、多くの藩王国に彼のこの理論を吹き込み注ぎ入れようと試みた結果、かえって、いたるところに激怒と恐怖とを惹起してしまったのであった。

かくてとうとうたる不人気の波は、実際カーゾン卿の政策に対しては、何らの責任をもっていなかった政治部そのものの上に押し寄せ爆発するにいたった。よって、カーゾン卿の後任となった総督は、全藩王に対して当局は何ら藩王らの特権や君主たる大権を侵害する意図なきことの保証を伝えようと熱望した。かくてウダイプルにおいて、一大饗宴が催された。これに際して総督は、藩王らは、英国の駐在官や政治上の代表者を自分の友人にして助力者であると見なすべきであり、かつまた、駐在官や政治的代表者は、英帝国の利益を促進すると同様に、藩王国の利益を促進することについて大きな責任を感じているものであると思ってもらいたいという意味の言葉を話した。この声明は、非常な賞賛を博した。ウダイプルの大王は、英語を話すことができなかった。そこで、大王は、自分の椅子の後に控えていた王の幹部の一人に、一体総督は何を話したのかを熱心に問い正した。しかるに、この官吏の英語もあまり上手ではなかったが、彼は単純なウルドゥー語で総督の演説を要約して大王に伝えようと骨を折った。この官吏がウルドゥー語で大王に註釈してやった言葉は次のような意味をもっていた。すなわち、「総督閣下は、貴下は将来において、英国駐在官を貴下の食卓の給仕だと見なしてさしつかえないということを仰せられた。」

これを聞いた大王は驚嘆の念を示された。大王は常に英国駐在官と仲よく暮らしていたし、またその過去の信望を汚すようなことは決してしなかった。後になって大王は、かの総督の演説は、決して政治部の葬鐘を打ち鳴らす意向のものではなかったことを知った。すなわち、政治部の廃止を言明したのではないことを悟ったのであった。

藩王国の住民たちは、少なくとも一つの点で、インド総督の藩王訪問によって利益を受ける。すなわち、総督閣下が通過される道路は、常に必ず完全に修繕されるのである。この道路がよく修繕されて、幸運にも、次に総督が訪問するときまでよい道のままでいることがあるからである。

比較的知識の進歩した藩王国においても、今なお、バラモンの勢力は非常に強大であって、そのバラモンの占星術がとくに根強い力をもっている。

ある大藩王国の大王の話であるが、彼は二三年前に死亡したのであるが、旅行から帰ってきたときに、予兆が好ましくなかった場合には、決して自分の宮殿のなかに入ろうとしなかった。言うまでもなく、バラモンの卜者《ぼくしゃ》が、しばしば藩王をしてその邸宅の外に天幕を張って不愉快な生活をさせて宮殿のなかに入れさせなかったのである。

また他のあるヒンドゥー教徒の大藩王国では、大王がその後嗣《こうし》に養子をもらったことがあった。この養子が現在の統治者となっているが、これは、バラモンの預言者が、もし大王が自己の血肉をわけた子をその後嗣に立てる場合には、たちまち大王自身が死んでしまうであろうと予言したためであった。二三の宮廷においては、占星者が、定期的に将来の諸事象について報告を提出しているところもある。ところで、これらの占星術者の予言は往々にしてあたるのである。

わずか数か月前のことであったが、バラモンが、グワリオール藩王国の若い姫君が結婚をされるについて、彼女の運命を星で占ってみた結果、彼女に対して、ある時期の間は、自動車で旅行することは見合わせたほうがよろしいと忠告した。彼女はこの警告を忘れてしまっていた。それで、バラモンが不吉だから見合わたほうがよいと忠告したその時期のうちのある日に、自動車を駆って走っていたのであるが、その自動車は空まわりして転覆してしまった。姫君はそれで致命傷を負った。

さらにときによると、思いもかけない方面で、如何に宗教的迷信が強いものであるかを見せられることがある。

教養も高く、ロンドンの社交界でも有名なあるヒンドゥー教徒の統治者は、自分の国では自分自身を半神であるかのごとく見せかけている。彼は、決して革類に手をふれてはならないことになっているので、いつも木綿製の手袋を着けていて、その手袋をはめているときだけ、人と握手をすることにしているようである。しかしながら、なかば神人であるとは言うものの、数か月前にこの大王は、頭の上にガンジス河の聖水を入れた瓶をのせて、彼の首都を裸足のままで市場を横切って、聖殿へ歩んで行かれたことがあった。大王は、神の恩寵を身に恵まれようとして罪障《ざいしょう》消滅のための難苦行をしたことがある。それはまた同時に、彼が我が身にさしせまってきていると感じた危険を避けるためでもあった。

時々は、聖牛に対する信仰に凝り固まって、そのために藩王国の経済的均衡を覆すようなことが起る。それには、つまり次のようなことがあったからである。すなわち、バラモンが、カシミールの故大王に対して、ニルガイ（一種のレイヨウ）が牛属の性質をもったものであることを確信せしめたのであった。よってこれらの動物すなわちニルガイ（Nilgai または Nylghau とも書く、インド産の大レイヨウ）の殺生が禁止された。その結果、ニルガイはこの地方に犯濫するにいたり農作地を荒してしまった。ついに村民たちは、他のバラモンを説いて、ニルガイは牛属ではなくて、実は鹿類の一種であることを証明してもらった。

バーラトプル藩王国においては、なかば野生の家畜群が、藩王国有林のなかに棲んでいて、やはり殺生を禁ぜられていたので、ついに非常な数に繁殖してしまい、その結果、この藩王国および英領インドにある六か村の穀物がすっかり荒らされてしまったことがあった。ある腕利きの英人官吏が、大王を説得してこれらの家畜類を囲垣《かこいがき》のなかに追い込んで、外に出させないようにして、この問題を解決した。

Politics in the States

IV

第四章

諸藩王国における政治

第四章

藩王国における政治

比較的旧式なインドの藩王らは、王権神授説《おうけんしんじゅせつ》を信じ唱えていた。現在でもなお、意識の底にはかかる感情が残っているようである。二三の太古からの藩王国においては、現在もなお、王たる荘厳さと威信とを保つことは、健全な政治を行なうことよりも重要であると思われている。その外にまた、王室費と行政費との区別の分明ならざる藩王国もある。王室費と行政費の混交している場合には、時として行政費が王室費に喰われて、国家の真の仕事すなわち健全なる統治が害せられることがある。疑いもなく、今日でもなお昔日《せきじつ》の勢力をほとんど失わずにいる、かのカースト制度なるものは、独裁政治の双璧をなすものである。そして、国民生活の経済的均衡が保たれ、往古よりのいろいろの慣習が害せられない限りにおいては、自然このカースト制度は、人民をして彼らの統治者の気まぐれをある程度まで辛抱して耐えさせるような傾きをもっている。それ故に、自然に放任しておくならば、大多数の藩王国は、一般人民の政治運動などをおそれることはほとんどないといえよう。しかしながら、現在はすでにそうした悠長《ゆうちょう》なことはいっていられない。事情は急迫《きゅうはく》してきているのである。かくて、もしこれらの藩王らが自己の民衆と完全に一体とならない場合には、災難が起こって、結局我が身の破滅を招くことになるであろう。事実こうした実例もあったのである。

イングランドにおいては、人は官吏らしき香《にお》いのするものとしては、警察官と郵便配達の外には、ほとんど目をふれずに一生を送ることができるかもしれない。しかるに、インド、とくに藩王国においてはこれとまったく事情が異なっている。約五十年前のことであるが、文豪キプリングは、インドの農民を「あまりに多くの統治に悩める人」であるといって同情の念を示したものである。今日においても、インドの行政は、昔日に比しさらに広汎なものになっている。ただし藩王国においては、それほどでもない。しかしながら、藩王国においてさえも、市民、とくに農民は、下級官吏とどうしても接触せざるを得ない状態にある。村落における官僚は、まず第一に村長がいる、次に会計係や村の駐在巡査がいるわけである。これらの職務は、藩王国においては、一般に世襲的なものである。

カーストまたは氏族を基礎として組織されている村落共同体は、藩王国行政組織の根基《こんき》をなしている。これを土台としてその上部構造たる官僚的な階級組織がつくられている。農民らは、もしも平和に生活したいと願うならば彼の村のこの官僚の三幅対《さんぷくつい》と仲よくしていなければならない。村の会計係というのは、村のなかの土地の権利を記録しておく役目である。彼はそれぞれの農民から、土地収入に対して納めさせる税額をすっかり書き上げておくのである。彼は農民の作物を報告し、また時としては、その穀物の評価をも行なう。世界の穀物市場を左右するところのインドの穀物は、実に、この村の会計係の記す数字にもとづくものなのである。

犯罪は概して国境の外の英領インドに比較すると、藩王国の内のほうが少ない。多分その理由は、警察の処罰方法が、藩王国のほうが一層乱暴であり迅速なためであろう。

比較的大きな藩王国、例えば、バローダ、マイソール、ハイデラバード、トラヴァンコール、グワリオール、およびボーパル藩王国等においては、高級の文官官吏らは概して、相当程度に能率的である。

しかしながら、大多数の藩王国における官吏らの月給はきわめて安く、したがって、それに比例して信頼のできない連中が多い。

官吏の任命もまた、必ずしもその官吏の長所や適性を正当に考慮して行なわれているわけではない。例えば、高級な電気技師が、王宮の娯楽部勤務を命ぜられることもあるし、さらに、大きな公共事業の責任者たる主任技師が、突然に王妃の腹心の幹部に転任させられることもある。いまだ二十年とは経っていないことであるが、ある小さな藩王国において、踊り子の監督官をしていた年俸百五十ポンドの官吏が、とくに十ポンドだけ余分に俸給を増して、首席判事の仕事をも勤めさせられたことがあった。

多くの藩王国においては、英国を模範として、古い司法・行政制度を廃止して、複雑な階級組織をもった判事と被告による裁判方法を採用するにいたった。この裁判方法の改革が、果たして一般人民にとってありがたいものであるかどうかは、すこぶる疑問である。むしろ有能な司法官は、その裁判の判決は、村落の昔ながらの伝統的な方法すなわち村民会議（五人組制度）によって定められ、そして、不服の場合はダルバールまで上告、控訴することによって宣告される場合のほうが、正規の法廷で判決をくだされる場合よりももっと手取り早くかつ公平の観念に一致調和しているという意見をもっているようである。

比較的大きな藩王国には普通は高等法院（控訴院）が設けられている。この高等法院の首席判事（裁判長）としては、退職した英人またはインド人控訴院判事を任命するのが各藩王の普通の慣わしとなっている。これは、該藩王国領内に事業関係を樹立しようとする藩王領以外の人々に対して信頼の念を増させるものである。二三の藩王国においては、藩王が自己の権力をほとんど一国務大臣に委任しているところがある。この国王の権力を託された国務大臣は、しばしば「行政参事会」の援助を受けている。有能にして能率的な国務大臣がいる場合には、大体において、善政がほどこせるというものである。しばしばあることだが、一度英領インドで行政官を勤めた経験のあるバラモンがよくヒンドゥー教の藩王国の国務大臣の地位に招請《しょうせい》されることがある。そうして招請された官吏らは、多くの場合なかなか立派な治績《ちせき》を示しているのである。大体過去百年間にわたって、藩王国は、インド人の行政官に対して、素晴らしい職域を提供してきているわけである。

近代的な行政機関をもって、政治の運営にあたっている比較的大きな藩王国においてさえも、その政府の性格は、ほとんどまったくその支配者たる藩王の個性によって左右されている。その支配者たる藩王が、現在国内に起こっている出来事に熱心に注意しており、その部下の選任をよく心得ていて、かつ自国の民衆と密接な接触を保っている場合には、その国の行政組織は、英領インドの多くの地方に存在する非個人的な行政組織に比較して、遥かに優っているのである。

自国の人民に対して王としての自己の義務をよく理解している支配者は、年月を重ねるにしたがって多くの経験を積み、また国内の事情について豊富な知識を得るようになるのだが、その経験と知識によって、支配者は、一旦その部下たる官吏らが暴政を行なう場合には、それを強く抑止することができるわけである。とくに、その支配者が故ランジート・シング殿下すなわちナワナガール藩王の先例にならうとすれば、なおさらそうである。故ランジート・シング殿下は、いつも従者をつれずに御微行《びこう》で村々を訪ね歩いては村民の不平や苦情をよく聞いてやっていたのであった。

しかしながら、上記の事柄は、英国風の型に近い行政組織を確立している比較的大きな藩王国について主として妥当することであって、その他の場合には、必ずしもそうだとは言いえないのである。

インド人のインドをそのなかに包含《ほうがん》している藩王国の大集団をとって考えてみると、自然、政府の標準には高低さまざまの段階があるわけである。例えば、シムラ周辺のヒマラヤ山脈地方にある小藩王国においては、その藩王国の権力は一定の範囲内に制限されている。彼は、英当局の可否を聞いて、温情主義の政治を行なっている。これはあたかも中世紀のヨーロッパにおける小貴族の統治方法とそっくりやりかたが同じである。

その他に、カティアワール地方、中央インド地方、ボンベイ地方またはその他のところにも、英国のインド政庁が同一の方針の下に統治させている藩王国がたくさんある。この場合においては、その行政は、英国駐在官の監督を受けている。

その他のところでは　―時には大藩王国においてさえも―　表面を便宜上取りつくろって、内部におけるだらしのない慣習、例えば官吏の怠慢とか偏屈とかを隠匿《いんとく》していることが往々にしてあるのである。例えば、ある有名な藩王国のマハラジャ（大王）は、国の予算はいつも自分の頭のなかにしまっておいて外に表示しないことにしていた。その結果国内は混乱におちいり、彼自身の氏族の人々ならびに丘陵地帯に居住する原住民族が一種の非暴力的不服従運動をはじめるにいたった。ついには英国皇帝の史上権が、彼にとってはいやしい手を伸ばして、干渉を行なう仕儀《しぎ》に立ちいたった。その他ある藩王国では、回教徒の支配者が、遊戯的な本能のおもむくままに、その夫を毒殺したかどによって死刑の宣告を受けた一人の若い美しい少女の刑を軽減し、死刑の執行を猶予《ゆうよ》してついに自分の後宮のなかに入れてしまったことがあった。

ハイデラバード藩王国では、旧来のキサスという一種の法律、すなわち復讐に関する法律が今日でも一般に行なわれている。それによると、殺害の犠牲者となった者の親族らが極刑を要求するのでなければ、如何なる回教徒も、死刑の宣告を受けることはないことになっている。この聖なる法律によれば、その刑の宣告は、被害者の親戚によってくださるべきものであるが、これは、現在なおカブールで依然として行なわれている。そして、この実際的には死刑を免除するということになっている法律があるにもかかわらず、ハイデラバード藩王国ではあまり殺人が行なわれないということは、一応注意する価値があると思われる。

また藩王国には、事質上家庭的奴隷制度と目さるべきものがしばしばある。ある回教徒の藩王国においては、貴族や高官たちは、女の孤児を引き取って養子にするという体裁をもってその孤児を家族の一員にする慣習がある。そしてこれらの少女が成長すると、その家の奴隷になるという風になっている。

清朝やローマ帝国の宮廷で行なわれた諸式の名残りともいうべき一つの奇妙な慣例が、ごく最近までハイデラバード王国に残っていた。ハイデラバードの前王について次のような物語が伝えられている。すなわち、ふしだらな行蹟をした疑のある高官を退職させようと思ったときには、国王は、黄金の飾りものをその官吏に下賜されるのを常としていた。これは、国王の意図することをきわめて微妙に示唆することであって、その贈りものは、例外なしに受け取られ、その官吏は退職したのである。

しかし好んで「貝殻追放《かいがらついほう》」を行なうことは、次第に用心深く行なわれるようになった。

註　貝殻追放 Ostracism＝アゼンスで西暦前六世紀のはじめに Cleisthenes の創案になるもので、不人望の人または危険な人物を公衆の投票により十年間または五年間国外に追放した。そしてその投票を陶器の破片に記した。貝殻裁判とも言う。

この貝殻追放の慣習について前世紀の末頃に一つの実例があったが、それは人がハイデラバードについて語るとき、いつも引き合いに出される例である。公共事業の監督をしていた国務大臣が、政府の請負仕事を利用して、巨富を積むにいたった。彼はなかなか教養のある人物で、セカンダラバードにある英国陸軍や駐在官仲間に人気があった。彼が、英国軍隊や駐在官を歓待するときは、なかなか盛大な宴を催したものであった。ある日の午後、彼は英国人やインド人の友達のために園遊会を開いていた。

ちょうど、彼が、芝生のところに集まった客人たちの真ん中に立っていたときに、制服を着た当番兵の少人数の一団が彼に近づいてきたが、彼らは、銀盆の上に黄金の腕環を一つのせてもっていた。そして、それはハイデラバード国王からの贈りものだと申し伝えられた。大臣はそれが何の印しであるかを悟った。彼は急いで客人に別れを告げて、その晩にハイデラバード国から姿を消してしまった。

きわめて最近になってからも、王のご機嫌を損《そん》じた人々が、計画的に殺されて、しかもその死が偶然であったかのごとく見せかけるようにたくらまれた事件がしばしば起こった。しかし、こうした事件は、往々にして、重大な結果を招くことがある。二三年前のことであったが、あるラージプート族の藩王国で、大王に反対の立場にあるので知られていた一人のバラモンが、数人の王宮のまわし者だった暴漢に惨殺されたことがあった。これらのお抱えごろつきは、回教信者であった。おそらく、どんな凶悪なヒンドゥー教徒でも、バラモン殺しの恐るべき罪を迷信しているので、こうした僧侶の惨殺をあえてする者はなかったであろう。ところで警視総監は、死霊を焼却して、犯跡《はんせき》をなくしてしまうのがもっとも賢明な策であると考えた。しかるに、市場の人々はこれに反抗して起ち上がった。そして国務大臣の邸宅を取り巻いて、国務大臣および警視総監を包囲してしまった。大王は、多分このバラモン殺害の陰謀には無関係だったと思われるがこれを取り鎮める力がなかった。ついに英国駐在官のところに電話がかけられた。駐在官は二台の運搬自動車に不正規軍を搭乗させ現場に急ぎ駆けつけてこの包囲を受けて困っていた二人の高官を救出してやった。そこで、従前《じゅうぜん》から大王の政府は兎角の非難をこうむっていたのだが、大王は英国政府の忠告を入れて英人の総理大臣を任命しかつ英人総理大臣に相当の権限を賦与することにしたのである。

きわめて最近のことであったが、インドール藩王国の大王が、一踊り子のために自己の王座を賭けついに失ってしまった話は、世間周知のことである。インドールの王室の後宮の寵姫が、王宮から逃亡した。彼女を再び捕えて連れ戻すことが宮廷の大問題となった。王宮の侍者、お付きの武官、および軍の士官たちはボンベイまでこの逃亡者を追跡していって、機会を狙っていたが、ついに彼女がその新しい夫（ボンベイの裕福な工場主）と自動車に同乗して遠乗りしていたとき、マラバール丘の上で薄闇《うすやみ》にまぎれて、車から彼女をさらい出そうとした。ところで、彼らは、彼女の夫のほうを射撃してしまった。そしてもしこの場に二人の英国士官が現れなかったならば、思い通り彼女を連れ去ることができたかもしれなかった。しかるに、女の悲鳴を聞きつけて二人の英人士官が、彼女をたすけに来たのであった。夫のほうは重傷を負っていたが、襲撃者はすでにその場から逃亡していたので、この少女は救われた。その後にインドールの大王は退位した。この大王の父王もまた、カーゾン卿のインド総督時代に退位した。この大王は、高いカーストに属する銀行家たちを組をなして自分の競馬場を走りまわさせるのが気に入った仕事であった。これは、明らかに、その祖先代々からの遺伝を証明しているものである。というのは、遠い彼の先祖の一人は、バラモンを笞刑《ちけい》に処し、二列に人をならべてその間をムチで打って走りまわらせ、そして、バラモンの走っているときに手あたり次第に射撃するということをやった。それによって、彼は、自分の潜在意識の下に流れていた劣性の異常精神を解放し気狂いじみた行為をやっていたのであった。

二三の藩王らがときどき行なう気まぐれな行動の例を上に掲げたのであるが、こうした行動は、実際上彼らが無責任の地位にあるためにおちいりやすい誘惑の結果でもあり、また彼らの多くが育った不健全な環境のしからしめたところでもある。

だがこれは藩王らが一般にそうした傾向をもっていることを示唆しているのではない。しかしながら、遠隔の地にあるかまたは奥地にある藩王国の支配者がすべて、支配者としてもっとも模範的な型の行動の標準に近い立派な生活をしているとは、到底予想することはできない。

二三の点に関しては、藩王国の政府は、英国政府に比較すれば、社会改良を行なう場合に、遥かに敏活《びんかつ》な活動を行なうことができる。これは、主としてその支配者が臣民らと比較的緊密に合体しているためであって、とくに支配者の家族が、何代にもわたって人民らとともに歴史を生きてきた場合にはそうである。

一例を挙げると、社会改良について、バローダ藩王国は、英国政府が幼児の結婚に関する禁止法を制定しない遥か以前から、幼児の結婚を禁止していた。そしてまたこの藩王国では、早くも初等教育を義務教育としている。疑いもなく、その責任回避行為は相当行なわれるけれども、ともかく初等教育を義務として受けなければならぬという原則を一般に認識させただけでも相当の価値があるのである。

最近にいたって、ハイデラバード国王は、以前から英領インドの司法部が望んでやまなかった一つの改革を断行した。それはすなわち、司法と行政の機能を分離することであった。しかしながら、ハイデラバードでの噂から判断するとこの計画は成功とはいえなかったしかつ莫大な経費を必要とするものである。

陰謀をたくらもうという熱情は、西洋人の心理よりも東洋人の心理のなかに遥かに根強い力をもっている。この陰謀は、英領インドでも相当流行しているが、藩王国内ではさらに多いのである。それは、藩王国では、陰謀の成功した場合の獲物が、英領インドに比して遥かに多い故であろう。下は村の会計係から上は総理大臣にいたるまで、ひとしく、その官僚の雰囲気のなかにいたるところ、陰謀によってかち得ることのできる名誉や財産がころがっているからである。

英領インドにおいては、官庁機構の統制がもっと厳格にできているために、そうした陰謀によって獲物を手に入れることが、比較的困難なのである。つまり英国行政官の冷静にして不党不偏《ふとうふへん》の監視の目が光っていて、よく陰謀の乗ずる隙をなくしているのである。ボンベイおよびマドラス州では、同様の方法をもって、文官としての勤務においては、バラモンが優勢な地位を保持しているが、このバラモンの優位は歴史的に形成されたものである。あるインド藩王国に陰謀の典型的な一例があるが、これは記述してみる価値があると思われる。

ある一人の統治者の宮廷を取り巻く高官たちというものは、その後継者にも同様に気に入られることは稀である、ということは誰もよく知っている事実である。故ハイデラバード国王の死後一二年にして新たに統治者の地位についた新王は、一人の官吏をハイデラバード市警察委員会の重要な地位に任命した。ところでこの官吏は、行政の監督にあたっていた国務大臣および他の高官連や貴族らに極端に嫌われていた人間であった。新しい警察委員に任命されたこの官吏は、彼の主人たる国王は国王の父君の使っていた官吏らをすべて従前《じゅうぜん》通りの職務に就かせておきたくないと思っていたということを気づいていた。また、国王の父君に仕えた官吏の多くは、二三の主だった貴族らと同様に新王の治世に全幅《ぜんぷく》の忠誠を捧げてはいないと信ぜられていた。彼は新しい委員に任命されて後まもなくして、ハイデラバード国務大臣、高官およびすべての主だった貴族らがインド総督に宛てた記録だと称する文書（これはマーザルナーマ Mahzarnama として知られている）を国王に手交《しゅこう》した。この文書中には、種々様々の根拠によって、ハイデラバード国王をその藩王国の統治者たる地位から引き下ろしてくれるようにインド政庁に嘆願したことがしるされていたのである。この言い立てられた密謀《みつぼう》の発見によって、国に危機が招来された。しかしながら、ハイデラバード国王は節制ある態度を持した。そして忠告にしたがって査問会を開くことを命じた。この査問会には、インド政庁の筆跡鑑定の専門家が援助協力した。その結果、その文書中の署名の少なくとも過半数は、明らかに偽造されたものであることが判明した。とにかくこの事件全体は、実にハイデラバード国王の気に入っていないと思われた国家の重要な人物のなかばを破滅させようとして、慣重に計画された陰謀の結果であった。この事件中にも、ハイデラバード国王は、この困難な情勢のなかにあって、よく自制と忍耐とを示した。

藩王国の行政が紊乱《びんらん》するとかまたは難関に遭遇した場合には、しばしば英国皇室の史上権が発動されて、藩王国政府に対し、枢要の地位に英国官吏または英領インドの官吏を雇い入れるように忠告が発せられる。他方において、藩王国の統治者自身が、インド政庁の行政部、公共事業部、財政部、警察部、軍部等々から英人の専門家を貸してもらいたいと依頼してくることも多い。退職したインド行政事務官がしばしば雇われるが、とくに比較的進歩的な藩王国においてそうである。藩王国は、こうした援助を高く評価しているように思われる。そしてまた、藩王国の国務大臣連も、如何に彼らが英人官吏の仕事をありがたく思っているか、とくに回教徒とヒンドゥー教徒の間が円滑に行かず緊張しているような場合に、普通藩王国内の官吏としては、不偏不党の公平な立場を確保していることがきわめて困難な情勢にあるときは、如何に英人官吏の就任と業務執行によって救われるかはかりしれぬのだといっている。ダルバールすなわち藩王国の行政最高会議の指令の下に働いたことのある英人官吏は、自分らのさまざまの経験や、既存の諸利権との衝突に関し多くの生々しい話題をもっている。ある人は、かろうじて毒殺をまぬがれたことがあった。また他の人は、絶対不可侵の優越した立場に立っていなかった場合には、くだらない迫害や陰謀と無限の戦を続けなければならなかった。

インド人のインドのなかに見られる旧世界的な二三の特異性に言及して、藩王国政府は反動的とまではいえぬにしても一般に非進歩的であることをここに示唆しようとするのではない。比較的重要な藩王国の君主らの大多数は、彼らは善政をほどこすことによってのみ自己の存在を正当化しうるのであり、かつそうした情勢を確立することこそが、彼らのもっとも重大な関心事でなければならぬということをよく認識している。英領インドで知られているように、彼らは決して民主主義に魅惑を感じてはいない。藩王国において大多数による支配の制度を採用することは、シュードラ階級が再生階級（シュードラ以上の上流階級で最初はアーリア族のみがこれに属しており、シュードラはドラヴィダ族であった。カースト制度によればシュードラは絶対にヴァイシャ、クシャトリヤ、バラモン等になれないことになっている）を支配する生活様式を採ることを示唆するのである。しこうしてかかる事態を招来することは、支配的地位にある氏族にとっては、三千年来の伝統を覆《くつがえ》すことになるのである。

さらにまた、多くの藩王国における大多数の人民らも大して民主主義に関心をもっていない。とくに、彼ら自身の標準から判断してみて、その行政統治が充分に満足であると思われるいるところでは、なおさらそうである。

代議政体による政府の存在しているところ、例えばマイソール藩王国においてさえも、農民らは、この代議政治を支持することにあまり熱心ではないのである。また代議政治といっても、それは都市の知識階級の手には負えないのである。

結局、政治というものは、主として環境に関する問題なのである。インド藩王国には、その理知的な才幹や教育程度において、かのインド政治の偉大なるバラモンの指導者に匹敵するものをもちながら、しかも政治思想についてては、まったく反対の立場に立っているバラモンが幾人かいる。インド藩王国にいるバラモンの官吏らは、「人民らは民主主義を欲していない。否、彼らは民主主義的政治を行なうために必要なもっとも基本的な資格をさえもっていないのである。さらにまた、英領インドにおいて採用されている民主主義的政府は、ただ瀆職《とくしょく》と縁者重用の弊《へい》を増加せしめただけであり、あるいは政治能力を低下させたに過ぎないのだ」という意見を吐露している。

三四年前のことであったが、私はある鉄道の接続駅で、一人の年老いたバラモンと話を交わしたことがあった。私のこの新しい友人は、高い教養を身につけていたし、流陽な英語を自由に話した。彼はトラヴァンコール藩王国の高官だったが最近にやめたばかりだということであった。談《だん》、たまたま政治のことにおよんだとき、彼は、投票函《とうひょうばこ》による政治（民主主義的選挙政治）は、とくに藩王国におけるそれは、不可であることを論じた。彼は語った。「結局、貴方らが大いに重視しなければならないのは農民なんです。もし、農民たちが、国王に対して忠誠であり、またその生活が幸福であり繁栄しているならば、他のことは大して問題にならないのです。藩王国においては、農民の利益を見守ってやり、また村落のなかに入っていって、農民らの要求を確めてやるような役人が必要なのです。つまり、農民たちが抵当《ていとう》を抜いたり、井戸、溜池、あるいは灌漑設備等を修繕したりすることとか、また食用牛の改良種とかその他村落経済に関係したいろいろの事柄を聞いてその望みを叶えているような役人が必要なのです。さらにまた、警察官とか収税吏とか、そうした地方官吏が、人民らに公平なやりかたをしてやることも必要です。これこそが、少なくとも藩王国にとっての民主主義政治というものです。—すなわちこれは、藩王国の支配者とその人民とが完全に一体化することなのです」と。

このバラモンの意見は、おそらく、大抵のインドの藩王国等の考えを反映しているものであろう。しかしこのバラモンの意見に対して、非難を浴びせる人々は次のように弁駁《べんばく》するであろう。「バラモンの理論家の立論には、絶望的な反動政治や、カースト制度に対する堅い信念および上帝は非バラモン階級のため最善の制度としてバラモンの官僚政治を工夫してくれたのだというのと同じ確固たる信念がその背景をなしているのだ。だが、それはあくまで反動的政治理論であり、一種の独断的な信念にすぎないのだ」と。この議論は、ある程度まで真理である。しかしながら、この見解は主として彼の生活環境の産物であり、その環境に順応しているものであった。故に、環境に左右される限りにおいて、もし彼がボンベイに生活していたならば、多分彼は国家主義者になっていたであろう。

インド人のインドの大藩王らが、一体その家臣らの目から見て、またその国境を超えた大インドの立場から見て如何なる立場にあるのかということは、インドの政治に対して公平な見解を得ようと欲する何人の心にも自然に浮かんでくる問題である。一般的な言葉のなかに要約し型にはめた解答をすることは容易ではない。考慮のなかに入れなければならぬ要素が、あまりにも多いのである。一例を挙げてみるならば、回教徒の目から見れば、ハイデラバード国王の政府こそは、インドに君臨しその優位を誇った回教徒の栄誉について八百余年の記憶を秘めていると見られるのである。これこそ回教徒にとっては回教徒の力の表徴《ひょうちょう》であり、インドの回教徒にとっては、そのハイデラバード国王政府の勢力や威信が少しでも衰えることは、大きな嘆きの種をまくこととなるであろう。これに反して、プネーおよびデカン地方のマラータ族のヒンドゥー教徒にとっては、すでに回教徒の寡頭《かとう》政治は無力化しているのだと考えられるのだが、その回教徒の専制政治が一千三百万人に達するヒンドゥー教徒の上に支配君臨しているのは、まったく一つの怪異《かいい》であると見えるのである。

中庸《ちゅうよう》をとって考えてみると、まあハイデラバード藩王国では相当の立派な統治をしているからして、英領インドとの国境地帯より入ってくる雑多な政治的観念の浸透によって影響を受けていないところでは、ハイデラバード国王の家臣たるヒンドゥー教徒も、その回教徒の王朝に充分忠実であるといってさしつかえないであろう。

カシミール地方においては、ヒンドゥー教徒王朝が支配者の地位にあり、それを通じて、バラモンの学者が回教徒を支配しているが、これは、パンジャーブ地方の回教徒にとっては、まったく呪いであった。それはまさにハイデラバードにおける回教徒の支配が、南部地方のヒンドゥー教徒にとって一つの呪咀《じゅそ》であるのと同様である。

一般的に言うと、英領インドに在住するヒンドゥー教徒は、ヒンドゥー教徒の藩王国を、インドの政治における一つの決定的要素だと考えているというのは真実であろう。彼らヒンドゥー教徒は、偉大なヒンドゥー教徒の支配者ら（藩王）を尊敬と憧憬とをもって見ているのである。マイソール、トラヴァンコールおよびコーラプール等の藩王国はとくに南部地方のヒンドゥー教徒の間に人気がある。また遥か北部地方の進歩的なラージプート族およびマラータ族の藩王国等も、知識的なヒンドゥー人の政治家に対して別に少しも気を悪くしているようなことはないのである。同時にもっとも過激なヒンドゥー人の政治家は、近年多くの藩王らを新聞紙上で攻撃した。それは、藩王らを、英人追放の会議に招待したのに対し、藩王らがそれに応じなかったというのが、主たる理由であった。

ヒンドゥー教徒の藩王国（これが藩王国中の過半数をしめている）に関して重要な点は、バローダ、インドール、グワリオール等のマラータ族の藩王国およびパンジャーブ地方のシーク教徒の藩王国等のごとく、比較的王朝の歴史の新しいところにおいてさえも、人民、統治者および行政官の間に少なくとも連帯責任の感が存していることである。彼らの間では、昔ながらのヒンドゥー教徒の伝説は打破されずに、そのまま残っているのである。

三千年来続いているラージプタナ地方の藩王国および中央インド地方にあるラージプート族の藩王国においては、王室と臣民との結合ははなはだ緊密であり、普通の伝統の束縛《そくばく》は非常に強いのであるからして、政体の変革などということは思いも寄らぬことである。

シーク教徒の藩王国は、一般にパンジャーブ地方においては人民の受けがよいようである。ただし、最近そのうち二三の藩王国は、英領インド新聞から猛烈な非難の十字火《じゅうじか》を浴びせられている。

大体、藩王国の統治は、比較的寛大でありかつ単純である。また概して経済生活は容易で安楽である。

そしてその人民たちが、一般にその政治に満足していると思われるのは、次のような事実から推して知ることができるであろう。すなわち、馬鹿馬鹿しい悪政でもほどこされた場合をのぞいては、藩王国から英領インド側に移住してくる人民はほとんどないのである。しかるに、英領インドにいる英国臣民の側においては、治世の整った藩王国に移っていくのに何の躊躇《ちゅうちょ》をも感じていないのである。善政下にある藩王国では、幾多の経済的利益がころがっていて努力しさえすれば、それを手にすることもできるのだ。例えばビカネール藩王国の運河移民地帯などはその好例である。

藩王国は保守的政策を是としている。彼らの歴史のなかには、古代の遺風や、政治上の天才の果した偉業の数々が秘められている。その故にこそ、現在彼ら藩王国は、インド政治におけるもっとも安定した要素なのであり、かつまた、将来のインド帝国の一要素として、如何に藩王国が重要なものであるかということは、如何に高く評価しても、高過ぎるということはないのである。

将来インド連邦の完成されたあかつきには、これら藩王国の支配者らの双肩には、重い責任がかかることであろう。

インドに新しい事物の秩序ができた場合の、これら藩王らの果たすべき役割については後で論述することにしよう。

V

ラージプタナ地方、中部インドおよびカティアーワール地方におけるラージプート族の藩王国

第五章

The Rajput States of Rajputana, Central India and Kathiawar

第五章

ラージプタナ、中部インドおよびカティアワール地方におけるラージプート族の藩王国

一、ラージプタナ地方

アルワール

ヒンドゥー教徒、カッチワハ・ラージプート族、大王ジャイ・シング（一八九二年）
面積三、一八五方マイル、人口約七〇一、〇〇〇、大多数はヒンドゥー人
歳入四〇〇、〇〇〇ポンド

ビカネール

ヒンドゥー教徒、ラートール・ラージプート族、大王ガンガ・シングジー（一八八七年）

面積二三、〇〇〇方マイル（大部分沙漠）、人口約一、〇〇〇、〇〇〇（八四％ヒンドゥー人）（一二％回教徒）、歳入約一、〇〇〇、〇〇〇ポンド

ブンディ

ヒンドゥー教徒、ハラ・ラージプート族、大王、イシュワリ・シング（一九二七年）

面積二、二二〇方マイル、人口約二一六、〇〇〇（大部分ヒンドゥー）、歳入一二、〇〇〇ポンド

ジャイプル

ヒンドゥー教徒、カッチワハ・ラージプート族、王マン・シング（一九二二年）

面積一五、六〇〇方マイル、人口二、五〇〇、〇〇〇　九〇％ヒンドゥー、歳入約一、〇〇〇、〇〇〇ポンド

ジョードプル

ヒンドゥー、ラートール・ラージプート族、大王ウメイド・シングジー（一九一八年）

面積三五、〇〇〇方マイル、人口約二、〇〇〇、〇〇〇（八三％ヒンドゥー、八％回教徒）

歳入約一、〇〇〇、〇〇〇ポンド

ジャイサルメール

ヒンドゥー、バッティ・ラージプート族、大王ジャワハール・シングジー・バハドゥール（一九一四年）

面積一六、〇〇〇方マイル（大部分森林）人口七六、〇〇〇、大部分ヒンドゥー、歳入二八、〇〇〇ポンド

ジャラワール

ヒンドゥー、ジャラ・ラージプート族、大王ラージェンドラ・シングジー

面積八一〇方マイル、人口約一〇〇、〇〇〇（八〇％ヒンドゥー）、歳入五〇、〇〇〇ポンド

コーター

ヒンドゥー、ハラ・ラージプート族、大王オメッド・シング二世

面積五、六八四方マイル、人口六三〇、〇〇〇　大部分ヒンドゥー、歳入四〇〇、〇〇〇ポンド

ウダイプル

ヒンドゥー、シソーディア・ラージプート族、大王ブーパル・バハドゥール・シング（一九三〇年）

面積一二、六九一方マイル、人口約一、五〇〇、〇〇〇（七六％ヒンドゥー、一三％アニミスト族＝大部分は土着のビル人）、歳入約四〇〇、〇〇〇ポンド

二、中部インド

ダーチャ

ヒンドゥー教徒、バンデル・ラージプート族、大王ロケンドラ・ゴーヴィンド・シング（一九〇七年）
面積九一一方マイル、人口一五〇、〇〇〇、九五％ヒンドゥー、歳入一二〇、〇〇〇ポンド

ラートラム

ヒンドゥー、ラートール・ラージプート族、大王サイジャム・シング（一八九三年）
面積六九三方マイル、人口一〇七、〇〇〇（六二％ヒンドゥー、一六％アニミスト（大部分ビル人））
歳入八〇、〇〇〇ポンド

レワ

ヒンドゥー、バゲール・ラージプート族、大王グラブ・シングジー（一九一八年）

面積一三、〇〇〇方マイル、人口一、五〇〇、〇〇〇、七六%ヒンドゥー、二一%アニミスト族（大部分土着種族）、歳入約五〇〇、〇〇〇ポンド

オルチャ

ヒンドゥー、バンデラ・ラージプート族、大王ヤドヴェンドラ・シング・バハドゥール（一九三〇年）、面積二、〇八〇方マイル、人口三〇〇、〇〇〇、九五%ヒンドゥー、歳入約八〇、〇〇〇ポンド

バーヴナガル

ヒンドゥー、ゴーヒル・ラージプート族、大王クリシュナ・クマル・シングジー（一九一九年）、面積二、八〇〇方マイル、人口約五〇〇、〇〇〇、八六%ヒンドゥー、八%回教徒、歳入約八〇〇、〇〇〇ポンド

カッチ

ヒンドゥー、ジェラジャ・ラージプート族、大王ケーンガルジー二世（一八七五年）、面積七六一六方マイル、人口約五〇〇、〇〇〇、大部分ヒンドゥー、歳入二五〇、〇〇〇ポンド

ドーランガードラ

ヒンドゥー、ラージプート族、大王ガーン・シュヤーム・シングジー（一九一一年）、面積一、一六七方マイル、人口約一八八、〇〇〇、大部分ヒンドゥー、歳入一八〇、〇〇〇ポンド

ゴンダール

ヒンドゥー、ジェラジャ・ラージプート族、大王バガヴァット・シングジー（一八六九年）、面積一、〇二四方マイル、人口二〇六、〇〇〇、主としてヒンドゥー人、歳入三七〇、〇〇〇ポンド

イダール

ヒンドゥー、ラートール・ラージプート族、大王ダウラート・シングジー（一九三一年）、面積一、六六九方マイル、人口二二六、〇〇〇、大部分ヒンドゥー、歳入一二〇、〇〇〇ポンド

ラージピプラ

ヒンドゥー、ラージプート族、大王ヴィジャヤ・シングジー、面積一、五一七方マイル、人口一六八、〇〇〇、七五％ヒンドゥー、一二％ビル人、歳入一七〇、〇〇〇ポンド

遠い昔のことであった。ある日、一人の若い王妃《マハラーニ》が、白い大理石の宮殿の格子窓《こうしまど》のほとりに坐って銀色に輝く湖のおもてを眺めていた。目をあげれば、湖の彼方には低い丘の連なりが見える。丘の斜面は、暮れようとする午後の陽光に照り映えて、紫にまた金色に移り変わってゆくのであった。しかしながら、王妃は、日没の栄光に見惚《みほ》れているのではなかった。王妃の目は、湖の対岸に集まっている群集の上に釘づけにされていたのである。そこはちょうど湖が狭まって、丘と丘との間の谷になっているところであった。王妃は、人々の群れを定かにそれとは見わけることはできなかったが、この情景が、何を意味しているかを知っていた。何故といえば、彼女の領主にして夫である人が、その寵

愛している舞姫と一つの賭けをしたのであるからだ。それは、舞姫が、張り切った綱の上を渡って湖の上をその幅だけ歩けるかどうかを、泥酔《でいすい》の挙句に賭けたのである。しかも、綱を渡り切れば、自分の王領の半分を舞姫にくれてやるというのであった。王妃はどんなにこの少女を憎く思ったことか！ そしてなお、この残酷な試みにどんなに身を震わしたことであろう！

とうとう、王妃は、探していたものを見つけることができた。一つの点が、素早く空間を横切って動いていた。だが、次の瞬間、王妃は顔を袂でおおってしまった。彼女の想像のなかで、彼女は水のはね音と鋭い悲鳴を聞いた。そしてまた見物の群衆の身内を走る戦慄《せんりつ》をも感じた。何故ならば、聡明な二三の大貴族らは、もし舞姫が、賭けに勝てば、この王国は滅びるであろうが、しかしまた、こっそりと、この張った綱を急に引っぱって、舞姫の助かる見込みをなくしてしまうことこそは、何にもましてたやすいことなのを見抜いていたからである。この地上の藩王の気紛《きまぐ》れのため、もっと別の可愛らしい少女らがまた犠牲になったからとて、どうだということがあろうぞ。

これは、二百余年も昔のラージプタナ地方の出来事であった。あの美しいウダイプルの湖畔にある白い王宮の物語である。時は変わり、星移《ほしうつ》って、今やこうした藩王の至上権も影薄くなって、日常生活のうちにこうしたことは行なわれなくなった。ただ妻妾《さいしょう》の寝所の帳の蔭でのみ、領主は彼自らが法律であり得るにすぎなくなった。藩王は一人の舞姫のために、彼の王冠を失ってしまうことができるかもしれない。しかしながら、白画《はくが》の日の光の照りわたるさなかに、如何に王宮でも、町の人々の眼前にこうした光景を繰り広げることはもはやできないのである。

ヒマラヤ山脈からマドラスの州境にわたって、ラージプート族は、多くの王国や候国《こうこく》を、二千年におよんで支配してきた。インドの民族でこれほど長く連綿たる統治を続けたものは外にはなかった。

普通のインドの地図では、藩王国は黄色に、英領インドは石竹色《せきちくいろ》に塗ってある。北部地方の非常に広い面積　―カシミール―　が、ラージプート族の支配下にある。ラージプート族の支配する国土は、インダス地方からベンガル湾にまでおよび、そのなかには中央インドの平原（マルワ）の大部分とカティアワールおよびカッチ地方をふくんでいる。事実上、ラージプート族の支配する領域は、藩王国全体の面積（七十万方マイル）の約半分をしめている。実際において、マルワ地方のラージプート族の封土は、多くは一人のマラータ王の支配下にある。また、カシミール地方の大部分は、住むによしなき山岳地帯であるのに反し、ラージプタナ地方は、大部分が沙漠地帯である。

その領有する地域の広漠たるにもかかわらず、藩王内に住むラージプート族の数はわずかに百五十万人にすぎない。ほとんどすべてのラージプート族の藩王国は、従属民族に対して専制政治を行なっている。ラージプート族と英領インドの国境地方の英領側には、パンジャーブ地方からベンガル地方の広大な地域にわたって、ラージプート族に属する数百万の人間が分散居住している。しかしながら、これらの英領内に居住するラージプート族は、「インド人のインド」内に居住する貴族的なラージプート族とは、ほとんどまったく関係がなくなっている。諸藩王国のうちで、ラージプート族が、もっとも強大な勢力をもっている地方は、ラージプタナ地方（インド沙漠の大部分をふくむ）、マルワ地方（ヴィンディヤ地方の北部で凹凸の激しい丘陵地帯）およびカティアワール半島である。

アラヴァリ山脈によって、ラージプタナ地方は、二つの異なる地域にわかたれている。西北部は広漠たるインド沙漠でその処々に、ジョードプル、ビカネールおよび鉄道の終点からなお八十マイルもへだたっているジャイサルメールのような沃地《よくち》が点在しており、そこにラージプート族が定住している。この沙漠は遠くインダス地方にまで広がっている。

アラヴァリ山脈の南部には、二、三の重要な藩王国が存在する。すなわち、ウダイプル、ブンディ、ジャイプル、トンク等の諸藩王国がこれである。これらの藩王国は、沙漠地帯にくらべれば、遥かに多く自然の恵みを受けている。寒期には、全国土にわたって、その気候は身のひき締まるようなさわやかさである。ここは、ロマンスと騎士道の国であり、闊達な人生と偉大な伝説の国である。ここでは今なお詩人は叙情《じょじょう》的な戦士の詩を歌っている。ここでは、藩王や貴族は、時に五フィートにもおよぶ連綿たる系図を誇り、その祖先を、日の神、月の神、また火の神等に発するのだといっている。この国には、ヒンドゥー式建築や絵画のもっとも優れたものを見ることができる。アブーの寺院、今は沙漠に埋《うも》れてはいるがアンベールの大理石でできた市街、ウダイプルの水宮、神人の手になったかと思われるほどの巨大な要塞ジョードプル王宮の幾千もの円柱に支えられた会堂、また伝説に残るチトールの少なからぬ廃墟等がこれである。そのうちでも、後年にいたってペルシャ＝ムガル派の影響を受けたラージプート派の細密画が有名である。

この広大な土地の面積は、十二万八千方マイルである。人口は、一千一百万人を数える。このうち、ラージプート族の専制政治下にあるもの六十六万八千人であり、八十万人のブラーミン族は僧職にある。かのベンガルの大反乱以前には、彼らは耕作可能な土地の五分の一を保有していた。この事実は、迷信の恐るべき強さを示す顕著《けんちょ》な証拠である。

ジャート族はこの地方の経済機構の背骨をなしている民族であって、たくましい体をもった農民であり、ヒンドゥー教の信者である。彼らの祖先はスキタイ（サカ）に発祥したものと推定される。彼らは、ジャイプルの人口の大部分をしめているが、またその他諸藩王国内にも居住している。二世紀ほど前にようやく彼らは、民族的指導者を得て、政治に対して発言をするようになった。二つのジャート族の藩王国、すなわちバーラトプルおよびドールプールは、大帝アウラングゼーブの反ヒンドゥー政策によって起こったジャート族の反乱をきっかけとして生じた王国である。

ラージプート族の国土に住むその他の民族は、ブフィル族（多くアラヴァリ山脈地方に住む）、ミナス族およびメオス族というような原始的な民族である。メオス族というのは、イスラム教（回々教）を信奉するミナス族を指称《ししょう》するものである。彼らは、ヒンドゥーとイスラムの両宗教の祭典を行なうが、両宗教に共通の断食は行なわないといわれている。最近は、彼らは、アルワール政府に対して反乱を繰り返してきている。以上が、ラージプート族の支配している地方の土俗学的構造である。

ムガル帝国時代には、ラージプタナ地方は、ムガル皇帝領の一つであって、首府はアジメールにあった。マルワ地方もまた同様であった。カティアワール地方は、グジャラート王国の領土であった。カシミールもまた、ムガル帝国の領土であった。

ラージプート族は、その独立のために、ムガル帝国に対して激烈な戦を戦ったのであった。アクバル大帝の祖父バーブルは、その部下の野戦砲兵の援助を得て、ようやくラージプート族の騎兵隊に勝つことができたのである。

この野戦砲兵は、このときはじめてインドに出現したものであった。メワール（ウダイプル）とジョードプルは、最後までもちこたえた。

ウダイプルの首都、チトール城の物語は、今なおラージプート族の吟遊詩人の好んで歌う題目である。チトール城は、史上もっとも有名なる包囲政撃をもちこたえたのである。急坂をつけ、垂直に切断された岩が長く連なっている。その岩の崖の上に築城したのであるからして、古代においては、城に攻め入ることはほとんど不可能であった。敵軍が、この城中に攻め入って城をおとしいれた場合は、城内から敵にした通謀《つうぼう》した反乱の起こった場合か、もしくは城中が飢餓に瀕《ひん》した場合であった。

ラージプート族は、非常に名誉を重んずる民族であった。したがって、彼らが、城中より最後の出撃をなすにあたっては、まずその前に守備隊中の婦女を火炎のなかに投じて、殺してしまい、彼らの婦女が敵手に蹂躙《じゅうりん》されるのを嫌ったのである。かかる理由からして、城の陥落《かんらく》に先立って、三度――そのうち第一回は十三世紀に――かの恐ろしい、ジャウハルの儀式が行なわれた。このジャウハルの儀式を果たすと、すなわち、防衛軍は「死か勝利か」と表示してあるサフランの衣を身に着けて、攻囲軍たる回々教徒の槍先に、我と我が身を踊らしていったのであった。

こうして数千の婦女を神への犠牲として大虐殺することは包囲攻撃の行なわれた時々に行なわれた。この悲劇は、また一五三三年に、チトール城を見舞った。すなわち、アクバル大帝の父フマユーンが支配権を得んとしてベンガルにおいて戦っていたときにである。この戦においては、いまだなおムガル帝国に服さなかったグジャラートとマルワに君臨していた回教徒の藩王が、勝利を得たのであった。

遠い古代においては、ラージプート族の間には、一つの優雅な慣習が行なわれていた。つまり、婦人は、老若を問わずまた既婚と未婚たるとを問わず、彼女の意に通った騎士に腕輪を送ることが許されていた。それによって、彼女は、その男を彼女の騎士に任命し、彼女の養子兄弟になることができたのである。彼女は、その騎士に会うことも、会おうと望むことも許されなかった。しかしながら、この誓いはこばむことはできなかったのである。この申し出に対する承諾は、真珠の飾りのついた絹の胸衣を、騎士のほうから送り返すことによって表わされた。時折、一つの地方はこの誓いによって運命を左右されたことがあった。普通は、この腕環の送られたときは、実にその送り主が危急存亡の境に立っていたときであった。こうした一つの腕環を贈ることによって、幾万と知れぬ槍を、さやのなかに収めさせることができたのである。

ウダイプルの若い女王は、ムガル帝国のフマユーン王の武勲《ぶくん》に感じ入っていた。そのフマユーン王は、回々教徒であり、明らかに彼女の属する民族の敵ではあったが、しかし彼女は、その腕環を彼に送って、その援助を求めたのであった。この心優しい贈りものに婚びられて、フマユーン王は、彼女のために役立つべきことを誓った。そして、このウダイプルの王妃の危機の報せが、フマユーン王の耳に達するや、王は真実の騎士のごとく、急ぎデリーに引き返してきてチトール城を奪回し、その城を、その正当なる城主ウダイ・シングのために取り返してやったのである。このウダイ・シングは、かの腕環によってフマユーン王の義妹となった王妃の幼き息子であったのである。

それからしばらくして、フマユーン王は、自己の帝国を失った。しかし、三十年後に、その息子アクバルが、この帝国を再建した。アクバル大帝は、この藩王国を征服しようと決心した。そこで、チトール城は、一五六九年に三度目の包囲攻撃を受けることになった。こうして、またもや、ジャウハルの儀式が果たされ、ラージプート族は再びのサフランの衣に身をまとい、ムガル帝国の槍兵の前に、我が身を犠牲に供したのであった。

かくて光栄あるチトールは滅びてしまった。このとき以来メワール国は新しくウダイプルに首府を移転した。新首都は、かつてフマユーンの騎士道によって、その王国の滅亡を助けてもらったウダイ・シングの創建にかかるのである。メワール王国は、チトールの陥落後二十年間も戦い続けた。ついに最後の降伏のときがきたが、降伏に際して王妃は、その王女をムガル帝国の宮中の後宮に送ることをまぬがれた。同様に、宮廷に伺候《しこう》して、平伏すべき義務も免除された。他のラージプート族の藩王国たるブンディもまた、同様の特権をあたえられた。

ムガル帝国の支配時代にあっては、ラージプート族は、ムガル帝室ときわめて密接に合体しており、しばしば帝室のなかの数々の陰謀に巻きこまれていった。例えば、ジャイプルのマウン王は、当時はアンベール王と称されていたが、その妹がアクバル大帝の妃となっていたのを利用して、次の王位を彼の妹の子クッシュルーのために確保しようとする陰謀をめぐらした。マウン王にしたがう騎兵隊の勢力が、あまりに強大であったために、王を捕えてしまうことができなかったのである。アクバル大帝は、この目論見の逆に出て、アンベール王をベンガル地方の長官に任命し、ベンガルに派遣してしまった。その地で、アンベール王は薨去《こうきょ》した。王の死後、デリー地方におけるジャイプル王国の勢力はおとろえたが、後にいたって、他のラージプート族の王女（ビカネール王の娘でジャハンギールの妻）が、アンベールの大公として知られたマウン王の孫ジャイ・シングと結婚するにおよんで、再び勢を得た。

後年になって、ジャイ・シングは、アウラングゼーブ皇帝の下にあって、もっとも傑出した将軍の一人となったが、事実、彼の勢力があまりに強大であったために、皇帝は一六六七年、彼を毒殺してしまった。

ムガル皇帝は代々、ラージプート族間の嫉妬心を利用し、一切の民族的団結の結成されるのをさまたげた。アウラングゼーブ皇帝に対する長い間の戦争のため国力は衰微したが、さらに内部的な不和の絶えなかったことにより、ラージプート族は、統一戦線を組織して、ムガル帝国に優る悪敵に対抗する力をほとんど失っていた。その悪質の敵とは、ラージプート族と人種や国土を異にするとはいえ、同一宗教を信奉していたマラータ族である。

マラータ族がどんなにラージプート族の国土をあらゆる場所にわたって　―マルワ、カティアワール、ラージプタナ地方において―　悩ましたかについてはすでに他の場所で説明したところである。まことにマラータ族の治政下にあった混乱と無政府状態とにくらべれば、回教徒のマルワ地方統治時代は、まさに黄金時代であったともいいえよう。しかしながら、一八一八年、英国が調停に乗り出して以後は平和の時代が到来し、爾後《じご》今日にいたるまで穏やかな日がずっと続いてきている。

ラージプート族は、北部インドにおけるヒンドゥー教を救ったといってさしつかえないであろう。これこそが、彼らを有名にしたもっとも主要な事柄であった。また、同様に重要なのは、彼らの政治制度をインドにあたえ、それが現存しているということである。ラージプート族の藩王国がすなわちこれである。少《すこ》しくこの政治組織を検討してみよう。この制度の根底は、封建的なものである。王またはは大王が、はじめからこの土地に定住した氏族すなわち家族の集団の首領として至上の権威者である。家族の連合したものは王の直臣すなわちサクルスによって代表されるが、サクルスは、王より賜わった土地の永代保有権をもっている。その下に、もっと小さい土地所有者があって、その下にはまたごく小さい単位の土地所有者がある。この最小単位の地主は、王への貢物として、一人の騎兵を王に差し出すべき責任を負わされている。貴族らは、支配者たる王を補翼《ほよく》する権利がある。古い時代においては、貴族らは、王の直系嗣子《しし》が王位継承に不適当な人物だった場合には、別に新しい君主を選挙した例がしばしばあった。

範囲のせまい社会であり、また小規模の経済的団体としての王国であったから、階姓制度《カースト》が、もっとも容易に、その半封建的な社会の枠《わく》に適合したのである。カーストおよびギルドの親方は、統治者に対して、その属する団体の代表者であり、諮問会《しもん》に議席をあたえられていた。彼らは、政治的統一体の一分肢であると考えるようにしむけられていた。この国土が封建的な団体として存続したのは、カースト制度のためであった。どんなに富裕な金貸しでも封建的な役務を課せられている土地に対しては、その所有権を得ようとすることはできないようになっていた。村落の行政は、主として、土民村会（Panchayat）の手を通じて行なわれた。そして、藩王国内での日常生活のいちじるしい特色をなすと思われるのは、城門の門衛《もんえい》から中世風の城塞に居住する王の直臣たるサクルスにいたるまで、すべてのその国内の人民が、地方の政治に対して非常な関心をもっていたことである。これらのことはすべて、相集まって、連帯性を強固ならしめるに役立った。

ラージプート族のつくったいろいろの組織は、すべて自己防衛の必要にもとづいたものであった。英国の保護を受けるようになって、外敵の侵略する恐れがなくなったために、この組織の精神的な根拠は次第にくつがえされるにいたった。だが、ラージプート族が、その剣を鋤《すき》に代えて、この一千年の伝統を棄て去るだろうとは到底期待しえない事柄である。彼らは、到底そのようなことはやり得なかったし、むしろ武人としての、また人々の指導者としての性質を依然として保持しえたのである。ラージプート族の社会組織は、その根源を深く人間性のなかに根ざしている。したがって、その内部の構造を少しばかり変えたならば、おそらく、進歩的な社会の要求にも適合することができるだらうと思われる。すなわち、ある形態の代議政体に家長政治的要素を結びつけるならば、今日でもなお、進歩的な社会の要求に適合しうるだろうと思われるのである。

隷属民族をそれぞれ隔離しておく英国政府の政策は、ラージプート族に対して、かつてのムガル帝国がラージプート族にあたえたのと同様の政治的地位をあたえてやった以外に、別に何らの新規の確実な停泊所をつくってはやらなかったようである。しかしながら、藩王国を、謀反を起こした直臣らから守ってやるために保護干渉を行なったことをのぞけば英国は、ラージプート族に対しては、はなはだ寛大な態度をとったのである。一般的な傾向としては、封建的要素を犠牲にして、中央政府の権力を強化してきたということができる。藩王の直臣たるサクルスの勢威は次第に根を枯らされて、現在では亡くなったウダイプルのファテー・シング王とか、あるいは物故したジャイプル王のような、絵画的な人物がごく少数残っているだけである。最高諮問会議《しもんかいぎ》の席上で、サクルスたちに取り囲まれた藩王の姿は、十七世紀の時代から抜け出してきたもののように見えたであろう。彼は、その兄弟たる首領たちに対しても絶大な威信をもっていた。ラージプート族およびマラータの諸王が、ある非公式の会合をしたときに、王がつい不注意のまま出席して混乱を巻き起こした物語がある。それは、この非公式の会合では、頭飾りと礼帯とは皆着用しない慣例であったのだが、王はこれを忘れて正規の服装で出席したのである。そこで一同は、この異様の格好をした来訪者に対して、副王の名誉（これはいつも王にあたえられていたのであったが）をあたえようとして、ちょっとした小競合《こぜりあ》いを演じたことがあったのである。王の行政方法は、ほとんど古代のままのやりかたであった。例えば、財政についても何らの体系もなく、また地方の官吏を監督するといったようなこともなかった。こんな状態であったために、英領のアジメールから指導された政治的煽動とあいまって、十二年前に、土着民との間に紛争を起こしたことがあった。不幸にも、英国政府は、この古い王様の支配者からその権力をほとんどまったく剥奪してしまう必要を認めたのであった。こうして、王の晩年はつらい月日を送ることになったし、また、その他の藩王らで階姓政治を行なっていた人々の間に恐慌を巻き起した。王は一九三〇年に薨去《こうきょ》した。

一九二二年に薨去したジャイプル国王、マードホー・シングは、またラージプート族の藩王のなかでは長年にわたって、とくに、際立った人物であった。彼の若いときの経歴は一つのロマンスであった。彼の父親は、彼がまだ子供だったときに死去したが、後には、彼の母親以外に若い息子をもった未亡人を一人残していった。二人の寡婦《かふ》は、それぞれの息子のために、その夫の所有していた広大な封土を我がものにせんとしていい張った。サクルス等の審判の結果、当時の大王は、マードホー・シングに不利な決定をあたえ、その結果として、マードホー・シングは法律の保護を停止される運命となった。その後まもなく、ハードウォーアの聖殿において、一人のヨガ行者が、この少年に対して未来のジャイプルの支配者になるだろうと話した。少年の母親は、もしこの予言が真実になった場合には、彼らが邂逅したこの場所に、一基の寺院を建立することを約束したのであった。この約束は守られた。

長ずるにおよんで、マードホー・シングは、ジャイプルの国境にある藩王国トンクに行って月日を送った。この地において彼は、その一味徒党の助力を得て、ジャイプルに侵入しては群盗組織によって掠奪を行なって生活をしていた。一八八〇年に、突如彼の運命に大変化が起こった。ジャイプルの支配者が死に瀕《ひん》していたのである。彼には子供がなかったし、また後嗣《こうし》を定めてなかった。宮中伺候《しこう》の貴族らは、王の側近に呼び寄せられた。王は彼らに対して、マードホー・シング事件の裁決は不正だったことを認めた。この不正を匡正《きょうせい》する唯一の方法は、マードホー・シングを王の子供として養子に定め、封土の代わりに全ジャイプル藩王国をあたえてやることであった。王は、マードホー・シングがその後継嗣子《しし》たるべきことを証言することを貴族らに要求した。

新しい大王の統治は、一八八〇年から一九二二年まで、四十年以上も続いた。この皇帝には、もはや忠義な友も援助者もなかった。

彼は、恐ろしく因襲的な信仰をもってはいたが、それにもかかわらず、その宗教上の躊躇《ちゅうちょ》を克服して一隻の船を雇い、従者の一行とともに、六か月分の使用に足るガンジス河の水を携行し、エドワード王の戴冠式に列すべく英国に向かった。彼は、自分の先祖らが代々ムガル皇帝の御前においては、いつも直立の姿勢のままであったからとの理由からして、エドワード皇帝の前に伺候《しこう》したときにも、着席をこばんだ。しかしながら、従順を誓う証として彼の剣を足下に横えたのである。彼は、英国官吏の間に、多くの交友をもっていた。そして、もっとも親密に交わっていた二三の人々と、パグリすなわちグルグル巻きの頭巾《ずきん》を交換して兄弟の約束をしたものである。彼はまた、しばしばラージプート族風の抱擁を英人の友達に対してやったことがある。その晩年は、インド婦人室伝道キリスト教徒や僧侶の影響を大分受けていた。彼は功徳《くどく》を授かろうとして、首都から直径十マイル以内において、生きた動物（山羊をのぞく）を殺生することを禁止した。その結果、近郊には、野猪、鹿、野良犬等が氾濫する有様であった。ついに、彼は英国の行政官を任命することを承諾した。彼は、直系の嗣子《しし》をもうけることを避けていた。それは、インド人四階級中の最高位にあるバラモンが、息子が生まれることは、彼にとって不利益をもたらすと告げたためであった。欠点も多い人であったが、しかしまた彼は、偉大なラージプート人であり、持ち甲斐のある友であった。

古代におけるラージプタナ地方の三大藩王国とは、メワール（ウダイプル）、マールワール（ジョードプル）およびアンベール（ジャイプル）である。これらの諸藩王国を中軸として、ラージプート族の政治的生活が展開されたのである。ラージプタナ地方におけるその他の藩王国は、大部分がこれらの諸国の賛助を得て建設されたものであった。メワール藩王国は、地位についての誇りをもっていたし、その王朝は、他のラージプート族の藩王中にあって、問題にならぬほどの優越性をもっていた。

本書の範囲内では、もっと多くの重要な藩王国をさらに詳細に述べるということは不可能である。

ウダイプルに居住する氏族は、シソーディア氏族に属するものである。この藩王国の大王は、インドに居住する全ラージプート族の首領であると一般に認められている。この家族の紋章は、黒色の円盤の上に金色の太陽を描いてあるが、彼らは、これをもって自分らが太陽神の後裔であると説明し主張している。ウダイプルの藩王国は一千二百年前に建設されたものである。この王国は、ほとんど二百年間にわたって、回教徒との抗争を続けてきたが、最後にアクバル大帝と講和するのやむなきにいたった。この藩王国の当時における力と富とは、ラージプート族が、ムガル帝国のバーブル王に抗戦すべく兵力を集結したときに、メワール軍の軍旗の下に一万五千の騎兵がしたがっていたという事実によって明らかなほど強大なものであった。デリーからは遠隔の地にあったため、ウダイプルの諸藩王は、ムガル帝国の宮廷伺候を続けるわずらわしさからはずっと逃れていることができた。

一九世紀のはじめにあたって、ウダイプルは、オレンジの実をしぼるようにマラータ族の侵攻を受けてしぼり取られた。その後百年をへて辛くも立ち直ることができたのである。おもうにマラータ族による危難が最高潮に達していた時代、すなわち一八〇六年の当時において、この藩王国の運命が、劣弱にして無能なる君主、ラーナ・ブヒームの手中にあったことは、ウダイプル藩王国にとってはまことに不運なことであった。連綿《れんめん》百代の治政を誇った王朝の子孫であるこのラーナ・ブヒーム王は、戦場における敗北よりも、もっともっと苦い杯を飲まなければならぬ運命を背負っていたのであった。この悲劇のなかには、三つの偉大なラージプート族の家系が巻き込まれたのであった。すなわち、ウダイプル家そのものの外に、なおジャイプルおよびジョードプルの王家が悲運に会したのであり、反面華やかな役割を演じたのは、マラータ族の首長、シンディアと、評判の山賊の頭目であったアミール・カーンとであった。この悲劇の女主人公は、その魅力と美しさとで全藩王間に名を知られていたキシュナ・クマリ王女であった。彼女は、ウダイプル城主の娘であった。ジャイプル藩王国の大王ジャガット・

シングは彼女に求婚の手を差しのべた。しかし、それに対して、ジョードプルの藩王マウンが抗議を申し入れた。その理由は、マウン王の前任者が彼女と婚約の間柄であったというのであった。ジャイプルの大王は、三千人の兵をひきいた使節をウダイプルに派遣して、自分の求婚の意志を無理にでも貫徹しようとした。当時ウダイプルの近郊の掠奪に余念のなかったシンディアは、マウン王を援助し、ジャイプルの使節を放逐《ほうちく》すべきことを要求した。その要求を強制するために、彼は、ウダイプルの首都を攻撃した。その結果、ジャイプルの使者は追い帰された。この侮辱に対して復讐すべくジャガット・シングは、十万の大軍を集結して、ジョードプルを包囲した。マウン王は、アミール・カーンに援助を求めた。かくして、ジャイプル王は、退去のやむなきにいたったのである。

双方の求婚主張者は、ついに、デリー駐剳《ちゅうさつ》の英国の将軍レーク卿に仲裁を求めた。しかしもちろん拒絶されたために、今や、アミール・カーンは、直接ウダイプル王国に向かって、彼に依頼してきたジョードプル王のためにこの問題を解決すべきことを申し出でた。彼は二つの条件を提出し、そのなかの一つを選ぶことを要求した。すなわち、姫は、マウン大王に嫁ぐべきこと、もし嫁ぐのがいやな場合には、ウダイプルの国難に対し、姫は自らを犠牲に供し、往古の悲劇にあるイフィゲニーの運命を選ぶことのいずれか一つに定めよというのであった。アミール・カーンは、外交上の理由からして、姫の犠牲を望んだ。姫の父王は、気の弱い人間だった。彼は、その自分の先祖が、チトール城に残した武勇の先例を忘れて、娘をジョードプルに嫁《とつ》がした後のジャイプルの復讐を恐れてアミール・カーンの提議《ていぎ》を支持した。何人も姫に短剣を向けることはできなかった。そこで、死刑の執行は、後宮の婦人たちにゆだねられた。悲嘆の限りをつくし哀愁《あいしゅう》にむせぶその母を優しくなぐさめてから、姫は、最後の時をしばし湖の面を静かにみつめた後、慟哭《どうこく》する侍女たちに取り囲まれて、自ら前に供えられた毒杯を仰いだ。姫が腕環を送った騎士は、急ぎ救助のために呼び寄せられたけれども、着くことのあまりに遅く、ついに彼女の命を救うに由もなかった。今日にいたるまで、このメワール王国の姫は、今なおラージプート族の歌に歌われている。

伝統の流れに深く染み込んでおり、今なお王の直臣らは古代と同様の立場にあり、かつまた、時代の活動の中心から遠くへだたっていたために、他のラージプート族の藩王国にくらべては、ウダイプル王国の進歩は、遅々たるものであった。それにもかかわらず、この国はかなり富裕であり、統治もよくできている。一九三〇年に、ファテー・シングが退いて、その息子のブーパル・シングが後を継いだ。新しいこの統治者は、多少身体不随のところがある。世間では、彼の名を一般にバプジィと呼んでいる。この肉体的な不全にもかかわらず、バプジィは、領内をよく歩きまわるし、また遠方まで狩猟に出掛ける連中の仲間入りをすることがある。彼は、その父の権力が減殺《げんさい》されたときにあたって、事実上その藩王国の統治に任んじていたのである。そして、インド政庁があたえたきわめて困難な立場にありながら、大いにそれぞれに善処《ぜんしょ》せんと工夫し努力したが、これはまことに優れた才能と忍耐とのみによるものであった。

ウダイプルからジョードプルまでの距離は、約百五十マイルであるが、途中アラヴァリ山脈があり、他は乾き切った荒野である。ジョードプルは、ラージプート族は一支系たる大ラートール閥の故里である。この藩王国の面積は三万五千方マイル、人口は二百万人以上である。ラートール閥は、冒険を好み、冒険にたくみな氏族である。この氏族の次子らで、今までに独力で、小王国を建設したものが多数あった。ボンベイ省内のビカネール、キシャンガル、イダールおよび中央インドのラートラム、ジャーブア等の王国は、これらの者どもの偉業の名残りを示すものである。

この氏族からは、ムガル帝国時代に、数々の将軍や知事が輩出した。この時代第一の英雄は、アウラングゼーブ皇帝の旗下の将軍であったジャスワント・シング王であった。彼は、カブールの知事時代に死去した。一八一八年の紛争解決後約五十年間にわたって、王室とその直臣らとの間に権力争いが起こった。いろいろの陰謀や反乱が相次いで起こり、しばしば英国もまたその争いに干渉することになった。しかしながら、この全期間を通じて、ラートール閥族は、依然として英国に忠誠であり、一八五七年には、暴動の勃発に対しアジメールを守るために彼らの軍隊五千人が鎮圧のために出動した。六十年後、第一次世界大戦にあたっては、ジョードプルの槍騎兵《そうきへい》は、疾駆してハイファを占領した。

現在においては、同国の情勢ははなはだ改善されている。行政権は、大王を議長とする最高評議会の手中にある。また、ジョードプル藩王国は、数人の英国人官吏を雇っている。経済的地位は強固であり、その歳入（約百万スターリング）は、諸経費をまかなうに充分足りている。

大王はいまだ年少ではあるが、優れたスポーツマンであり、立派なポロの選手であり、かつ卓越した飛行家である。彼は、虚飾や見栄に心を奪われるようなことはない。だからといってニルギリ山系のオオタカムンドにある宮殿においても、またジョードプルの居城においても、もっとも愉快な歓待をし、巨額の金を使うのを厭《いと》うというわけではない。彼は、インドの政治については、大した関心をもっていない。彼はただ、法律と秩序との礼制が破壊されずに維持されれば足ると考えている。しかしながら、彼が、ジョードプルをインド連邦のなかに加入させるだろうということは、期待されている。王宮の内部では、今なお厳しいパルダ（インドにおいて身分ある婦人の居室に掛けて、男子に姿を見せないための帳をいう）の慣わしが見受けられる。しかし、王妃が英国を訪問されるときには、この婦人を隔離する規則を緩和するようになっている。

ジョードプルには立派な飛行場があって、デリーとカラチ間の空港として使用されている。藩王は飛行クラブを創設し、その官吏らの多くは飛行術を学んでいる。一人の熟練した英人のパイロットが、彼らの教官になっている。馬上球戯場は、インドにおいては、もっとも立派なグラウンドの一つである。やわらかい緑の芝生地は、英国の芝生地と異なるところがない。その背後には沙漠が広がっているが、この風景は、まさに魔術師の手になったかと思われるほどである。

ジョードプル氏族中でもっともよく知られている人々のなかに、プラタップ・シング卿がある。軍人としては精悍《せいかん》であり、馬と犬との愛護者であり、また三人の英国王と親友であり、彼こそは英国人に好かれる型の人間であった。彼の英国皇帝に対する献身は、ほとんど信仰の域に入っていた。

二十年以上にわたって、彼は遠隔な地方のブヒル族やミナス族の頑強な抵抗を抑圧し、また傲慢《ごうまん》なサクルスたちを操縦して善処するなど、まさにジョードプル統治の生命であり魂であった。彼は、他人の手を借らずに豹を槍で突き殺した。また密生したジャングルのなかにいる傷ついた野猪を見て逃げ出すようなことはしなかったし、否それを刺しとめて、馬の背にくくりつけて帰ってきたほどの人であった。彼のジョードプル・ポロ・チームは、一時はインドにおける選手権を獲得したことがあった。

かつてヘンリー・ニューボルトは、この偉大なラートール閥の人の勇気と広い度量とについての挿話を、詩に歌ったことがある。プラタップの友人である一人の英人少尉が、ジョードプルで死んだ。その棺を運ぶために四人の英人が頼まれた。葬式の間際になって、四人のなかの一人が熱病にやられて、出てくることができなくなった。しかし、ヒンドゥー教の信者は、棺に手をふれた者は誰でも、その属する階姓から追放されることになっていた。そこで、誰一人として進んで手を出そうという者がなかった。この上は、宿なしのくず捨いでも強制的に徴用するほかに便法がないように思われた。そのときにあたって、プラタップ・シング卿は進んで難局にあたった。「その兄弟たる軍人との間柄においては、軍人にとっては、階姓制度はないのだ。」といって、彼は、第四番目の棺かつぎ人の代わりをつとめた。

彼は、英帝国の戦争には大抵参加した。一八九七年にはアフガン戦線に、また中国に、さらに第一次欧州大戦に際しては、フランスやパレスタインの戦線に出勤した。彼は、スパルタ式の生活が、若いラージプート族のためにはよいことだと堅く信じていた。

彼の政治に関する部分の遺言状は、ここに引用する価値あるものと思われる。とくに、次のごとく書かれている章句はそうである。

「インドの諸藩王は、自己の藩王国の行政は自分自身の手でやるようにすべきである。余が生涯の経験より得たる一つの偉大な数訓とは、次のごときものである。安易ぜいたくなる生活を棄てよ。あらゆる点において、汝自身を統治者たるに適わしきように鍛えあげよ。」

ジャイプル藩王国の、支配的な家族というのは、カッチワハ氏族である。彼らは一名亀族とも呼ばれている。最初、彼らは、グワリオールの大きな城とその近傍《きんぼう》の土地とをもっていた。デリーと近距離だったためにジャイプル王は代々ムガル帝国と密接な関係をもっていた。アクバル大帝の薨去《こうきょ》に際して、マウン王が自分の甥をムガル帝国の王位継承者にしようと陰謀をくわだてたことは前に述べた。

このマウン王は、アクバル皇帝の宮廷にあっては、もっとも輝かしき存在であり、皇帝旗下のもっとも偉大なる将軍にして行政官たりし人々のなかの一人であった。

マウン王の後を承けて統治者となったジャイ・シング二世は、王位継承を行なったのが一六九九年であった。彼もまた先王に劣らぬ偉大な王であった。戦争に専念しなければならず、また宮廷内に陰謀がたくらまれたりしているし、さらに遠隔な地の民政を監督しなければならない立場にありながら、しかもなお、彼は芸術の保護をする余裕をもっていた。彼は素晴らしい文献を収集した。そして、彼の天文学者としての名声は、また軍将としての名声に匹敵していたほどである。彼は、近代的なジャイプルを建設した。これはインドにおける第一流の都市である。このカッチワハ族のもっとも偉大なりし人物は、一七四五年に薨去《こうきょ》した。

その後を承けた王ジャガット・シングは、かのキシュナ・クマリ姫の悲劇の立役者の一人であったが、一八二〇年まで、汚辱《おじょく》に充ちた生活をしていた。彼は、自分の統治する藩王国をほとんど破滅の淵に追い込んでしまった。長い間この王国は一人のムサルマニ族の踊女の支配するところとなっていた。この踊り子は、完全に大王を掌中《しょうちゅう》に丸め込んでしまっていたので、大王は王国の半分を彼女にあたえてしまった。そのなかには、かのジャイ・シングの文庫もふくまれていたが、惜《お》しむらくは、これも散逸《さんいつ》してしまった。これは実に莫大な財産の喪失といってもよいであろう。

この藩王国は、現在では、ラージプタナ地方におけるもっとも進歩的な王国の一つである。人口は約三百万人、歳入は一百万スターリングを超えている。ここでもまた、サクールたちは、強力な権力集中せる政府の政策に対して反抗している。このサクール連のある分子中に陰謀が後を絶たない有様である。シカールとかクヘートリイのような大サウーアになるとあたかも主権内の主権(帝国内の帝国)を形成している観がある。

ジャイプルは、マールワーリの金貸業者の心の故里である。この金貸業者は、ラホールからコモリン岬にいたるまでのインドに対して、租税を課しており、その掠奪による利権によって母国の富を増やしている。彼は、ほとんどすべてのインドの市で小規模の高利貸しをやっている。彼の同種族の人間でもっと大規模の金貸しをやっている連中はインドの高度の金融の大部分を操っている。ジャイプル王国には、少なくとも十二人におよぶマールワーリの百万長者がいるといわれている。

現大王スリ・マン・シングは、前王の養子である。彼は一年間ウールウィッチで過ごし、インド工兵軍団の名誉将校に任ぜられている。彼は、世界のポロ競技者としてはもっとも優秀な腕前をもつ一人であって、ハンデキャップは七つであり、彼のチームは三年間インドのポロ選手権を握っている。年齢わずかに二十三歳の若さであるにもかかわらず、すでに彼はラージプート族のもっとも優れた諸性質を身につけている。彼の態度は中庸穏健《ちゅうようおんけん》で魅力に富んでいる。教養のある気取った物の言いぶりが、さらに彼の態度を洗練されたものにさせている。彼は、自分が望むならば、おそらくロンドンの社交界の注目の的ともなれるであろう。ロンドン社交界でも、彼を寵児にしようと試みる人がたくさんいるのだが、真に洗練されたラージプート的品性の持ち主に対しては、社交界に出て衆目《しゅうもく》を惹くなどということはほとんど興味のないことに思われるのであろう。彼は、申し分のない主君として、よく訓育された幹部を身辺に集めている。それらの幹部の能率は、英領インド政府の議会にも匹敵するほどである。彼に一人の統治者としての、また同時に英帝国下のインドにおける一政治家としての双方にわたる偉大な経歴をもたせておきたいものである。その試練のときはなお将来に属するのであるが、しかし、すでに彼は、若き大王として幾多の窮状《きゅうじょう》処理に的確な判断力のあることを実証しているし、また、英人とインド人との双方から、常に最上の助言を得ることのできるようにと望んでいる。

彼は、強力な実行力をもった諮問会《しもんかい》を通じて、自国を支配しているが、その会議には、三人の英人が参加している。

ジャイプル市は、さきに述べたように、かの数理にたけたジャイ・シング大王の創建にかかるものである。彼は、すでに二百年以前に、大理石の美事《みごと》なアンベールの都市はあまりに狭小にすぎると推断し、新しい都市を建設し、彼自身の名をその都市にあたえたのであった。この都市は、街路の幅は三十ヤードあり、一様にピンク色に塗られた城壁が、その背景と美事に融合している。こうした正確精密な大王ではあったが、しかし一方彼は、アンベールにおいて一つのロマンスを残してきた。

「風の王宮」は、この近代都市ジャイプルにおける建築物のなか、もっとも素晴らしいものの一つである。その建築学的な美点については、種々の異見《いけん》がある。エドウィン・アーノルドは、我を忘れて、熱狂的な筆をもって、その「たくましき美」を、「奔放《ほんぽう》にして優雅な愛らしさをもつ幻」であると述べている。他方、これと極端に反対な観方をするカーゾン卿は、「仰々《ぎょうぎょう》しき壁土の欺瞞《ぎまん》」だといって悪罵《あくば》している。その芸術上の長短論がどうあろうとも、とにかく、アンベールを背景にしたジャイプルの美しさは、多くの英米からの旅客を、惹きつけているのである。

その他のラージプート藩王国のなかでは、ビカネールがもっとも大国であり、かつもっとも進歩的である。この国は、十五世紀に、ジョードプルのラートール族の後裔たるビーカによって建設されたものである。この地方は、すでにジャート族が遊牧的共同体をつくって住んでいたが、ジャート族は、その長老たちは自分の後継者の額に「チーカ」と称する聖なる標示をつけてもよろしいという条件つきで、ラージプート族の冒険者たちを支配者として認めたのである。

この藩王国の面積は、二三、〇〇〇方マイルである。国土の大部分は沙漠であるが、最近五六年の間に、大部分の地域が灌漑の便を得ることによって開拓された。この灌漑の便は、いわゆる三重運河開削計画として知られているサトレジからの大灌漑計画の一部としてパンジャーブ地方において、英国人技師の手によってつくられた運河の水を引いてできたものである。ビカネール藩王国においては、その費用を分担して支払った。そのためにすでにこの国は、運河の完成のために肥沃になった土地を、三百万ポンド以上も売り払った。人口は、現在約百万人であるが、これは、過去数年の間に四十％の増加を示している。この人口増加の原因は、安い値段で灌漑された土地の将来性に着目して、パンジャーブ地方から多数の移民が流れ込んだことにある。

ビカネール藩王は、世界会議においては、インドの代表的政治家でありかつスポークスマンとして名声を謳われている。彼は、一九一七年の英帝国戦争会議においてインド代表となり、また一九一八年の講和会議にもインド代表であった。国際連盟においても、世界円卓会議においてもそうであった。彼は、インド連邦案を支持した諸藩王中で指導的な人物であった。そして、藩王会議開催以来、諸藩王のそれぞれの主張を抑圧するために華々しい役割を演じたのである。彼は身の丈高く人を威圧する容姿の持ち主であるが、そのためデリーやカルカッタは言うにおよばず、ロンドンにおいてさえその名を知られている。彼は、旧友に対する情誼《じょうぎ》に非常に忠実である。これは彼の性格のなかで、もっとも人を惹きつける要素であろうと思われる。彼は、中国、フランスまたエジプトに出征して、英国皇帝のために戦った。

大王は、世界でもっとも立派な沙漠雷鳥の狩猟場をもっている。インドの狩猟の名人らは、あたかも磁石に吸い寄せられるように、この狩場に惹きつけられている。事実、彼は、「神の雷鳥」の名によってビカネールの王者であると人にいわれている。この沙漠は、さらにその他のいろいろの種類のスポーツに適している。大きな野雁の側にそっと近づくのはきわめて困難であり、非常に敏感《びんかん》な鳥ではあるが、それでも、ロールス・ロイスの車の速さにはだまされてつい射たれることになる。またものすごい速力で走っている車からは、わずかに数ヤード離れたところの黒い牝鹿《めじか》を射つこともできる。ビカネールを訪れる人はまた、クリスマス週間の狩猟をよく記憶しておくべきであろう。これら古代からのラージプート族の家では、実にいたれりつくせりの歓待をしてくれるのだ。

コターおよびブンディの両藩王国は非常に密接な関係をもっている。コーター王国は、かつてジャハンギール皇帝がブンディ藩王国の大王の息子に対して、その封土たることを許した国である。コーター藩王国は、ザリム・シングによって樹立された伝統のお蔭で、よく長い間つぶれずにもった国である。ザリム・シングはマラータ族に対しコーター王国を傷つけずにもちこたえた大宰相として立派に成功したのであった。その後一八一七年以後に、コーター王国の領土からジャハラワールという小さい王国が分離形成されザリム・シングの家族のものにあたえられた。銭道沿線から相当離れたところに、ブンディ族は古えからの伝統のなかに隠遁した生活を送っている。この町の宮殿や寺院は、妖精にも似た美しさである。行政方法はとかく原始的な傾向が強い。ごく最近にこの市に暴動が起こったことがある。暴動の原因は、市民らが、王のお抱えのごろつきらが残虐な殺人を行なったので、その破戸漢《ごろつき》を処刑すべきだと考えたためである。総理大臣が、自宅において包囲されたため、英国のインド駐在官が、秩序回復のために乗り出して斡旋しなければならなかった。現在では、総理大臣は英国より派遣された官吏である。

トンク藩王国は、ラージプタナ地方における唯一の回教徒の王国である。かのキシュナ・クマリの悲劇に醜名《しゅうめい》を馳せた馬賊《ばぞく》の頭目、アミール・カーンは、長い間この地方をその軍事基地として占拠していた。彼の部下であるパサン族（インド国内および西北国境に住むアフガン族の一員）の軍隊は、給料支払いの遅れた場合にはしばしば彼の足の裏をむちうつなどの野蛮な行為をなし、擾乱《じょうらん》を起こしたので、これにてこづった彼は、一八一八年に英国の申し入れを承諾し、彼の領土内における支配者としての地位を去り、その軍隊を解散することにした。彼の後継者は、英国より派遣された官吏の手を通じて、多年にわたってその王国の行政を行なっている。

ラージプート族の支配権は、今日までなお、その名の残っているラージプタナ地方においてもっとも強大であるが、これは当然のことであろう。マルワ高原地方をもふくめた中部インドが第二に重要なところである。以前には、ラージプートの領土であったグワリオール地方をふくめて、その面積は

七六、〇〇〇方マイルであり、人口は一千万人に上っている。このうち、八十万人弱が、ラージプート人である。この地方の半分以上を手中に収め、かつ多くのラージプート族の藩王国を従属せしめていながら、マラータ人の数はわずかに三万人にすぎない。しかもマラータ族は、マラータと馬賊《ばぞく》との戦において、シンディアおよびホールカルの軍勢がこっぱみじんに打ち破られるときまでは、完全にこの地方を支配していたのであった。ここに記憶さるべきは、一八一八年の紛争解決にあたって、ラージプート族とその憎悪せる征服者マラータ族との間にある種の勢力均衡が一応安定したかたちで成立したことである。如何なる経路を踏んで紛争解決が行なわれたかはすでに述べたところである。つまり、英国の保証によって、人々が安心を得て、ラージプート族の構成する従属国が、マラータ人の支配を承認しうるにいたったのである。

中部インドには、二十八の藩王国がある。次の諸藩王国をのぞけば、全部ラージプート族の藩王国である。すなわち、例外をなす藩王国とは、マラータ族のデワス藩王国（大と小とにわかれている）およびドハール藩王国（以上の三国はきわめて小国である）であり、またインドールおよびグワリオールの二大藩王国、その他に小さな回教徒の藩王国たるバオニおよびジャオラがある。最後に重要なボーパル藩王国がある。

中部インドにあるラージプート族の藩王国は、ラージプタナ地方における藩王国とほとんど同一の組織をもっている。このなか、もっとも重要なのは、レワ藩王国であり、その人口は、百五十万人である。王の直臣の人数は多く、その権力は強大である。その生活機構は、藩王国の最上の利害関係に対して、必ずしも快適ではない。この藩王は年はいまだ若いけれども、強い性格の支配者であり、ロンドンで開かれた最高の政治的交渉においても、他の連中は協調しない態度を示そうとする傾きがある。彼については、次のような話が伝えられている。すなわち、二三の藩王たちが集まって、インド省および国務大臣を廃止せんとする会議の提案について論じ合っていたときに、彼は、国務大臣をなくしてしまえば、インドの藩王国の半分は滅失してしまうであろうという意見を率直に披瀝《ひれき》したということである。彼の義理の兄弟にあたるジョードプルの大王、およびジャイプルの大王と同様に、彼は英国官吏の勤務を利用しているのである。彼は少しもぜいたくな趣味はもっていない。彼の主なる娯楽というのは虎狩りであって、彼の野心というのはその獲物の虎を千匹になるまでふやそうというのである。たしかに、今までにすでに五百匹を超えていると思われる。

ラージプート族の支配の強大な今一つの地方は、カッチ島をふくめたカティアワール半島である。ただし、この地方の総人口四百万人に対して、ラージプート人は二十二万七千人にすぎない。ここには礼砲を受ける藩王国が十七か国あるが、ジュナガールおよびラーダンプールという二つの回教徒王国をのぞいて、他は全部ラージプート族の藩王国である。

この地方は豊沃な平原地帯で、ところどころに一連の丘陵が見受けられる。この丘陵のなかでは、ギール丘陵が一際目立っている。この地方にはたてがみのない獅子がいるが、これはこの種のもののうちインドにおける最後の種族である。

カティアワール地方の藩王国の大部分は、国というべくあまりにも狭小なものである。前出の礼砲を受ける十七の藩王国の外に、二〇二の小藩王国がある。この王国の集団のうちにはあらゆる型の統治者がいる。すなわち、上は英国の小学より大学にいたるまでの教育を受けて、近代的な施政《しせい》方針をとっている領主から、下は、読み書きもろくにできずただ人民の父母となって統治しているサクルス連にいたるまで各種各様の統治者がいるのである。なかには、カッチの大王のような古流の君主もいる。彼はラージプート族の藩王中の首席者であって、多くのラージプート人と同様に、立派な運動家であり、その挙措《きょそ》動作および嗜好《しこう》において、礼儀正しくかつ単純である。彼は国際連盟におけるインド代表である。諸君は、ゴンダールの大王が、ロンドンのハーレー街における医師のように錬《ね》れた態度をもって人に接するのを見ていぶかしく思うかもしれないが、彼は、実はエディンバラ大学の医学博士の称号をもっていることを知れば、疑問も氷解するであろう。学者としての彼は、教育のために大きな貢献をしている。インドにおいては婦人の教育を強制的にするところはほとんどないのであるが、ゴンダールは、その稀なる国の一つである。大王は最近治世五十年の記念祭典を行なった。その際、古式にのっとって、彼の人民の寄贈した黄金に対して自分の目方《めかた》をはかって比較した。その黄金の価は一万四千ポンドであった。一体彼の家臣たちが、この有能練達《れんたつ》な支配者が彼らの国を治める資格ありや否やを疑ったのであろうか。こうした評価の仕方が、かのジェームス・ジェーンが、エジソンの世界に対して有する価値は三十億スターリングだといって評価した場合と比較することが一体できるのだろうか。断じてできないに決まっているのだ。

経済と能率との観点からして、これらの小藩王国は、大部分が便宜な集団単位にわけられて、英国官吏と連携して統治されている。これは、地方的な実情に適するように多少の工夫を加えた一種の地方自治制度である。

英国人がはじめてカティアワール地方に現れたときは、カティアワール地方の藩王国は、すべてガイクワール（インドの王朝の名）もしくはプネーのペシュワ（マラータ国の首相）の従属国であった。英国人は、ペシュワの財産、権利を承継した。また一八二〇年には、ガイクワールとその従属国との問題に介入して、将来の貢納を保証したのであった。

これら諸国のなかもっとも重要なのは、バーヴナガル、ジュナガール、ナワナガール、およびカッチである。このなか、バーヴナガルは、キャンベイ湾においては船舶の港湾出入を自由になしうるという貴重な特権をあたえられている。このことの意味はつまり次のようなことである。すなわちバーヴナガル国は、英領インドに流入していく財貨に対して課される関税を保留しているからして、そのためにいちじるしくその富を増すことができるというのである。この国は、インドにおいてはもっとも進歩的な王国の一つである。ここの大王は、年いまだ若く、ごく最近にようやくその全権力をあたえられたばかりである。彼にとって非常に好都合なことは、プラブフー・シャンカール・パッターニ卿のような老練《ろうれん》な政治家の忠言や援助を得ることができるということである。バーヴナガル藩王国政府の進歩的な政策の一端を示すもっとも顕著な実例は、田舎の負債処理問題に関してうかがうことができる。全インドにわたって、そのうち各藩王国におけるよりも英領インドにおいてひどいのであるが、農夫は村の両替屋もしくは金貸しから借金して極度の財政難におちいっている。利子は二割五分以下のことはほとんどない。したがって、一度高利貸しの手にかかったら、百姓らは一生苦労から逃れることができないのが普通である。バーヴナガル政府は、この問題を解決するにあたって次のような方法をとった。すなわち、強制的に金貸業者の貸金を天引削減し、金を出してその権利を買い取り、そしてその金を、百姓らの返済に便宜な条件で低利で高利貸しに代わって貸しつけてやったのである。この大胆な試みは、他の藩王国および英領インドの問題についても充分考慮の価値あることといわなければならない。これはまた、小さな半自治体な政府が、断行しうる事柄についてとくに注目にあたいする事例である。バーヴナガル藩王国のごとき国こそ、まさに存立の正当性を主張しうるものといいえよう。

バーヴナガルにあたえられた特権は、その他の臨海の藩王国にはあたえられなかった。このためいろいろ気の毒な事情を招来したが、とくに故ナワナガール王ジャムに対しては気の毒に思う次第である。ジャム王は、カッチ島のベジ・バンダルにある自己の港を発展させるために非常な努力を払った。この港は当時使用しうる良港である外に入港税の低廉なためとその他種々の便利な施設のあるために、非常に物資の交易が多く行なわれたのであった。しかるに、数年前にインド政庁が、英領インドの税支払い人を保護するために、この半島の頸部《けいぶ》に関税線（ヴァイラムガム線）を張りめぐらしてしまって以後は寂れてしまった。ジャム王とインド政庁との紛争は、英国大審院の判事に裁定してもらうところまで発展したが、今では採決がくだされている。

ナワナーガル藩王国は典型的なラージプート族の藩王国であるが、ランジート・シング王が統治していた間は幸福な国であった。彼は、不慮の死を遂げたが、その名は、インドにおいてはジャム・サーヒブ（サーヒブは閣下または旦那などにあたる尊称）として、英国人間には、「ランジ」としてよく知られていた。彼は、練達《れんたつ》せる政治家であり、困難なときに面しては、如何ほど英帝国のために尽力してくれたかはかりしれないものがあった。彼は立派な競技者であり、行くとして可《か》ならざるなき運動家であった。そして、一般的傾向としては、彼の人生に対する態度は、本質的には英国人の態度と同様な点が多分にあった。実際、彼をよく知っていた人々は、彼を典型的な英国の田舎の紳士だと評していたくらいである。彼は、スローに美しい別荘をもっていたし、また、アイルランドに鮭釣りの川をもっていた。彼は自分の藩王国内の村人と非常に親密にしていたし、したがってまた施政のことに関しては、巨細《こさい》にわたって熟知していた。およそこれらすべてのことが、腐敗、圧政、無能に対する真の唯一の解毒剤なのである。彼の注意の行き届いた撫育《ぶいく》によって、ジャムナガルは美しい立派な都市になったのである。

カッチ島の各領主間にはブハヤードと称する血縁関係が存するが、この島は天下の大道から離れており、時勢の進歩の主流から遠ざかって惰眠《だみん》の生活を送っている。この島の特異な社会的政治的な制度のために、進歩を促すような刺激が感応《かんのう》できない有様である。それでもなお、より広々した豊富な生活を求めようとする兆候は二三はあるのである。そして、カッチ島は、ジャデジャ・ラージプートと称する大氏族がその指導的地位を保つのに必要なる立場を獲得するために、鉄道と港湾の改良を行なうことが必要であろう。カティアワール地方のラージプート族は、ほとんどこのジャデジャ・ラージプートの氏族に属しているのである。我々は、バローダの東部国境に位する二つの小さなラージプート族の藩王国イダールとラージピプラを挙げなければならない。イダールを支配している家族は、ラートール・ラージプート族であり、これは、ジョードプルの支配者の家系と緊密な関係をもっている。事実、ジョードプルのプラタップ・シング王は、数年間イダール藩王国の統治者であったことがある。現在の支配者はまだ年少である。ラージピプラの支配者は、ゴヘル・ラージプートである。彼は、カーゾン卿の創設した帝国陸海軍士官候補生団の一員であった。彼の生活様式はきわめて当世風であり、ロンドンの社交界で有名である。イダール王国もラージピプラ王国もともにバローダ王国の従属国でバローダに貢物を捧げている。

ほとんどインド全体にわたっているため、ラージプート族の藩王国統治組織は、当然非常な勢力をもっていて、現在もいちじるしく強大であるために、英国の孤立政策もついに放棄せざるを得なくなった。しかしながら、ラージプート族の支配権も、かつてマラータ族から受けた大打撃からは決して回復してはいないのである。ラージプート族とマラータ族との反目状態こそは真にインドの歴史を彩る悲劇の一つである。彼らが結合すれば帝国を構成するの栄誉を担いうべきときに、何故に運命はインドのこの二大種族を互いに喉を扼《やく》さしめているのであろうか。

しかも彼らは、ともにヒンドゥー教徒であり共通の文化をもっているではないか。かかる破局を招来したものはマラータ族の政策であったのか、あるいはまた、アーリアの伝統をもった北部の人々と、今なおその黒色の皮膚をもった祖先が白色人種アーリア族によって圧迫された思い出を潜在意識のうちにたゆたいもつ南部のドラヴィダ族との和解しがたき差異によるものであろうか。あるいはまた、独裁的なラージプート族の武士階級（クシャトリヤ）が、その使役物《しえきぶつ》としてのマラータ族の奴隷（シュードラ）に対して嫌悪背馳《けんおはいち》を感じた故であろうか。今日にいたるもなおこの二つの指導的な氏族の間には結婚も行なわれていないのである。

その仇敵視《きゅうてきし》する原因が何であろうとも、両者の間にできた溝はまだ埋められてはいないのだ。試みに如何なるラージプートの首領にでも問え、マラータ族とラージプート族とは密接な連合国を樹立するか否かを。彼は、たとえその結合によって各藩王国が如何に勢力を強大ならしめることを知っていても、連合の成立を疑うに躊躇《ちゅうちょ》しないであろう。

それならば、ラージプート族自身では連合するであろうか。これもまたはなはだ疑わしいのである。

彼らはいつも、団結が困難なことを知らされたのである。現在は、彼らのうちに、各種の政治団体がある。もし彼らの利益がインド連盟の形成によって適当に保護されるとするならば、彼らの指導者は、もっと緊密な統一を遂げる必要のあることを理解しなければならないと思われる。

Kashmir, the Rajput States of the Himalayas and the Sikh States

第六章 VI

カシミール地方、ヒマラヤ山脈地帯のラージプート族藩王国およびシーク教徒の藩王国について

第六章

カシミール地方
—ヒマラヤ
山脈地帯の
ラージプート族
藩王国、
およびシーク教
徒の藩王国
について

一、カシミールおよびヒマラヤ山脈地帯の諸藩王国

チャンバ

ヒンドゥー数、ラージプート族、大王ラム・シング、一九一九年即位、面積三、二一六方マイル（ヒマラヤ山脈地帯の諸王国は、雪を頂いた二つの山脈および氷河がその領土内を縦貫している）、歳入約六〇、〇〇〇ポンド

カシミール

ヒンドゥー教、ドグラ・ラージプート族、大王ハリ・シング・バハドゥール、一九二五年即位、面積八四、二五八方マイル、人口約、三百七十万人、歳入約二、〇〇〇、〇〇〇ポンド

シルムール

ヒンドゥー教、ラージプート族、大王アマール・パルカッシュ・バハドゥール、一九一一年即位、面積一、一九八方マイル（ヒマラヤ山脈の外側）、人口一四〇、〇〇〇（大部分ヒンドゥー人）、歳入五〇、〇〇〇ポンド

（註）バハドゥールとは、インドにおいて欧州人士官らにもちいる尊称、一般に大士と訳すもの多し。

二、シーク教徒の藩王国

カプータラ

シーク教（アフルワリア）、王ジャガトジット・シング、一八七七年即位、面積六三〇方マイル、人口二八四、〇〇〇

ナブハ

ジャート・シーク教、大王プラタップ・シング、一九二八年即位、面積九二八方マイル、人口二六三、〇〇〇（大部分ヒンドゥー）、歳入約二〇〇、〇〇〇ポンド

パティヤーラー

ジャート・シーク教、大王プピンダール・シング、一九〇九年即位、面積五、九三二方マイル、人口一、五〇〇、〇〇〇、五五％ヒンドゥー、二二％シーク、二〇％回教徒、歳入一、二五〇、〇〇〇ポンド

その周囲をそびえ立つ山々に囲まれたカシミール峡谷は、世界有数の美しい土地である。標高五千フィートのところでは、一年中気候は快適である。温帯地方に成育するおよそ一切のもの　―もも、つばいもも、ぶどう、梨、りんご、西洋すもも、いちご、その他一切の植物　―が豊富にある。春の田舎は、一面にあやめが咲いて毛氈《もうせん》を敷いたようである。夏秋の候を通じて、百花繚乱の美を競うている。六月に咲くダール湖上の蓮の花は筆紙《ひっし》につくしがたい美しさである。湖そのもの美しい上に、その岸辺につくられた蒙古風の庭園は、さらにその麗しさを増している。秋の夕陽がその湖面に映ゆる輝きは、ひとしお、人を感動させる風情がある。スリナガルから二十六マイル離れて、ガルマルグがある。そこには見渡す限り一面の緑の牧場で、松や杉の間に種々の花が咲き乱れている。海抜九千フィートのところにいたれば、夏の避暑地として好適である。分水嶺に立って、遥かに谷を俯瞰《ふかん》し、さらに八十マイルをへだてたナンガ・パルバットの高峰に連なるを見れば、その壮観はいわんかたもない。インド在住の英人が、このカシミールの峡谷を愛するまたうべなりといえよう。

しかしながら、カシミール峡谷地方は、面積八〇、〇〇〇方マイルにおよぶ大藩王国の一小部分にすぎないのである。この地は、数個の地方にわかれている。すなわち、チベット国境方面にあるジャンム、キストワール、およびラダックが一地方を形成し、住民の多くは仏教徒である。他方、外部国境地域には、ギルギット、バルチスタン、および半独立の封国フンザ＝ナガール、ダルジスタン、およびチラスのごとき地方があり、アフガン国境に面している。この地方は、大山脈が連亘《れんこう》して一つの迷宮をなしている。

遠隔な僻陬《へきすう》の地域は人口はごく少数で、住民の大部分は、カシミール、およびジャンム地方に集中し、それぞれ、二、五〇〇、〇〇〇人および一、五〇〇、〇〇〇人の人口を擁している。人口の八％が回教徒である。

ジャンム地方は、ほとんど全部山岳地帯である。山麓の小丘から一連の山脈が隆起して、大高峰ピール・パンジャールに連なっている。このピール・パンジャールの高峰によって、ジャンムとカシミールの両地方とがわかたれている。この地方には約五十万人以上のヒンドゥー教徒が住んでいる。このヒンドゥー教徒中には、ラージプート族もふくまれている。またこのジャンム地方には約五万人のシーク教徒が住み、その他は回教徒である。

ジャンムに居住する人々は、その起源はともかくとして、一般にドグラス人として知られている。ジャンム居住民の大部分は、戦闘的な性質をもっている。それは、この地方に住する限り、ラージプート族たるとシーク教徒たると、はたまた回教徒たるとを問わず、一様に好戦的である。しかるに、北部山脈地帯の彼方なるカシミール峡谷地方においては、その居住民は、厭戦《えんせん》的である程度までだるくかつ臆病である。数千年にわたる暴虐と圧迫とを受けて彼らはその雄渾《ゆうこん》なる精力を奪い取られてしまったのであろう。彼らが「回教の名誉」を説教されたからといって自尊心を獲得することはできなかった。多分、時にふれて人々の口にするように、彼らはその心中では今なおヒンドゥー教徒であるというのが真実であろう。

その全歴史を通じて、カシミール地方は、インドに興亡を繰り返した幾多の帝国の属領であった。北部地方に強力な支配者が出現しなかった場合にのみ、カシミールは、属領たる地位を離れ、山の塁壁《るいへき》を超え、独自の存立と成生とを遂げることができたのであった。十四世紀のはじめ頃からして、カシミール人は、回教徒によって鉄の足かせでつながれるようになってしまった。その結果、多数人民の改宗がまもなく行なわれた。一五八八年に、ムガル帝国のアクバル大帝がこの峡谷地方を征服し、スリナガルをもって夏の避暑地と定めた。約百五十年をへて後に、カブール王ドゥラニーがこの峡谷地方を攻略し、残酷な独裁専制政治をほしいままにし、この地に幾多流血の悲惨事を行なった。これは一八一九年まで続いたが、この年にいたってシーク教徒たるランジート・シング王がアフガン人らを国外に駆逐した。このシーク教徒にとっては、ヒンドゥー教徒の生命のごときは蚊ほどの重要さをももっていなかった。また回教徒の立場からも同様に、シーク教徒の支配は不快なものであった。例えば、回教徒一人を惨殺したシーク教徒に対する刑罰は、わずかに二十ルピーにすぎなかった。

現在カシミール地方を支配している閥族《ばつぞく》は、もとはラージプート族の出身であるが、一八二〇年にランジート・シングがこの地方を併合してしまわぬ以前には、約百年間にわたってジャンム王国を支配していたのである。しかし、ランジート・シングは、併合後も、旧支配族閥の族長グラブ・シングすなわち現在の支配者の祖先に対して、ジャンム地方の藩王たることを許した。このグラブ・シングは、次の二十年間において、彼と同様ラージプート族出身である隣接の山地一帯の族長らを、その支配下におくようになった。

一八四六年、英国は被征服者たるシーク教徒に対して和平条件を指示し、百万スターリングの賠償金を要求したが、百万スターリングの支払いの代償として、シーク教徒は、カシミール地方の割譲に同意したのである。

しかしながら、彼らはその上になお国境地方に関して契約を結ぶことを拒否した。――つまりパンジャーブ地方をさらに契約のなかに付加しようとする考は毛頭《もうとう》もっていなかったのである。―― ただ、カシミール地方は、彼らの基地からは遥かに遠隔のところにあったため、割譲に同意したまでである。したがって、グラブ・シングが、カシミール地方をシーク教徒の封土としてグラブ・シングに譲渡してくれるならば、その代わり賠償金を支払うと申し出たときに、彼らシーク教徒は、喜んで承諾したのであった。シーク教徒は、普通の従属的同盟の条件で、カシミール地方をグラブ・シングに委譲した。もし三年後、パンジャーブ地方が併合されたときにこの問題が起こったのだとしたならばこの取り決めもまったく違ったものになっていたであろう。もしカシミール地方が、一般に欧州諸国に開放されていたならば、この地は欧州人が植民したかもしれぬところであった。

グラブ・シングは、兵を進めてこの峡谷地帯を併合しまたその外側の諸地方を掌中に収めた。彼の軍隊は、ドグラ・ラージプート族、シーク教徒、および回教徒から構成されていたため、この目的にはうってつけの軍隊であった。「カシミール人の宗教、哲学、法律学者」の寡頭《かとう》政治によって今やこの峡谷地方が統治されることになった。かくて、少数のラージプート族および僧侶階級が大多数の回教徒を支配するという事態が発生したのだが、カシミール地方のこの少数独裁政治は、二つの対立する大きな団体がある点で、ちょうどハイデラバードにおける状態と同様である。だがこの「ヒンドゥー教徒の哲学、宗教、法律学者」の連中の施政によって、ラージプート族の統治は、人望を失うにいたったのである。

統治方法の誤りによって、まもなく困難なことが起こってきた。一八七一年に恐るべき大飢饉があり、人口の五分の三が死滅したのである。この死亡率の異常に多かった主たる原因は、「哲学、宗教、および法律学者」らの少数独裁制度にあるのである。すなわち、これらの寡頭《かとう》政治の歳入制度の悪いために、百姓たちに穀物の貯蓄を残しておいてやらなかったのである。そのうち一八七八―八一年に、アフガン戦争があり、またパミール方面でロシアの活動が活発化した結果、それらの地域や独立のアフガン部隊の住む地方に近接したカシミールの国境地帯は、がぜん、新たに重要性をおびてきたのである。ギルギット北方のフンザ＝ナガールとの間に紛争が起こった。その結果ついに、故プラタップ・シング王（ジョードプルの同名のラージプート貴族とは別人である）の一八八五年の王位継承後、英国政府は、紛争に介入するの必要を感じたのである。

このプラタップ・シング王は、彼の臣下たる「宗教、哲学、法律学者」連の陰謀の犠牲だったことは、明らかである。彼ら「宗教、哲学、法律学者」と称する王の臣下どもの目的というのは、王の弟の肩をもって大王を追い出そうというのであった。彼らは、王がロシアと密通して大逆罪を犯していることを暗示するような手紙を贋造《がんぞう》するほど悪辣《あくらつ》にふる舞った。しかしながら、インド政庁は、この手紙をさほど重要視はしなかった。とはいえ、大王の施政はすこぶる無能ぶりを発揮していたし、「宗教、哲学および法律学者」どもの影響ははなはだ有害なものであり、その上、国境防備の問題は大いに緊急を要するものであったために、事態をそのまま放任しておくわけにはいかなかったのである。大王は実際上は免職された。そして行政権は、英人の忠告者の援助によって大王の兄弟たるアマール・シングとラム・シングとの相談で決定する最高会議の手に移ったのである。この最高会議の全制度は、英国駐剳官《ちゅうさつかん》の監督の下におかれることになっている。そして大王は、この最高会議の名のみの議長たるに過ぎなかった。一人の英人官吏(ウォーター・ローレンス卿)が、この峡谷地方の土地計画を樹立した。それによって、カシミールの百姓らに対して自由を許可する法文が制定された。チラス、ギルギット、フンザ＝ナガールらの国境地方は、英国官吏の監督下におかれることになった。カシミールの軍隊は、英国士官によって再組織され、国境の前哨地点防衛の責任を負うことになった。

プラタップ・シングは一九二五年に逝去《せいきょ》された。あまりにも迷信深く、また「宗教、哲学、法律学者」連に左右され過ぎた嫌いはあったが、彼は幾多の点で人を魅了する性格の持ち主であった。彼は「パンディット」すなわち「宗教、哲学、法律学者」連に支配権をあたえたというものの、彼自身のもつ同情心や親切心によって、この制度の生硬《せいこう》さをやわらげることは大なるものがあった。彼の大望というのは、彼の美しい国土を外界から遮断し、そっとしておくことであった。したがって彼は、ジェーラム峡谷地帯に鉄道を敷設するのを許可しなかった。だからといって誰が彼を非難することができようか。彼はクリケットに対してははなはだ熱心であった。それで、クリケットをやる人々には惜し気もなくぜいたくな歓待の限りをつくした。老年に入ってからも、自分自身で、すらりと垂れた外衣《がいい》をまとい、黄金の刺繍をしたスリッパを履いてクリケットに打ち興ずることがあった。彼の誕生日を祝うためのクリケットの試合では、彼の年の数だけ彼は走ってもよいということに秘密な申し合わせができていた。つまり、彼があまりに早く好打球の場所を失わぬようにするため、ゲームの規則を歪げてやったのであった。だが、彼自身は、一向その欺瞞《ぎまん》には気がつかないでいた。

故大王は、パンディットの総理大臣に勧められて、カシミールの領土たるパンチの王の息子を後嗣《こうし》として養子にすることにした。この総理大臣の目的は、真の後継者たるハリ・シング（大王の甥にあたり、アマル・シングの息子である）を統治者の椅子から追い出そうとするにあった。この陰謀に便宜をあたえたのは、いろいろの僧侶《ブラーミン》どもであった。彼らは、この年老いた王に向かって、もし息子がなければ死んでから地獄へ落ちるのだと説き伏せたのである。宗教的な考えかたからすると、養子というのは自分の実子の地位にとって代わるものである。

しかしながら、英国政府は、宗教上の目的以外には、この養子相続を認めないという態度をとった。こうして、この陰謀は敗れたのである。その理由とするところは、一八四六年の条約は、グラブ・シングと締結したものであるが、この条約によれば、王位の継承は、グラブ・シングの子孫たる男系相続人によってなさるべきだ、というのであり、ハリ・シングがこの条件を充たすものであった。

だからして、ベンガルの反乱（一八五七—五八年）後に結ばれた、養子の王位継承が認められるだろうとの約束をあえて守らなかったことは、明らかに正常な理由をもっていたのである。新支配者は、王位に上る前に約数年間、藩王国の行政参事官として勤務した。彼は練達したポロの選手であるが、いまだ王座につかないときに、夏になるとスリナガルやガルマルグに英国のポロ選手を招請するため大いに力をつくした。彼は、ガルマルグ会を大いに優待した。彼の叔父と同様に、彼もまたこの峡谷地方をヨーロッパおよびインドの企業のために自由に開放することは望まぬようである。しかし、彼は近代的な考えかたを受け容れようとする気持ちはあり、また経済的な開発を促進しようとする意志は充分にあるのである。これは要するに、彼の側近にある助言者が急速に経済的発展を許すと、あまりにヨーロッパの勢力が強大になるおそれがあり、とくに、ヨーロッパ人に対する裁判権が英国駐劄官《ちゅうさつかん》（レシデンシー）の掌中《しょうちゅう》にゆだねられる場合はなおさらそうなるだろうといって危惧の念を抱いているためだと思われる。パンディットによる寡頭《かとう》政治は今日もなお強大であって、時折《ときおり》人の噂に上る大王に対する非難によると、王はあまりに憲法を堅く守り過ぎて、王自身でお取り上げになるべきいろいろの問題をまで一切国務大臣に任せきりにしていられるというのである。王自身は善政を布く考えでいられると一般には信じられている。英国の駐劄官の支配しているときに多くの欧州人訪問客がインドを訪れたが、彼らはすべて、駐劄官の裁判権の下に服す、という事実をあまりに強調しすぎた。そのため幾多の権利の侵害行為もあったので、王は時にふれて英国の駐剳官《ちゅうさつかん》の権力が少し強過ぎるともらされるということを王の友人が話したことがある。大体《だいたい》王と駐剳官との友好的な関係というものは、カシミール地方の歴史的な地位と調和を保って取り運ばれるべきであるが、その限りにおいては、インド政庁は、王と駐剳官との友好関係をさまたげるものを一切取り除こうとしてあまりに気を使いすぎているのだ、と一般に信じられている。

ハリ・シングは、藩王会議においては抜群の人物であり円卓会議においてはいつも指導的な地位に立っていた。カシミール地方は特別な重要性をもったところであり、また王自身の人格を思い合わせてみると、彼こそは将来のインドに大きな影響をあたえる藩王の一人だということが予想できる。

最近にいたって、澎湃《ほうはい》たる不平不満の波が、この藩王国内にみなぎっている。この紛乱《ふんらん》の原因は、一部は大王が種々の新規な変革を行なったことにあるのだ説く人もある。とくにパルダ（婦人の居室に下ろして男子の出入をこばむ）の禁則をゆるめたのが原因だという人もある。しかし、おもうにこの国内擾乱の主なる原因というのは、パンディット行政の不人気、インド諸政党間の闘争、およびとくにカシミール地方におけるヒンドゥー教徒と回教徒間の不穏なる緊張状態等である。またボルシェヴィストの影響もあると思われるふしもある。そしてまた、ハリ・シングが、回教徒を官吏に任命して、回教徒にいろいろの好機をあたえようとしたのだと一般に信じられているため、事態はますます不幸な様相を呈《てい》しているのである。ヒンドゥーおよび回教の両団体が、スリナガルおよびジャンム地方において激烈な対立抗争を起こしたが、多くの場合、ヒンドゥー教徒のほうが大打撃をこうむった。ヒンドゥー教徒の家屋や村落は破壊され、彼らは幾千人の群をなして、パンジャーブ地方に逃げ込んだ。これらの事態は、回教側が外部から煽動したのによることはほとんど疑う余地がない。いわゆる、ジャタスとして知られている回教徒の大集団が、彼らと信仰を同じくする人々の仲間に参加しようとして、国境の強行突破を試みた。ついに、暴動鎮圧のために、英国軍隊の出動が求められた。

パンディットの総理大臣は免官《めんかん》され、行政省の一官吏がこれにとって代わった。また、同じ行政省の官吏の統轄している委員会が王の命令を受けて、回教徒の不詳事件を調査することになり、回教徒らを免職することを暗示した。この委員会は調査の結果を報告した。そして、この不祥事件中のごく些細な部分は解決された。解決に際して、カシミール政府は、回教徒に対して、適当な行政上の地位をあたえることを保証した。そこで、モーレイ＝ミント案にかたどった立法議会を樹立し、それによって民衆を政治に参与させようとすることに決められた。換言すれば、法律を通過させ、予算を討議し、質疑を発し、かくて結論に到達しうるような非官僚的な大衆の参与する会議があってしかるべきだというのであった。

大体この紛争の根本的な原因は、従来圧迫されていたカシミール地方の回教徒の心中に、自尊心が目覚めてきた点にあるのである。この自尊心覚醒の主なる理由は、外部からの刺激によるものであるが、回教徒の有力な居住地域たるパンジャーブ地方において、回教徒自らが、その政治的運命を支配している情勢を見れば、ますます自己尊敬の感情が強烈になっていくのは、当然のことであろう。パンジャーブ地方および国境地帯に回教徒の戦闘的分子がいる場合、不平不満をもってわき立っている回教徒が住んでいるカシミール地方は当然危険な場所となったであろう。その上に、外国と戦ってやろうという好戦的な感情もあったことは疑う余地がない。これは、回教徒とヒンドゥー教徒との抗争緊張の関係が発展してきた当然の結果である。将来の平和が果たして望み得られるか否かは一つにヒンドゥー教徒の支配を、多数の回教徒が承認しうるか否かにかかっているのである。このことは、パンディット・ラージプート族（ヒンドゥー教徒）シーク教徒および回教徒の異種族の集団している社会にとっては、誠に困難な問題である。この問題の解決は、英国政府の精神的援助を得て、冷静にして勇気ある政治道を逸脱せぬように行なわれなければならない。回教徒の政治家たるとヒンドゥー教徒の政治家たるとを問わず、これらの政治家の外部からの干渉を受けずに、カシミール地方が自分自身の問題を解決してくれることが望ましいのである。

カシミール地方は、インド藩王国中にあっては、ハイデラバード藩王国に次いでもっとも重要な王国である。その理由は、主としてこの国が国境地帯に位し、したがってその結果軍事上の重要な責任を負っている点にある。この国の正規軍は、英国式の訓練を受けているが、グワリオールの正規軍より多少人数が多く、歩兵装具をもった砲兵が三箇中隊と、優秀な装備をもった歩兵が七箇大隊ある。インドには、英人の移植開拓しうる場所はごく少数しかないが、この地方は多少大規模に移民しうる土地の一つである。しかし、この国の孤立政策によって、英国人の移民は禁止されている。英国の駐剳官がどんどん入り込んでくれば、英国の利害関係も増大して、英国の絶大な権力によっていろいろの干渉がなされる機会が多くなるのではないか、ということをインド藩王国政府が、危惧《きぐ》の念をもって見たことは無理からぬことであろう。しかしながら、時移り星《ほし》変わって、政策も変化してきた。今日では、そうした恐怖はほとんど何の根底もないものである。事実について見れば、双方の側で好意と同情とをもってすれば、強力な英国の力が入ってくることは、カシミール地方の特殊な事情においては、かえって行政上の力を強める源泉となると思われる。英国勢力の浸透は、ヒンドゥー教と回教との二大団体の間に勢力の均衡を保たせるに役立ったと考えられる。そして、楽しい峡谷の間を曲りくねって緩漫《かんまん》に流れている川のなかで、十ポンドもある褐色の鱒《ます》がとれ、また牡鹿や熊の狩猟ができたり、シギや野鴨、ガチョウなどがたくさん獲れる間は、英国人の植民してきた人間たちは、別に政党や政治向のことに興味を感ずることはないであろう。彼ら植民者の望むのは、ただ政局が安定していればよいということだけであろう。

連邦にとって相当重要なのは、カシミール地方が保税倉庫にある海運貨物を輸入するに際してあたえられている特権である。この特権は、カシミール地方が、中央アジアとカシミールとの国境を通っての自由交易を許すことに同意した代償として、あたえられたものである。だが、今日では、国境通過の貿易は年に約十五万ポンドにすぎない。これに反して、カシミール地方のインド関税歳入は、二百万ポンドを超えているのである。

一群の小さなラージプート藩王国が、カシミール地方からほとんどネパール王国にいたるまで、また西はチャンバより東はテーリ・ガールワルにいたる間にずっと点在している。そのなかの多くは、ヒマラヤ山辺の絵のように美しい山岳地方にある。丘陵の側面は一帯に素晴らしい森におおわれている。その丘の側面は台地にして農作物をつくるようにはなっていない。この山の要塞によって、多くのラージプート族の族長らは、殺到し来る回教徒侵略軍の難を避けたものである。これらの族長はおおむねムガル帝国に貢納した。後にいたってはランジート・シング（すなわちシーク教徒）やあるいはまたネパールのグルカ族に貢物を献《けん》じたのである。これらの僻遠《へきえん》の地にある小さなラージプート族の藩王国は、実際何百年もの間外部から孤立したままであったため、古代のヒンドゥー文化を多分に保持していたのである。とくに、丘陵地帯の族長の収集庫には、ラージプート派の繊画の代表的なものが発見されるのである。

一八四八年、英国当局は、チャンバ、マンジーおよびサケトを保護領とするにおよんで、寡婦殉死《かふ》（インドで寡婦が夫の死体とともに焚死《ふんし》することをいう）の風習、奴隷売買およびらい病患者を焼く風習を禁止した。

シーク教徒の藩王はロマンチックな歴史をもっている。パンジャーブ地方の粗暴な百姓部落民から食糧品の補給を受けていたのだが、彼らは一国民をなすというよりは、むしろ宗教上の兄弟であったというべきであろう。このシーク教という新しい信条は、十五世紀のなかば頃に、宗教教師ナナクという一人の宗教的な神通力をもった人間の説いたものであった。彼の目的は、回教とヒンドゥー教の総合統一を行ない、カースト制度を打破し、対立している両宗教を結合し、もって総合的な神に仕えようとするにあった。彼には使徒として九人のグル、すなわち宗教上の指導者が後継者としてしたがった。アクバル大帝は、シーク教の教義に感じて、第四人目のグルに、アムリトサルに黄金寺を建立する敷地をあたえた。第六番目の宗教教師《グル》は、次第に増大してきたシーク教を回教徒の迫害から救う唯一の手段として、教徒を勇猛な軍隊組織につくり上げたが、これは一般にカールサ(純粋なるものの意)として知られているものである。

アウラングゼーブ皇帝は、第九番目のグルであるテフ・バハドゥール(Bahadur は閣下の意)をして、強制的に回教に帰依させようと努めたが、その拒絶に会うや彼を処刑に処した。デリーの牢獄につながれているとき、グルは皇帝から、王室の婦人の居室をみつめていたといってとがめられた。しかしこの非難に対して、彼は「我が見つめていたのは王宮ではなく海の方角であった。しかもそこでは、ヨーロッパ人が海を渡りインドの海岸にやってきて、インド帝国の扉にたれた入禁の帳を裂き破り、ムガル帝国を壊滅させせようとしているのだ。我がまなざしは海に注がれていた」のだという返答をもって報いた。

シーク教徒は、この予言を固く信じた。そのため、かのベンガルの大反乱にあたりデリー攻撃に際して英国人と戦うときに、彼らはこれを戦の喊声《かんせい》としてもちいたほどであった。

第十人目の宗教教師ゴーヴィンド・シングは、一七〇八年にニザーム領ナンダーで虐殺された。ナンダーには今なお彼の追憶のために建てられた社がある。彼は二つの聖式を制度化することによってシーク教徒を結合したが、その一はパフールといいすなわち洗礼であり、他の一つの儀式というのは、カースト(階姓制度)を打破する目的をもった聖餐式《せいさんしき》である。グラントすなわちシーク教の聖典は、これらのグルすなわちシーク教伝道教師の説を受け継いだものだと見なされている。

ムガル帝国の組織が麻痺状態におちいりはじめるや、それはシーク教進出の好機となった。またさらにシーク教徒に有利だったのは、サトレジとインダスの両河の中間地方においては、バラモンのヒンドゥー教の勢力が微弱《びじゃく》だったことである。元来この地方は、正統派の僧侶（バラモン）には罪ある土地であると考えられていたために、新しい宗教すなわちシーク教は、この地方のヒンドゥー人種の百姓らには受け入れられやすかったのである。十八世紀の中葉までには、シーク教徒は Misls すなわち徒党的な同盟をつくり、それによって実際上、ムガル帝国政府、なお後年にいたってアフマド・シャー・ドゥラニーの侵入後はアフガン政府と並行した、一つの政府をつくり上げるにいたったのである。

シーク教徒が、ランジート・シングの指導下に、究極的には如何にしてパンジャーブ地方やカシミール地方を併呑《へいどん》してしまったのであるかはインドの一般的な歴史に属する問題である。我々は、ここではただシーク教政治の今日まで残存せるものだけを問題にするわけである。これらの国々のなかには、プールキアン藩王国、パティヤーラー、ジンドおよびナブハ等の外にカプータラおよびファリドコット等の諸国がある。このなかことに重要なのはパティヤーラーである。

プールキアン藩王国を支配している家族の源をたずねれば、ラージプタナ地方のジャイサルメール藩王国の創建者でバッティ・ラージプート族の族長たりしジャイサルをもってその祖先としている。パティヤーラーの大王が、自分はラージプート族の後裔であると主張しているが、大体においてそうであると認められている。この藩王国の最初の独立統治者はアラー・シングであった。彼は、一七六一年のパニーパットの戦の後で、アフマド・シャー・ドゥラニー王によって新たに王となされたのである。彼の直系先祖は数代の間、ムガル帝国のシルヒンドの知事らの下で知事代理を勤めていたのであった。これらの祖先は、こうした方法で大きな地方的勢力を獲得したのである。

プールキアンの家系は、十八世紀後半の無政府状態の時代をよく切り抜けて家系を維持することができたが、十九世紀のはじめに、ランジート・シングの併呑《へいどん》に脅えなければならなくなった。そこで、彼らはついに、英国の保護を求めるにいたったのである。それによって、シーク教徒の支配者と英国との間に条約が締結される段取りとなったが、この条約において、シーク教徒の支配者らは、サトレジよりこちらにあるシーク教徒の諸藩王国の領土を侵さぬことを誓約《せいやく》した。その結果、サトレジの西側にあるカプータラ藩王国をのぞいて、パティヤーラーおよび上記の諸藩王国は、英国の保護国となるにいたった。

パティヤーラーは、ベンガルの大反乱事件のときには、英国にとって強力な城塞となってくれたのである。すなわち当時の大王は、東部パンジャーブ地方のシーク教徒の首長であると認められていたため、彼の態度がシーク教徒の考えを英国に有利に導くのに大いに役立ってくれたのである。

行政方法は、立憲的な線に沿って発展したのではないが、自由主義的な性質をもっている。すなわち行政権は、五人の委員よりなる行政参議院の手中にあるが、この参議のなかには総理大臣も入っている。現在総理大臣は、回教徒たるリアクァート・ハヤート閣下であるが、彼は円卓会議においてパティヤーラー政府の代表であった。曩《のう》のインド会計検査院長たるフレデリック・ガウントレット閣下は現在大蔵大臣であるが、同じく参議院のメンバーである。

パティヤーラー藩王国の面積は、六千方マイル、人口は百五十万人以上、歳入は百万スターリングを超えている。この面積の大部分は、大パンジャーブ運河の一つによって灌漑の便を得ている。

パンジャーブ地方に居住するシーク教徒の総数は、四百万人以上に上っている。そのなか、パティヤーラー王国に百万人以上が居住しているわけである。一九二一年から一九三一年までの間にシーク教徒の人口は三十一％の増加を示した。この主たる原因は、数年前に起こったアーカリ教徒の煽動に引き続いて行なわれた改宗者の増加に求められる。アーカリ教徒とは、シーク教徒の一派であるが、きわめて狂信的な宗派である。アーカリ（Akali）という語は不滅という意味をもっている。彼らは、何ら合法的な手続きをとらずに、二三の重要なシーク教の社を占有しようと主張して、ついにパンジャーブ政府と抗争するにいたったものであった。この暴動は、インド全般にわたっての過激主義者の煽動《せんどう》と密接な関係をもっていた。パティヤーラー政府は、この紛争期間を通じて厳正《げんせい》中立の立場を維持していた。その結果、その国境外にいる同宗のシーク教徒に対する大王の勢威はやや凋落《ちょうらく》したようである。その上、金で動く腐敗した新聞紙が宣伝した秕政《ひせい》の流言もまた国王の勢力衰退に一役買っていたと思われる。しかしながら、後にいたって、とくに大王の要求によって実情取り調べを委任された一高官によって、この噂は何ら根拠のないものであると発表された。

数年前にナブハ藩王国の大王が、その有力な隣国すなわちパティヤーラー藩王国と不和を生じた結果、新聞紙上でパティヤーラー藩王国の大王に対して激烈な戦を挑んだ。パティヤーラー政府はちょうどそのときにあたって、パティヤーラー藩王国の内部においてナブハの大王の派遣した連中が、国内の治安妨害運動をあおって困ると、不満の意を表明した。両国間の醜悪《しゅうあく》な抗争がこのように発展してしまったので、やむなく、英国政府は干渉の挙に出でざるを得なくなり、その結果、ナブハ王は退位させられた。

パティヤーラー藩王国の大王は、人を感動させる強い個性をもった素晴らしい人物である。彼は客に対しては愉快な亭主役であり、また座談の巧者《こうしゃ》であり、諧謔《かいぎゃく》についても鋭敏な感覚をもっている。彼がその仲間の諸藩王について物《もの》した小品文は、聡明《そうめい》にして機智に富んだものであった。彼の犬小屋は不思議な小屋である。彼は九十五匹の犬をもっているが、大部分は銃猟用の犬で選手権をもっている。犬小屋の四方は不思議なつくりになっていて、一つの斑点もなく清潔であり、壁はタイル張りで電灯がついている。三人の英国人がその養育係になっている。犬の病院には三人の番人がついていて、一つの立派な手術室がある。その手術室にくらべれば、インドにある二三の陸軍病院の有様などは誠に恥ずかしくて話にならぬほどである。犬のなかには三百ポンド以上の値段のものが数匹いる。そのうちの一匹は、ある英国人から二〇〇ポンドで買い上げたものであるが、その英人が犬を手放すにあたって、別れの悲しさに涙を流したというのに同情して、大王はさらに余分に五〇ポンドあたえたということである。

大王は、我々に一つの真珠の首飾りを見せて、これは百万スターリング以上の価値があるといった。これだから、ソビエトがインドを掠奪しようと思うのもあたり前だとは王の言であった。大王は、すでに、ソビエトでは、戦争計画を樹立してしまったと考えているように見受けられた。彼の今一つの趣味はクリケットで、インドにおける斯界《しかい》の進歩のためには大いに貢献するところがあった。我々のインド訪問旅行中に、英国においてインド代表に選出されたチームとパティヤーラー・チームとの間に練習試合が行なわれていた。

大王は、諸藩王らの一般政策および連邦に対する態度の審議会において重要な役割を演じた。一時は、大王はインド連邦への予備的段階として、諸藩王の連盟をつくる原則に賛成しているようであったが、現在はその意見に修正を加えていると信じられている。

シーク教徒の大藩王国の統領《とうりょう》として政治的経験も多く、また非常に有能な人間であるからして、将来彼はパンジャーブ地方のシーク教の社会の上に、とくに彼が自国国民の支持を得たる場合は、さらに大きな勢力をふるうにいたるであろうと思われる。

パティヤーラー藩王国と比較すれば小国ではあるが、カプータラ藩王国の大王もまたシーク教徒として有名な人である。彼は毎年ヨーロッパを訪問するのが例になっていて、ロンドン、その他大陸の首都でよく名を知られている。彼はパリ人と同様にフランス語を話す。彼は一度身分違いで相続権のない結婚を一人のスペイン女性としたことがあった。彼の息子五人はすべて英国で教育を受けている。その息子のうちの一人アマルジット・シング大尉は、最近フランスの Gouraud 大将のインド案内役をインド政府から命ぜられたが、この大任を彼は上手に手際よく果たした。

シーク教徒のもつ軍事的な伝統と、インド軍隊のなかに強いシーク教徒的な分子が入り込むことによって、このシーク教徒の団体は政治問題については、その数に比して遥かに重要な比重をもっている。今までは、その精神的な故郷は、ラホール市であった。アムリトサルはその衛星都市の役目を演じている。もし、パンジャーブ地方が、インド連邦中において有力なる回教徒地方として取り扱われることになれば、多分シーク教徒はこれに対抗してパティヤーラーをその国民的中心地として考えるようになりそうだ。とくに、シーク教徒の支配者が、善政を布きかつその家臣らの忠誠の情を惹きつけておくことが、信仰の上に大切なことだと考える場合は、なおさら、その中心地をパティヤーラーに求めるであろう。これは、将来当然起こるべきことであろうと思われる。

VII 第七章

マイソールおよびトラヴァンコール藩王国

Mysore and Travancore

第七章

マイソール
および
トラヴァンコール

マイソール

ヒンドゥー教徒、クシャトリヤ族、ワジャール王朝、大王クリシュナラージャ・ワジャール、一九〇二年即位、面積二九、四六四方マイル、人口約六、〇〇〇、〇〇〇、大部分ヒンドゥー、三四〇、〇〇〇回教徒、歳入約三、〇〇〇、〇〇〇ポンド

トラヴァンコール

ヒンドゥー教徒、ナヤール族、大王ラージャ・ラマ・ラージャ・ヴァルマ、一九二四年即位、面積七、六二六方マイル、人口五、〇〇〇、〇〇〇、六六％ヒンドゥー、二五％キリスト教徒、約七％回教徒、歳入一、七五〇、〇〇〇ポンド

コーチン

ヒンドゥー教徒、ナヤール族、大王ラマ・ヴァルマ、一九一四年即位、面積一、四一七方マイル、人口約一、二〇五、〇〇〇、六六％ヒンドゥー教徒、二七％キリスト教徒、七％回教徒、歳入約六〇〇、〇〇〇ポンド

マイソール藩王国の支配家族の起源は、伝説の霧のなかに包まれている。伝説によれば、十四世紀のはじめ頃、当時の小侯国マイソールの酋長（封建的族長）は、精神錯乱の発作を起こして、その妻や年若い娘を守る人もなしに後に残し森のなかにさまよい出てしまった。マイソール部族の積年の敵であった隣国の酋長は、好機いたれりとしてその娘に結婚を申し込み、もし彼の要求が容れられなければマイソールに侵入し、力づくで彼女を奪いとるばかりだと威嚇《いかく》した。この強要は、母にも娘にも、憎んであまりあるいやらしいことではあったが、抵抗する望みとてはなかった。ちょうどこの危機に際して、ふたりの若いラージプート人が冒険を求めて、少数の従者をともないこの舞台に現れた。彼らは、カティアワール地方のドワルカ港を出て、マラバールの海岸まで舟跡《ふなあと》をたどってきたのであった。この乙女の苦難の話を聞いて、彼らはただちに彼女の選ばれたる騎士となることを宣言し、この藩王国の軍勢を集めて、平和の擾乱者《じょうらんしゃ》に向かって進撃し、彼を殺し、彼の領土をも併合した。兄のほうはマイソールの娘と結婚し、人民によってその支配者となるように選ばれ、かくて新しい王朝を樹立したのであった。

この家系に関するロマンスが、真の史実を伝えているものではないという取り扱いを受けるべき理由は一つもないわけである。当時のラージプート人は、回教徒侵略者の手の届かぬ場所に新しい故里を求めていたのである。そしてラージプートの氏族の若者らが、南部地方で新生活を開拓しようと試みたことは誠にもっともなことであろう。だからこの伝説は一般に承けいれられているのである。

この国土は非常に魅惑的なところであり、かの食蓮人（蓮の実を食べてすべての憂さを忘れ安逸《あんいつ》に世を送ったという人々）が陶酔にふけった土地である。この地方の主な特色をなしているのは、海抜平均二千フィートの台地が連なっていることである。気候は夏はうっとうしい温かさであるが、冬はいつも晴れて陽光が降りそそぎ、爽快な冷え冷えとした肌触りのよい気候である。西方では高原の側面に、山脈や山脈の扶壁《ふへき》（例えばバーバー・ブータン丘陵）がめぐっている。この山の扶壁の森林地帯にわけ入って英国人植民がコーヒー園をつくっている。南方には、ニルギリの大山塊がそびえ立っている。この辺の風景は、デカンの暗色《あんしょく》円柱状の火成岩が隆起して、多種多様の変化を見せている。険しい岩の切り立ったところもあり、大きな孤立した丘もある。これはその地方ではドルッグといわれているが、大部分はその頂きに古代の城塁《じょうるい》がある。西南部および西部は大森林になっていて野牛や象や虎が出没する。

カーヴェリー河の巨大な流れは、山脈に源を発してこの藩王国を貫流している。この河が高地を去ってマドラス平原に奔落《ほんらく》流下する地点では、その力が人間への奉仕のため利用され、圧縮されて電流を生産し、大都市の電灯をつけたり、また数百マイルをへだてたコーラー地方では地下一マイル以上のところにある石英《せきえい》から金を採掘するために使用されている。

古代の王国の文化の名残りをとどめているのは寺院建築である。いたるところに、各年代の各種各様の型の高貴な建物がある。ヘールビッドおよびベラーにあるヒンドゥー教の聖殿がもっとも有名である。五十フィートの高さをもつジャイナ教の使徒ゴマテーシュワラの巨像は、高い崖の上にある堅い岩のところに彫まれているのだが、スラヴァナ・ベルゴラのほうを向いてその地方を見下しつつそびえ立っている。これは十世紀頃につくられたものである。セリンガパタムにあるティプー・スルタンの首都に残る王宮、庭園、そしてまた破れ果てた銃眼つきの胸壁等はすべてこれかつてありし日の武功の追憶の種ならざるはない。

古典的な建築作成者の時代はすでに過去のものとなっている。だがそれにもかかわらず、近代的なマイソールおよびバンガロールの市々は美しい。とくに設計にシンメトリーの美をもち、庭園の豊富なる点でマイソール市は人を惹きつけている。市の上にチャムンジー丘がそびえているが、これは大王の家族の守護女神を祭ってある聖所である。

バンガロールは、インド人にとってもヨーロッパ人にとっても南部地方では適当な住宅中心地の一つである。その他に行政上の首都であり、英国のインド駐劄官の本部の所在地である。この都市の英人側の居住地は、公式に文武官駐在所と書きしるされているが、英国およびインドの軍隊よりなる大部隊の守備兵がいる。この都市には、多数のヨーロッパ人およびアングロ＝インディアンが居住している。

この大王は六百万の人口とイングランドの三分の二の広さの国土を支配している。王の家臣の大多数は勤勉なヒンドゥー教徒の百姓である。バラモン（僧侶）も相当多い。彼らは一八八一年この藩王国が再びその支配家族の手に帰って以来、藩王国の活動については、重要な役割を演じた。

マイソール藩王国の建国についてはすでに他の場所で述べた。一八三一年に英国が藩王国の行政に立ち入るようになってからの五十年間というものは、たしかにこの国に対しては大きな利益をあたえている。英国の監督行政によって一つの基準が樹立され、新政府はその基準を維持するために自然に道徳的義務を感ずるように仕組まれた。英国との条約中に、英国のインド総督の代理官吏が藩王国内にもち込んで判定した法典の廃止または重大な変更についてはこの藩王国は英国政府と協同すべきことを要求しているが、この規定によってはじめてこの国は立憲制度を樹立することになったのである。しかし、この規定は、大王の政府が進歩的な政策をとっていることを尊重する意味において、最近取り消された点は注意しておくべきであろう。

バラモン階級の行政事務は、英国人の委員会の外見を備えている。行政事務については、英国程度の能率を上げることを理想目標として大いに努めた結果、立派な成績を収めている。これにはまた、相次いで有能なディワンすなわち総理大臣が輩出したことも重要な要素をなしていた。なかんずく、支配者らがその地位を明け渡して以後は、公衆の利害とまったくその利害をともにするにいたったことはこの王国のためによいことであった。

この王家は誰にでも人気がある。大王殿下には、立派な教養ともっともいい意味でのスポーツマンシップとを兼備されている。幼少のみぎり殿下の哺導《ほどう》係を勤めたのは、政治省の上級官吏スチュワート・フレイザー卿であった。若いときには、大王は立派なポロ競技者だったが、今日でもテニス等のラケットをもちいる競技をよくされる。彼が英国皇太子とこのゲームを行なって示した美事《みごと》な腕前によって一層人気が加わった。英国皇太子殿下についていえば、他のインド人で皇太子のお相手をするときは、彼らは皇太子を打ち負かすのは東洋的な礼譲《れいじょう》にかけるところありという態度をとっているように見受けられたのに反し、この藩王国大王との試合では、王の腕前に負けても楽しそうであった。

王は、藩王国内の政務その他の配慮から解放された結果、時々ヒマラヤ山中深く巡礼の旅をされてそこに安置された聖殿に詣でられるのである。このため随員たちは相当の苦労や辛抱をさせられるわけである。しかし、それにもかかわらず、王は一般に生活や政治に関しては、度量の広い考えかたをされていて、彼の家臣全部に対し、もちろん浮浪人に対しても、平等の機会をあたえてやることをその政策の基本原則とされているのである。

次のエピソードは、この藩王国内の下賤な民衆の間にも、如何に大王が、絶大な人気があるかを示すものである。私の妻と私とは仔牛《こうし》にひかせた小型の二輪馬車に大王殿下と同乗で田舎を走っていた。それは私どもを客として大王が虎狩りを催してくださったためであった。我々は小さな村を通り過ぎたが、その村はずれには、熱心な住民らが群がり集まってきていて、我々が近づくと猛烈な拍手をもって迎えてくれた。馬車がゆっくりと彼らの前を通過するときに、主だった人間が進み出て、新鮮な花でつくった花環をかざった大王の肖像を捧げるのであった。彼らは最敬礼をしそして再び群像《ぐんぞう》は激しく拍手するのであった。それから大王は、学校を開設してもらいたいという当村の懇請《こんせい》は、当村の人口が少な過ぎて教育施設をつくるには不足だといって文部省が拒絶したと弁明的な説明を行なった。しかし、王はこの文部省のいい分を聞いて、私費を投じて村民のために学校を建ててやった。こうした親切や同情のあふれたささやかな行為によって、大王は、彼を知るすべての人に敬慕されるのである。

大王は厳格な信徒であって、決してヨーロッパ人と食事をともにしない。彼は今まで一度もヨーロッパに行ったことがない。その主なる理由は、とかく厳格なヒンドゥー教徒が渡航する場合にはとやかくといろいろ面倒なことが多いせいである。これに反して、王の弟にしてかつ世嗣《せいし》たる人は、西洋風の生活をしており、しばしばヨーロッパを訪れている。彼はダンスを好み、ヨーロッパ人との社交に努めている。大王は厳格なヒンドゥー教徒であり、また自身その教義によっておごそかに生活の掟を守って暮らしてはいるが、他人に対しては大いに歓待に努め、そのためには莫大な費用をも惜しまない。例えばオータカリンド地方の丘陵地帯にある王宮でダンスの会を開くこともあり、同じ王宮で自身馬乗りして狩りに出て、狩場の朝食を皆にふる舞うこともある。またマイソールの王宮でテニス会を開いたり、美しい音楽会の夕べを開いたりすることもある。音楽会を開く場合には、インド音楽の一流の代表的音楽家が召しだされているし、宮廷の弦楽バンドが室内楽を演奏し、またオルガンの独奏が行なわれるのが常である。大王は西洋の古典音楽を好み、一時は玄人のヴァイオリン演奏家だったほどである。彼は宮廷内で饗宴を催す場合の手助けにと思って、いつも英人の秘書を一人使っている。

大王は、大の僧侶階級の保護者である。それにもかかわらず、極端な正統信者の教団が主張要求していること、すなわちこの藩王国内でサンスクリット語を学びうるのは僧侶階級に限るなどということは許されなかった。王自身が立派なサンスクリット語の学者である。

最近に逝去《せいきょ》されたドワガー王妃殿下は、現在の大王の母君であるが、マイソール王家の家族中にあってはとくに際立った人である。彼女の子息がいまだ幼かった十二年間というもの、彼女は居室の帳（パルダ）の陰から国政を指図された。彼女はパルダ制度を厳格に守った人で、歯医者でさえもが彼女や彼女の侍女の歯を抜くときは、居室に入れず、帳の裂け目から手を入れて抜歯しなければならなかった。しかしながら、そうした束縛された環境の内にありながら、彼女はなお絶大な権力をふるい、まったく精神力一つでその家族を支配したのであった。藩政の大事について支配者たる大王が決断をくだす前には必ずあらかじめ彼女と審議相談をしたものである。そしてこの母と子との間の深い永続する親愛の情こそは、王宮内の家族生活を、見るも美しいものにしていた。この偉大な婦人は真の心からの交わりのできる友たりえたのだというのは、彼女がインド医務局の英国人官吏にしてかつてはマイソール藩王国の侍医頭たりし人の妻君に示した真情によっても察することができる。この英国官吏は、大分以前に退職して妻を同伴してイングランドに帰国してしまった。しかし、王妃はその妻なる人がどうしてもそばにいてほしいと思った。そこで王妃はその妻女に対し、夫とともに再びマイソールに来るように招請した。その妻女は終世王宮の婦人たちの教師であり相談相手でありまた友人としてとどまり、彼女とその夫とはまるで高価な骨董品と同じように非常に大切に取り扱われたのであった。

六月の大王の誕生日の祝いと秋のダシャハラーの祭には国を挙げて大々的な祝賀を行なうのだが、このときは藩王国ではインド人やヨーロッパ人のお客に贅《ぜい》をつくした歓待をする。その祝祭の行なわれる週の一番際立った催しものは大行列であるが、このときには、大王は趾爪《しそう》に化粧した象に乗って、軍隊、供奉員《ぐぶいん》および役人らを後にしたがえて町のなかを練り歩かれるのである。近郊近在の者も仕事を休みにして、野外劇を見物するため人民ら群がり集まる。その多数の色さまざまな群衆を見るだけでも、少なからぬ興味のあるものである。この行列は、用心深く群衆の前に現れ、また慣み深くかたちを整えて崩れぬように配慮されているが、これは実にマイソール王国における民衆の生活の特徴をなしているものである。

ダシャハラー祭のときには、最高諮問会議《しもんかいぎ》が開かれ、大王はその家臣のあらゆる階級の代表者らに接見せられる。これらの行事は約三週間続くのであるが、一つの宗教的な意味をもっている。そして祭礼が終わるときには、大王の家臣らは一時ではあるが、大王は苦行の結果半神の状態に達せられたと思うのである。ダシャハラー祭の最高潮に達するのは、ヨーロッパ人の行なう最高諮問会議である。このダルバールと呼ばれる最高会議はインド独特の儀式である。この会議には通例マイソール藩王国王宮付の英国駐劄官《ちゅうさつかん》が公式に出席する。式は夕方からとり行なわれる。王宮の巨大な建物には三万個の電灯がつけられて引き立って見え、あたかも、神仙の国にいるような幻覚におちいるほどである。駐劄官は客殿から四頭ひきの馬車に乗って堂々と参入する。そのとき大王の親衛隊が警護してくるが、王宮の庭に来ると儀仗兵《ぎじょうへい》が待っている。この儀式は、細かい点にまで気を配ってとり行なわれるのである。賓客《ひんきゃく》接待室で駐箚官《ちゅうさつかん》の接見を終えると、王はその客すなわち駐箚官を同道《どうどう》して最高会議室に入御《にゅうぎょ》される。この会議室には四—五フィートの高さに玉座がしつらえられてあり、真珠を通したいく筋もの糸が玉座の天蓋《てんがい》に飾られている。大王は玉座を一巡されて礼をし、玉座に上ってその一番上のところに足を組んで着坐《ちゃくざ》する。同時に駐箚官は玉座のすぐ側に座をしめる。それからして多くの賓客ら—すべてヨーロッパ人であるが—案内されて入ってくる。賓客の大部分は英国陸軍士官とその妻君連であり、また英国人文官およびマイソール政府の文官連も交じっている。文武官ともすべて正装するのが礼儀になっている。インド人は一人も来場することを許されない。賓客たちは大王に一礼して向こう側にならべられた椅子につく。拝謁が終わると、下段のまぶしいばかりに電飾のきらめく王宮の庭で相撲や体操の披露が行なわれる。まもなく駐箚官がお暇申し上げたき旨を言上《ごんじょう》する。すると総理大臣が彼に花環を送り、駐箚官は大王に拝礼しつつ御前を退下する。その他の賓客たちも駐箚官にならって退下するが、その際に、大王はすべての婦人たちに花束を一つずつ贈呈するのである。

この異常な儀式の起こりは不明である。ただこの儀式が普通の形式の会議と違うところは、普通の会議には婦人らが決して出席しないということ、また普通の会議においては、インド色が濃厚で、駐割官が高座に近づくときに総理大臣が面接し、しかる後に自分の席の隣りに駐割官を案内することになっている点などである。

マイソール藩王国の政治は、興味ある研究の対象である。マラータ族の支配するデカン地方と同様に、僧侶階級の野心と、それに触発された非僧侶階級の反動とが今にいたるも熾烈《しれつ》なものがある。

今世紀になってからは、現在まで僧侶階級がその精神的な才能の優越と教育程度の高いのを理由として実際上独占していった日々の行政について、民衆もまた政治に対して正しい分け前をあたえよと要求し、その政治への参与を獲得せんとする政治的抱負を熾烈にもつようになってきた。なるほど、僧侶階級の支配は有能ではあるが、必ずしも民衆の人気に投じてはいなかったのである。国境の彼方マドラス地方においては、一九二一年に、非僧侶階級は苦難に充ちた闘争をへて、革新的議会により支配権を闘いとることに成功し、そのため多くのバラモンの官吏の経歴にはおもしろくない結果をもたらした。このマドラス地方の実例の影響を受けて、マイソールの人民たちも僧侶階級の優越に対し一定の限度を定めようと熱望したのである。人民らは僧侶階級が自己の官僚的勢力を利用して、非僧侶階級の人々を中等学校やマイソール大学から押し出してしまい、その結果下層階級の人間どもが政府の仕事につく資格を得る機会を奪ってしまっているのだといって、僧侶階級を非難した。これに対する僧侶階級の返答は「最優秀の人間が勝つのだ」ということだった。ついに大王の政府は非僧侶階級の階制に属する人々に対しても、適当な比例をもって官吏に任命するという政策を採用するようになった。

そのなかに、この藩王国内において議会の勢力が強大になってきた。政府の非僧侶階級優遇政策に飽き足らぬこととあいまって、ついにこれは政治的改革を要求する暴動を起こさせるにいたったが、もちろん背後にあって主として煽動《せんどう》の役割を果たしたのは僧侶階級であった。この要求はまったく普遍的のものではなかったが、大王はとにかく憲法を寛大化する決心をもたれた。この改革案は、両頭政治に関する点を取り除けば、大体において英領インドの方式にのっとったものであった。換言すれば、平民の国務大臣は許されないし、かつ行政参事会はまったく官僚的なままであって、行政についての責任を負うべきものと定められたのである。この改革案にしたがった立法会議は、非官僚的な、民衆のなかから選ばれた人をふくめて五十人のメンバーからできている。この立法会議はいろいろの法律や規則を制定し、予算を通過させ、その決定を変える権限をもっている。ただし王の家族および藩王国と英国政府との関係を左右するような財政上の事項に関しては、立法会議の承認を必要としないことになっている。その他同様の安全弁がこの新機構中に用意されていることは、英領インドにおけると同様である。

ペルシャ人を祖先にもつ回教徒ミルザ・イスマイル氏が、過去八年間この藩王国の総理大臣であった。彼を総理大臣に任命することは、このヒンドゥー教徒の藩王国においては、長い伝統を破ることであり、また大王の広大な度量を試す好個の試金石となるものである。大王の抜擢《ばってき》が誤りでなかったことは、ミルザ氏の示した幾多の難問題の解決に対する才能、勢力および想像力の豊かなることによって一層よく証明された。しかしながら、ある種の僧侶階級にとって、ミルザ氏の行政が不人気だったのは当然のことと思われるのである。そこで、僧侶階級の団体の煽動によって四五年前についに重大な暴動が爆発するにいたったが、この間、学校生徒および大学生の集団が、総理大臣邸を襲撃する等のことが起こったのである。

だが、断固たる処置をとることにより紛争は収まった。その原因は、大部分が少年の時よりの親友だったミルザ氏に対して、大王が全力を挙げて援助したことによるものということができる。ミルザ氏は、非常に幼い頃から選ばれて大王の学友たりし人であった。しかしヒンドゥー教徒と回教徒との間には依然緊張状態が存続していて、警察の力も信頼できなかった。総理大臣は不偏不党の態度を持《じ》するために、軍隊の司令官に英国人士官を任命するの挙に出でた。これら一切の事態は、この藩王国政府が、英領インドの統治者が直面しているのと同様の問題に今後も時折《ときおり》遭遇せざるを得ないことを示すものといえよう。

進歩的な改新党の要求しているのは、行政部の統制である。しかしながら、現在そうした権力をふるうに足る背景をもった政治団体はこの国には一つもないのである。

実際、改革された立法会議が真に民衆の信頼を得ているかどうかは疑わしいのである。民衆の望みや抱負はむしろ代表者会議においてより強く反映されているのである。この代表者会議というのは、一種の諮問機関であって大王の誕生日やダシャハラー祭の時期に集合して予算や財政の討議を行ない、政府の政策の説明を聞き、質問を発したり陳情書を提出したり、また提出された法案に対する見解を述べたりするのである。この会議はすでに古く一八八一年からできていて、五十年の間には幾多の経験も積み、自覚も得、特権を得て、とにかく事実上は政治的訓練については立派な学校であったわけである。それ故に、この機関が、今にいたるまで、なお政府の仕事と民衆とを一層密接に結びつけるための基礎として利用されずにいたということは誠に驚くの外はない。

一体マイソール藩王国ほど英国と結びつくことに忠実な藩王国は他にないのである。それでもなお、他の多くの藩王国にありがちなように、このマイソール藩王国でさえも、英国皇帝の至上権についてはいろいろの複雑した感情をもって考えている。マイソール藩王国の不満の主体となっているのは、英国との間の軍事的援助に対する報酬金の問題である。この額は、現在一七五、〇〇〇ポンド、すなわち二十五ラークである。数年前までは、この額は二十五万スターリングだったのである。マイソール政府は、この額を不当の賦課金《ふかきん》であると見なしている。一七九九年のティプーの戦にこの王国が敗れて後に英国は強奪されたヒンドゥー王朝のためにこの王国を復興してやったが、ただそれだけの理由のために、この王国は他の一切の藩王国よりも遥かに莫大な賦課金を軍事的保護の代償として支払わねばならないのであろうか。さらに、これに付加して、マイソール藩王国は海関税として七十五万スターリング以上を支払っている。連邦制政体の創立されぬなかに、この軍事的保護に対する賦課金は全部免除されなければならないというのが、マイソール藩王国の主張である。

ところで、連邦政府の下にあっては、各単位王国がそれぞれ課税に関して税率を異にするのは連邦の原則に反するものである、というような議論同様、この問題は大体形式的な議論に堕《だ》しているようである。だが、不幸にも、目下の財政状態として、到底公平な救済方法を講ずるわけにいかぬと考えられている。これはいろいろの条件の間に矛盾があるからだと思われる。しかしながら、連邦の財政は、はじめは保護育成が必要であろうとの理由からして、マイソール藩王国だけ重課《じゅうか》を一人背負うという理屈が成り立つであろうか。

カーヴェリー河の大水力発電計画の成功によって、経済的開発はいちじるしく増大された。マイソール藩王国は、その電力部門から莫大な歳入を得ている。またその電力を利用してコーラー地方から採掘する金に対する鉱山税も巨額に上っている。現在約百五十万スターリングの生産を見せている。また田舎の大部分が電化されて、それによって井戸水を汲《く》み上げて灌漑の便を得、さらに農家の産業を振興する機会があたえられているのである。生糸産業も急速に発展しつつある。さらに低廉《ていれん》な電力利用に刺激されて、綿紡績事業《めんぼうせきじぎょう》も重要性を増しつつある。カーヴェリー河を横断してつくられた巨大なクリシュナラージャ・サーガル堰堤《ダム》は、十万エーカーの土地を灌漑する運河の源泉をなし、またカーヴェリー発電所設備のために水量を保持している。その他の大水力発電計画も目下考慮されているが、そのうちには、この国土全体が電化されることになるであろう。

マイソール藩王国は、明らかに、インド諸国中もっとも恵まれた国の一つである。多分、トラヴァンコールをのぞけば、国民政府らしきものの存在する唯一の藩王国である。また何らかの国家的感情を保持するに足る人口がまとまっている。またこの王国伝来の支配者としては、三十年以上治世に経験ある政治家をもっており、しかも彼はその人民とよく結びついている。そしてその支配者は彼の藩王国の幸福と繁栄とを理想としているのである。もし膨大な人口のなかで、民族、利害関係および理想を同一にすることおよび政府と人民との一体化とが、連邦形成の各標準単位たるものにとっての不可欠の重大な性質であるとするならば、マイソール藩王国こそは、将来のインド連邦の成員中でもっとも優秀な資格をそなえた国であるといいえよう。

トラヴァンコールは、西部ガート山脈の大障壁によって南部インドからさえぎられてはいるが、それでもやはりバラモン文化の網のなかに引き入れられていた。しかしこの障壁のために、孤立して存続してきたのであって、インド半島に幾多ヒンドゥー教徒の王国が興亡の歴史を繰り返したにもかかわらず、ほとんどその影響を受けずにきたのである。この地方は固有の美しさをもっている。ガート山脈は密生した原始林におおわれていて、いたるところにその支脈が海岸に向かって伸びている。低地帯が帯状をなして海岸に沿って走っているが、ここには一面にココナッツや檳榔子《びんろうじ》が密生して連なっている。海岸に沿っては、クイロンからコーチンにいたる間百マイル以上にわたって、鹹湖《かんこ》が続いている。この地方の交易は大部分、この水路に沿って行なわれている。

トラヴァンコールの広さは、大体英本土のウェールズくらいである。国土の大部分は原始林であって人間の居住には適していない。人口は五百万人を超えている。その密度はすこぶる大きく、耕地一方マイルにつき約二千人である。人口の六一%はヒンドゥー教徒であり、この他は、百六十万人がキリスト教徒、三五万人が回教徒である。キリスト教徒は主にローマ＝シリア系統でローマン・カトリックの信者である。各宗派の間には非常な軋轢《あつれき》がある。シリア系キリスト教徒の起源は第三世紀にさかのぼるのであるが、よく知られた伝説にしたがえば、殉教者セント・トーマスが最初の改宗者をつくり帰依させたのだということである。

田舎に村落のないのはこの地方の特異な様相である。住民の多くは、タイル張りかまたは草屋根の小屋が集まってできている家屋敷のなかに孤立して住んでいる。葛畑《かずらはた》にはココナッツやバナナを植えた小さな地所がくっついていて、区画全体は壁または垣根をめぐらしてある。トリヴァンドラムからコモリン岬まで自動車を駆って眺めると、あたかも長く引き伸ばした散在せる村落だという印象を受けるのである。

ガート山脈の高峰の連亘《れんこう》しているところには広大な紅茶園があり、大部分は英国人の所有である。それよりやや下の高地にはゴムが植えられている。胡椒もまた第三の主要生産物である。最初に英国人がトラヴァンコールに航海してきたのは、冬の彼らの食事が塩漬けの牛肉だったので、これを調味する品物を探しに来たわけであった。パルマイラシュロは大部分赤砂糖をとるために栽培されている。赤砂糖から白砂糖が精製されるのである。椰子《やし》油《ゆ》製造と椰子の繊維から椰子皮蓆《やしかわむしろ》を織るのは副次的な産業である。

この国の支配者はナヤール族であって、武士階級に属するものであり、国土の大部分を所有している。階姓制度は非常に厳重である。間隔による不浄化の観念が今なお非常に強く、浮浪人はカーストに属する人々から四十ヤードまで近づけば、カーストの人々を汚すのだとされている。前記の四十ヤード以内の距離で階級を異にする人々が集まる場合には、その汚されたほうの人々を浄める儀式が必ず行なわれるのである。したがって無籍者などは不浄にならぬ距離を保ってそれ以上近寄らぬようにしなければならぬとされている。例えば、僧侶その他の階姓に属する人間が橋を渡るときなどは、無籍者は相当の距離をおいて待っていなければならないとされている。昔は国法によって武人たるナヤール族は、気がつかずに彼を汚した無籍者に対しては、その首をはねてもさしつかえないことになっていた。昔ほどではないがこの僧侶階級の力は強大である。

このトラヴァンコールにいる僧侶階級は全インドの僧侶中もっとも排他的な階級であって、ナンブディリと呼ばれている。この宗派は厳格に浄めの儀式を遵奉《じゅんぽう》している。一人のナンブディリの娘が、低い階姓の人間から彼女の家に配達された重い果物《くだもの》かごの倒れるのを支えようとして思わず知らずに手を出したというだけの理由で、その階級から追放されてしまったという記事が、ごく最近の新聞紙に載っていたことがある。またナンブディリ階級は、トラヴァンコールにおいてパルダ（婦人の居室に男子を入れぬためかけておく帳）制度を厳守している唯一の人々である。他の階姓ではパルダ制度はない。またナンブディィリの婦人と合法的な結婚を許されているのは、長兄に限られている。その下の弟らは、ナヤール族の娘と身分違いで相続権のない結婚をするのである。これらの超僧侶階級的な人々は、今まで西洋の教育とかインドの政治問題については、ほとんど何らの関心をもっていなかった。噂によると、彼らはトラヴァンコールの人々をヒンドゥー教に帰依《きえ》させた。このことは宗教伝道上の仕事である。大体、ナンブディィリの人々は国家的なもしくは軍事的な背景をもっていなかったのである。彼ら自身のアーリア系の祖先は遥か一千マイルもへだたった北部にいたのである。かくしてこの階姓独占ということこそが、道徳的な優越性を維持する唯一の手段だったのである。

トラヴァンコールにおいては、階姓制度の遵守が非常に厳格であるにもかかわらず、他面一般のインドにおけるヒンドゥー教徒の社会生活にくらべると、この国の社会生活には、もっと広い自由があたえられている。この主なる原因は、婦人家長制度にあると思われる。この婦人家長制度とは、妹の息子をもって家系を相続する制度であって、自然婦人が強力な地位をしめるにいたったのである。支配者たる王家においてもこの慣習にしたがっている。したがって、大王の結婚も大して重大なことでもなく、また大王の子息の社会的な地位も、一般人の息子に比して何ら重要性を多くもっているわけではない。大王の父といえども同様であって、支配者たる王のいやしき家臣にすぎないのである。もし大王が一人も妹をもっていないか、あるいはまた妹があってもその妹が子がなくて死去した場合には、大王は一人の娘を王の妹として養女にしなければならない。曩《のう》の大王ラマヴァルマ四世のときにたまたまこうしたことが起こった。支配家族中から二人の娘が養女にされた。彼女らは当然の筋路《すじみち》をへて、それぞれ大王妃殿下および小王妃殿下となったのである。姉君のほうは女子のみを産んだが、小王妃殿下は一人の息子を出生され、これが現在の大王である。しかしながら、慣習にしたがって、大王妃殿下は、現大王の幼少のみぎりには摂政《せっしょう》として働かれたのである。

トラヴァンコールの婦人には学問がよく普及していて、インド全体では婦人にして読み書きのできるのはわずかに三%にすぎないのに反して、ここでは十七%を示している。このためにまた婦人の地位が高いものになっているわけである。その上、キリスト教の影響も婦人の地位の向上にあたって力がある。さらにパルダ制度のないこともそうである。さらになお重大なのは、婦人も政治的には男子と同等の地位にあるとされていることであって、地方団体に対してまた立法会議に対しての選挙権および被選挙資格においてはまったく男子と同等であると見なされていることである。こうした進歩的な国において、今なおカースト制度が非常に厳格であるというのは誠に奇妙な矛盾だといわなければならない。だが、この矛盾こそがまた、この国の生々はつらつたる生存を示す強い証拠なのである。

現在の大王は、先王の甥で養子であるが、全権力をふるえる立場になったのは、一九三一年であった。彼は英国人の家庭教師に哺導《ほどう》されて育ち、またマイソール藩王国に行って行政上の訓練を積んだ。彼は魅力ある性格の持ち主であって、物腰、態度は静かで美しくかつ容姿の若さに似ず旧世界の人々のようにいんぎんである。

彼は昨年初めて英国を訪れた。その際、多くの時間をさいて経済問題を研究し、数個の大工場を訪ねたりした。また放送局に招かれたことがあったが、放送局では、各方面の権威者もその放送のプログラムをわざわざ中止にして彼にインド向けの放送を行なうように勧めたのであった。彼は躊躇《ちゅうちょ》せずにマイクロホンの前に立ち、この場の空気に適当な言葉を語ったが、それを見て私は大きな感銘を受けた。彼の王宮内における生活は、その母すなわち大王妃殿下、および兄弟とともに過ごしているのであるが、英国の家族生活同様単純で楽しい生活である。彼は先王すなわち彼の養叔父ほど厳格に宗教上の正統派ではない。先王は朝食前にヨーロッパ人の姿を見ると必ず浄めの儀式を行なったものであるが、彼はそれほどではない。とはいうものの、彼もまたマイソールの大王と同様に、ヨーロッパ人と食事をともにすることはしないのである。

トラヴァンコールの政治情勢は、キリスト教徒同志の異なる宗派の抗争およびキリスト教とヒンドゥー教との間の抗争のために、非常に複雑な様相を呈している。行政問題については、中立的な立場を保障するために、大王は最近になってインド行政事務省にいた英人官吏を雇って総理大臣にしたことがある。現在では、大王は、有名な回教徒たるムハマッド・ハビブラー氏を総理大臣に任命している。ムハマッド・ハビブラー氏はかつては太守会議の一員たりし人である。

小王妃殿下は強い個性と才能との持ち主であったが、その人の忠告や指導によって、どれほど若い王様が大きな利益を受けたことであろう！　大王は政治上の顧問として、王家の友人たるシー・ピー・ラマスワミ・アイヤー氏を起用した。氏はマドラスの行政参事官として数年勤めたことがあるが、僧侶階級に属する人で法律家であり、また政治家であった。

大王は数人の英国人官吏を雇って、公共事業、軍事、医療、教育、警察および法律等の仕事に従事させた。彼らのための福利施設として、大王は国費をもって、小さいが立派なゴルフ場をつくってやった。王室費は他の藩王国にくらべると遥かに少額である。

婦人についてもまた全人口の割合についていっても、トラヴァンコール王家は、教育の普及していることはインド第一位である。このために、また立憲政治の発展を促されてきたのであった。もちろんその進歩については、英領インドにその範例《はんれい》があったことが大きな影響をあたえていることも明らかである。この立憲政治の体系は、マイソール藩王国のそれと大同小異である。立法議会は、選挙された多数の議員によって構成されており、予算案、法律案および決議案等を審議通過させるのである。また政府の政策に関する討議をも行なう。また英領インドにおける両頭政治の組織と同様に、保留とか安全策をとる方法も設けられている。

前に述べたように、この国には宗教上の各派の対立抗争があって、政府当局もかなり手を焼いているのであるがこの点に関し、政府の当面する困難のなか、主だったものは、被選挙者によって構成されている議会において、支配家族たるナヤール閥が覇権を握っていることに対して、反対攻撃の矢が向けられることである。ナヤール族は全人口の五分の一をしめているにすぎないし、かつ被選挙権者全体の三六％の人数であるにすぎないのだが、しかもなお、彼らが議席の過半数をしめているのである。キリスト教徒はこれに嫌気ざして、最近の選挙には加わらなかった。他の宗教団体もともどもに、彼らは、選挙民全体または選挙区が、ナヤール族の土地所有者の好都合になるように配置されているのだと言い張ったのである。

一時、非協力運動が起こって、国内が紛糾したことがあったが、大王の政府は、インド政府の支持を得て、法律および秩序を乱すような方法で表明された不平不満に耳をかさず、断固たる態度を示したために、かえってその後の情勢をしっかり落ち着かせるという結果になってしまっている。民主主義的な政治を行なうことは、英領インドにおいてもそうであるが、藩王国においてはいろいろ複雑な事情を発生させるものである。

ガンジーは、彼の常習的なやり口にしたがって、不可触賤民の取い扱い問題に対する最初の集中攻撃を行なう舞台として階姓制度の牙城トラヴァンコールを選んだ。ガンジーの運動はすでに数年前に開始されたが、これは不可触賤民の戦線を組織して、まずヒンドゥー教の寺院に入る権利を確保する目的をもったものであった。非暴力的不服従および消極的抵抗というガンジーの運動は数か所の中心地点で実行されついには重大な暴動に発展してしまった。しかし、究極においては、政府は事態を収拾《しゅうしゅう》することができた。とはいえ、この運動の結果、トラヴァンコール王国内に政治的良心を目覚めさせた。そのため国内に不可触賤民の存するのは変則的な状態であるとし、これに反対して民主主義的な政治を要望する声が高まった。よって、現在立法議会においては、「距離接近による汚れ」の制度を廃止し、不可触賤民に対しても一般公共の井戸や場所を開放してやることについて考慮中である。このことはインドの他の諸地方に対しても範例となるべきであろう。かくて、警察や役人の手を通じて上におもねり下におごる悪根性を退治するというこの実験の結果がどうなるか、けだし興味ある問題であろう。

経済開発は現下《げんか》の緊急問題である。トラヴァンコール藩王国では、自国内でその全人口を扶養するだけの経済力をもっていない。莫大な穀類は輸入にあおがなければ足りない有様である。もちろんトラヴァンコール王国は、この輸入代金は、自国の植林による生産物すなわち、コプラ、茶、ゴム、胡椒《こしょう》などによって支払いうるのではあるが、しかし植林産業のみによっては過剰な人口を支持吸収しつくすわけにはいかない状態である。生活水準を高めるには、諸種《しょしゅ》の産業開発を行なう以外に方法はないのである。政府もこの責任を充分に自覚して、水力電気開発の大計画に着手し、正しき方向に向かっての第一歩を踏み出したところである。いたるところで容易に利用しうる低廉《ていれん》な電力を使用すれば大規模に村落を工業化しうる可能性が生み出されてくるであろう。村落の工業化が実現すれば、大都市の工場制度や、それに付随《ふずい》する種々の社会的弊害を避けうることにもなるであろう。

大英帝国との貿易は相当額に達している。英国商品は品質優良だからとの理由で、従来トラヴァンコール王国では常に英国品を好んでいた。したがってインドの他地方で英国商品に対する不買同盟が起こって英国の貿易に不利益な結果をまねいたことがあったが、その際にもトラヴァンコール王国はそれに加入しなかった。アレッピー、クイロンおよびコーチン等の港には二三の大きな英国の海運会社があるが、それらは輸出貿易の大部分を取り扱っている。商業および植林業を通じて、この国土開発に英国が大いに協力してやっていることは、よく認められている。

トラヴァンコール藩王国内には、約六百人のヨーロッパ人が居住し、その多くは、商業および植林事業に従事している。トラヴァンコール王国は、その産業開発にあたっては、英国の資本と熟練せる技術とが必要なのである。そして、相互に好意をもってすれば、英国人とトラヴァンコール人とは、相互の利益のために幾多の方面にわたって協働することができるであろう。

トラヴァンコールの北に隣接するコーチン藩王国は、面積と人口においてこそトラヴァンコールと大きな相違があるが、その他の点では各種の事情がほとんどトラヴァンコールと同様である。その面積、人口ともにトラヴァンコールの約五分の一である。支配者たる氏族は同様にナヤール族であって、王家は同じ王室から出た者の後裔だと主張している。その社会構造について、ナンブディリが最上級に位するところもまったく同一である。また相続についても婦人家長制度が基本になっている。その政治的発展においても、人民の特質についても、両国は完全に並行している。

コーチンの港はちょっと言及する価値がある。古い町は砂の出州《でず》の上に立っているのだが、その出州には約四分の一マイルほどの幅の入口が開いていて、広い鹹湖《かんこ》に連なっている。この鹹湖が新しい港となっている。約二マイルばかりの対岸がエルナクラム市で、この藩王国の首都である。英国駐劄官《ちゅうさつかん》の居住地は、首都と港との中間にある小さな島の上にあり、絵のように美しい風景のなかに位している。その官邸は十八世紀につくられたもので、古い立派なオランダ風の建築で、巨大な硬木《かたぎ》の材木で頑丈につくられている。さて船の出入の少ないポルトガルのゴアにあるマームゴアの港を出てからは、ボンベイ以南の西海岸には四時の良港は一つもない。その結果、南部地方の大量の貨物が北方のマドラスに向かって輸送されることになる。しかし、ヨーロッパ向けの貨物をマドラスに向けて輸送するということは、西海岸の欧州にもっとも近いところから船に積み込むことにくらべれば、運送費や積荷料において遥かに莫大な費用がかかることになるのだ。コーチンの港は、この欧州への最短距離の港として以上の悪条件を克服するに必要な資格を充分に備えている。しかしながら、英国の領有する地域がそのために必要なだけの適当の広さをもっていないからして、コーチン藩王国との協同がどうしても重要になったわけである。コーチン藩王国はこの計画に加入することに同意し、さらにトラヴァンコールもまた加盟するにいたった。かくて西海岸に欧州向け貨物取り扱いのもっとも便宜な開港計画ができあがったのであるが、現在三国の政府は、平等に費用を分担支払いするとともに海関収入をも三分している。今ではコーチン港の貿易額はすでに八百万スターリングほどに達している。最近では、単に貨物船のみでなく、旅客船もポツポツここに入港するようになってきたが、将来はコロンボに匹敵する港となるであろう。マドラス以南の諸国の貿易は結局コーチン港に集中されるようになるであろう。何故かといえば、マドラス港に行くよりも、コーチン港にいたる鉄道距離のほうが短いからである。

すでに鹹湖《かんこ》の内側にドックもつくられた。南西の季節風が吹くと、ひどい沈泥《ちんでい》作用が起こるからして、港に入る水路を適当の深さにしておくためには絶えず浚渫《しゅんせつ》工事をやることが必要である。この港をインド政庁の支配下に引き渡すことに対しては、コーチン藩王国は強く反対しているからして、司法、海軍、行政等幾多解決を要する難問題が山積みしている。コーチンおよびトラヴァンコールの住民らは、マドラス省の住民から政治や教育についての制度を学んだのにもかかわらず、民族を異にし、地理的に孤立しているために、南部のマドラス省の人民ととくに交際するということがないのである。

The Marathas

第八章

マラーター族の藩王国

VIII

第八章

マラータ族の藩王国

主なるマラータ族の藩王国

バローダ

ヒンドゥー教徒、マラータ族、王朝＝ガイクワール、大王サヤジ・ラオ・ガイクワール卿、一八七五年即位、面積八、一三五方マイル、人口二、五〇〇、〇〇〇（人口の大部分は、グジャラーティ・ヒンドゥー教徒）、歳入約一、七五〇、〇〇〇ポンド

デワス（大）

ヒンドゥー教徒、マラータ族、王朝＝プアール、大王ツカジ・ラオ・プアール、即位一八九八年、面積四四六方マイル、人口七七、〇〇〇、大部分ヒンドゥー、歳入七五、〇〇〇ポンド

デワス（小）

ヒンドゥー教徒、マラータ族、王朝＝プアール、大王マールハール・ラオ・ババサーヒブ・プアール、即位一八九二年、面積四一九方マイル、人口七〇、〇〇〇、歳入四六、〇〇〇ポンド

ダール

ヒンドゥー教徒、マラータ族、王朝＝プアール、大王アナンド・ラオ・プアール、即位一九二六年、面積一、七七五方マイル、人口四三、〇〇〇、大部分ヒンドゥー、歳入一二五、〇〇〇ポンド

グワリオール

ヒンドゥー教徒、マラータ族、王朝＝シンディア、大王ジャヤジ・ラオ・シンディア、即位一九二五年、面積二五、三八二方マイル、人口三、五〇〇、〇〇〇、八四％ヒンドゥー、六％回教徒、七％アニミスト（物活説信奉者）、歳入一、八〇〇、〇〇〇ポンド

インドール

ヒンドゥー教徒、マラータ族、王朝＝ホールカル、大王エシュワント・ラオ・ホールカル、面積九、五一九方マイル、人口約一、五〇〇、〇〇〇、九一％ヒンドゥー、八％回教徒、歳入一、一〇〇、〇〇〇ポンド

コーラプール

ヒンドゥー教徒、マラータ族、王朝＝ボーンスレー、大王ラージャラム・チャハトラパチ、即位一九二二年、面積三、二一七方マイル、人口約一、〇〇〇、〇〇〇、九〇％ヒンドゥー（主としてマラータ族）、歳入約九〇〇、〇〇〇ポンド

サングリ

バラモン教、マラータ族、王朝＝パトワルダーン、大王アッパ・サーヒブ卿、即位一九〇三年、面積一、一一二方マイル、人口二五八、〇〇〇、歳入約一〇六、〇〇〇ポンド

ボンベイとプネーの中間に位する西部ガート山脈の断崖を、電気鉄道に乗って登攀《とうはん》する旅人は、次から次へと眼前に展開してくる美しい山景に感嘆の目を見張ることであろう。目の届く限り、山脈が遥かに遠くうねり連なっている。そしてまたその山々の下のほうの傾斜面には、峨々《がが》たる断崖や城郭風の岩が重畳《ちょうじょう》して、あたかも大きな城塞の稜堡《りょうほ》のように見え、またその支脈が競い立っている一方、深い渓谷には丸い石があちこちにころがっている。

マラータ族の覇権の源は、実にこの未開の近づきがたい丘陵地帯に発するのである。数百年の間、マラータ族の族長は、いわゆるデカン王国の一つであるビジャプールの回教徒の王に軽い臣服の義務

を負っていて、このガート地方に小さな封土を賜わり、領有していたのである。十七世紀の中葉にいたって、シヴァジーは丘陵地帯の各部族をその旗下に糾合して、ムガル帝国に対し、征服の生涯の第一歩を踏み出したのであった。

最初は、このマラータ族の蜂起は、一人の偉大な軍事的指導者の下にシュードラ（下層階級）たる百姓連が、一つのヒンドゥー人の国家運動を起こしたのにはじまったのであった。そして、シヴァジーは一つの国民国家的な藩王国を創建したのである。もしも彼が十年間他の生活をしていたならば、おそらく、マラータ族の歴史も変わってものになっていたであろう。彼が死去するにおよんで僧侶階級がこの新しい王国の支配権を握った。その結果、今までの統一を破ることになってしまった。

多くは百姓階級の出身者であったマラータ族の将領《しょうりょう》や上級の軍人将校らは、このカーストの制度のなかでは僧侶階級に次いで第二位にある武士階級《クシャトリヤ》たるの社会的地位を得ようとして熱望した。だが、僧侶階級は、これらの将領をその支配下に釘づけにしておこうとして、これらの将領の階級を上位に進めてやることをこばんだ。つまり僧侶階級は、依然として従来通りただ二つのカーストが存するだけ、すなわち僧侶階級と今一つ僧侶階級から遥かに距離をおいて下位にあるシュードラ（奴隷階級）とだけでたくさんであると主張したのであった。

この僧侶階級の新政策によって国民的士風は弱められた。僧侶階級は次から次へと将領《しょうりょう》連をいつわりだまして無力にし、かくて自分ら自身の地位の強化をはかったのである。彼らは絶えず兵士らを戦わせておくために、遠国を征服劫略《ごうりゃく》する政策をとった。この結果、南部および北部に居住していた回教徒のみならず、トラヴァンコールのごときヒンドゥー教徒の藩王国を、そしてついにはラージプート藩王国をさえ、英国人の腕のなかへ追い込むことになってしまったのである。僧侶階級出身の首相の悪政と迫害とに悩んだバローダ藩王国は、ついにその運命を英国の掌中にゆだねるにいたった。プネーもまた英国に懐柔《かいじゅう》されるにいたり、かくてマラータ族は、ついにその征服の結果得た大部分の国土を失うにいたったのである。

それでも、マラータ族の中途まで建設のできかかっていた帝国の崩壊から助かって、なおマラータ族の支配下に残ったところも相当多かった。すなわち、中部インドには、グワリオールおよびインドールの二大藩王国と、ダールおよび大小のデワス藩王国というような小藩王国が残り、またグジャラート王国のボンベイ地方にはバローダ大藩王国があり、さらにデカン地方にはコーラプール等小さな南方マラータ族の藩王国が残った。マラータ族の支配者の統轄する領域は、五万方マイルにおよんでいるが、さらに中央インドにあるラージプート族の構成している従属国、すなわちグジャラートおよびカティアワールの二地域はその半分すなわち二万五千方マイルの面積がある。これは貢納国としてマラータ族に従属しているわけである。

しかしながら、人口の点から見ると、これらの藩王国内に居住するマラータ族は、コーラプール藩王国は別として非常に少数である。グワリオール藩王国在住のマラータ人はわずかに一万四千人にすぎない。中央インドのマラータ族の諸藩王国には一万六千人、バローダ藩王国には一万二千人が居住するにすぎない。これに反して、コーラプール藩王国には、約五十万人のマラータ族が居住している。マラータ族の大部分はデカン地方に住んでいるのである。すなわち、ボンベイに四、五〇〇、〇〇〇人、ベラース地方に二八七、〇〇〇人、ハイデラバード地方に、一、五〇〇、〇〇〇人いる。マイソール藩王国には、六〇、〇〇〇人居住しているが、これは、バローダ、インドールおよびグワリオールの三大藩王国に居住する者の合計よりも多い。

この理由は、遠くに求めるにはおよばない。その故国を外にしてデカン地方で軍務に服することを、マラータ族の百姓らは嫌ったのであった。そこで偉い軍の指揮官らは、やむをえず報酬目的の軍隊を集めることになった。これらの軍隊に応募してきたのは、主として、アラブ人、アフガン人、アビシニア人および一般に回教徒が多く、外に若干のラージプート人も入っていた。マラータの僧侶階級はしゃにむに軍を進め、征服地の行政権を掌中に握っていった。この僧侶階級は今日にいたるまでなお、マラータ族政府の中枢をなしている。

マラータ族の国家的精神は、諸藩王国におけるよりも、むしろ英領インドに在住するマラータ人のほうがより強烈にもっている。マラータ族国家の創立者たるシヴァジーに対する崇拝は、近年にいたって燎原《りょうげん》の火のごとく広まってきた。そして、これは、ヒンドゥー人の国民全体の神たるガナパティに対する崇敬《すうけい》の念が復活したのと相結んで、ありし日のマラータ国の栄光に対する追憶をよみがえらせるにあたって力があった。これは大部分、マラータの僧侶階級の政治的野心に基因するものである。この僧侶階級は、約半世紀の間睡眠状態におちいっていたのだが、最近の三四十年間は非常に活発な活動を開始しているのである。そのなかとくに傑出せる指導者はティラクであった。彼はマラータの僧侶であるが、また政治家でもあって、対英関係については非常な敵意をもっていた。南部インドでは彼に追随する者が非常に多かった。

このマラータ族の国民運動は藩王国のなかではほとんど何らの声援をも受けなかった。ただコーラプール藩王国だけはこの例外をなすものであって、コーラプールこそが、この運動の中心であった。この僧侶階級は、再び二百年前の戦術をもちい、支配者たる王に対して反対の立場をとった。王に対して敵対するにいたった理由は、王が僧侶階級の専横《せんおう》を拒否せんと努めたからである。王は一八九二年に「ガジ」すなわち「統治者の椅子」に上ったが、そのとき王の国家は僧侶階級の少数独裁政治にゆだねられ、かつ王の「ジャギルダル」すなわち、封臣らは、事実上王の手を離れていることを発見した。王の政策は、マラータ族の賤民（シュードラ）にも職務につく機会をあたえてやろうとすることであった。この結果、全僧侶階級は、この藩王国内では言うにおよばず、国外デカン地方においても、こぞって大王反対の態度に出た。この大王攻撃の指導にあたったのはかのティラクであった。

僧侶階級は自己の権力によって、ヴェドクタの儀式、すなわち生まれかわることについての宗教的儀式を執行する特権を左右した。この宗教的儀式が僧侶によって完全に遂行されるということは、再生の特権をあたえられた家族に対し武士階級に入ることを黙認することを意味していたのである。僧侶階級は大王に対して、このヴェドクタをこばんだ。そして世界に向かって、大王の家族はいやしい階級のシュードラに属するものである、そしてまた、王の祖先たる大シヴァジー自身もまた一人のシュードラであったと声明したのである。このことは、もっとも純潔なるラージプート族の血統をつぐウダイプルの大王が、シヴァジーの家族は、自分の家系からわかれたものであり、すなわちシソーディア族に属するものだということを確認した事実を蔑視《べっし》するものである。しかし、大王はこれに威嚇《いかく》されることなく、自己の政策を強行した。その結果、まもなく全デカン地方に反僧侶運動が起こるにいたった。僧侶階級は、自己の危険を察知し、妥協せんことを示唆した。つまり、僧侶階級は、この支配者たる王が武士階級（クシャトリヤ）たることを認め、王のためにヴェドクタを遂行する。ただし、この名誉は王一人のみに限り王の息子や娘たちは依然シュードラであるという案を提出した。だが、大王はこの申し入れを拒絶した。大王はマラータ族のうちからバラモンに属しない僧侶を任命し、僧侶階級に属せざる者らのため政治的平等を戦いとるため、一九二二年死にいたるまでその闘争をやめなかった。

過去三十年間にわたる善政によって、諸藩王国は、多くはマラータ族の支配に喜んで承服する態度をとっている。結局、マラータ族の統治はすなわちヒンドゥー教徒の統治なのである。英領インドの行政上の長所をとり入れてできているマラータ族の近代的な制度は、地方裁判所、控訴院、市政、非マラータ族に対する公務就職の機会賦与《ふよ》、寛大なる教育政策等々によって、地方の人民をしてその統治によく服させることができるだろうと期待されている。今までは、代議政体の原則は認められなかったが、しかし二三の藩王国すなわちバローダおよびインドールにおいては、一般人民はある程度まで、種々の法律を制定する場合によく政府と協力しているのである。

バローダ、インドールおよびグワリオール等の大藩王国を建設した将軍たちは、非凡な才能と性格とをもった人々であった。彼らはすべて小地主階級の出身である。

グワリオールの建国者マハダジ・シンディアは最初はプネー藩王国王宮の一小吏にすぎなかったのである。彼は一七六一年のかのパニーパットにおける運命的な戦いに傷ついた。その後彼はプネー王国の弱みに乗じて中央インドおよび北部に自らの王国の建設に乗り出したのである。彼がフランス士官の訓練を受けた正規軍をその部下にしてしまった方策については、すでに第一章において述べた。その性格は粗野で乱暴ではあるが、彼はどちらかといえば軍人たるよりもむしろ外交家たる性質が多い。他のマラータ族と同様に、彼もまた純潔な血統のラージプート族に対しては社会的地位の優越を認めていた。そして征服者でありながら、なおウダイプルの王室からあたえられた礼儀作法に関する種々の好意を正しく認めていた。

有名なインドール王家創立者は、ムールハー・ラオ・ホールカルであった。シンディアと同様に、彼もまた軍人にして政治家であった。そしてまたかのパニーパットの敗戦を利用して、マルワ地方に大きな半独立の封土を獲得創建したのであった。彼は一七六五年に死んだ。彼の息子は彼に先立って死し、彼の孫は気が狂っていた。——ホールカル家には狂気の血統が伝わっているのではないかと思われる。彼の母親アハリヤ・バーイは彼のために摂政《せっしょう》となって働いたが、彼の死に際して、この藩王国の統治者たることを認められた。彼女の治世は、一七九五年彼女の死にいたるまで三十年間続いた。この婦人は、もっとも偉大なるインド女傑のなかの一人だと認められている。彼女はその国土を外敵の侵入から守り通した。彼女はインドールを無名の一農村から富み楽える都市に飛躍させた。彼女はすべての階級の家臣らに対し同情深く思いやりがあった。このアハリヤ・バーイ時代は、今日にいたるもなお、インドールの黄金時代だと謳われている。彼女の堅忍不抜《けんにんふばつ》の精神と努力とに感嘆していたマハダジ・シンディアの援助があったことは、また彼女がその地位を保ちえた有力な原因であった。マハダジ・シンディアはすでに当時上部インド地方においては、牢固《ろうこ》として抜くべからざる優越なる地位を保持していたのである。

一八〇四年にレーク卿と戦を交えたホールカル王はアハリヤ・バーイの部下たる一将軍の私生子であって、この王家の家族の一員ではなかった。彼は酒に耽溺《たんでき》してついにそのために一命を落とした。彼の妻たる女王ツルシ・バーイはホールカル家の他の女王の私生子を養子にしたが、これが一八一八年に王位を継承した。彼は違法の父に生まれた違法の息子—私生子である。ツルシ・バーイはそのバラモンの密夫《みっぷ》とともに約十年間インドール王国を支配した。

三代にわたるバローダ地方のガイクワール王朝の創立者はそれぞれ有名な軍人であった。第三代目のダマジ・ガイクワール（ガイクワールはバローダ王朝の名であるが、後にバローダ王の尊称となった）の死にあたって、王位継承について争いが起こった。この争によって、プネー政府はおのおの王位継承の要求者をいつわりだます機会を得た。ついに、前述したように、首相の強圧に堪えかねて、正統の嗣子《しし》は英国の援助を求めるにいたった。かくて十八世紀の末葉《まつよう》には、バローダはマラータ族連合国から分離してしまったのである。

四つの最大の藩王国すなわちグワリオール、インドール、バローダおよびコーラプールについて簡単な描写をしてみると藩王領インドのなかにしめるマラータ的要素の重要さが判然としてくるであろう。

これら四国のなか、グワリオール藩王国が断然群を抜いて大かつ強である。敗戦の結果広大な領土を喪失したにもかかわらず、この国はなお二六、〇〇〇方マイルの地域と三、五〇〇、〇〇〇人の人口を擁している。一八六一年までは、グワリオール政府とその武装せる軍隊との間には紛争が跡を絶たなかった。一八四四年には、ある事件に際して、軍隊が支配権を掌中《しょうちゅう》に握って、英国軍隊の援助がなければ、彼らを破ることができなかったこともある。そのため、英国政府は、この国の軍備について一定の制限を定めた。

この藩王国内における諸々の矛盾した要素 ―すなわちラージプート族のサクルス（王の直臣）や、マラータ族のサーダ（司令官）や回教徒およびヒンドゥー教徒の百姓ら― を融合させて、ともかくも一つの統一体らしきものにまとめ上げるには相当の年月を要したのである。これを達成するための唯一の方法は中央集権的政府を樹立することであった。そして中央集権的政府の樹立は一八六〇年以後今日にいたるまでこの国の国是《こくぜ》であった。現在においてはグワリオールは、全インドの藩王国中もっとも上手に行政の行なわれている国の一つである。これは大部分、故大王の卓越《たくえつ》した才能によって成就されたものであった。彼はついに一九二五年に死去したが、これは、グワリオール藩王国にとってもまたインド全体のためにも大きな損失であったというべきであろう。故大王は常に英国皇室に対して忠実なる援助者であって、第一次世界大戦に際しては英国のために立派な功績を残した。戦後に就任した一大蔵大臣が羨望のあまり顔色を青くするほどの大予算をもって、大王は大信託資金をつくり自国の経済開発に資した。彼はまた部下の軍隊を結合して一つの有力な軍事組織をつくり上げた。この彼の軍隊は、全藩王国の軍隊中最強かつもっともよく訓練されているものである。数年前に英国が政策を少《すこ》しく緩和して、近代的な砲を備え歩兵装備をもった砲兵一中隊を大王にもつことを許して以後、この大王の軍隊はあらゆる兵器を具備《ぐび》している。大王の英国皇室に対する尊敬は非常なものであったため、偶然ではあるが大王は息子に「ジョージ」、娘に「メリー」という名をつけたほどであった。

グワリオールの歴史的な城塞の頂きには、一つの巨大な岩が孤立して立っているが、あたかも人々の記憶から忘れてしまっている数々の帝国の運命を沈思黙考《ちんしもっこう》しているかのごとくに、その城の下部にだらだらと連なっているシンディアの近代的都市を傲然《ごうぜん》としかし陰鬱《いんうつ》そうに見下ろしている。この城こそは、マーラタ族の自尊心に惻々《そくそく》と訴えるところの権力の象徴なのである。なおまた、マラータ族以前のその城塞の所有者たりしラージプート族は、この「ヒンドゥー人のつくった城の首飾りについた真珠」を失ったことを、今なお強い悔《かい》をもって思い起こしているのである。

若い大王は年齢十七才くらいであるが、英国人の家庭教師の手で非常に大切に育てられたものである。彼は、ホッケー、テニスその他一般にスポーツに大きな興味をもっているが、明らかに、あまりに早く成人になって政治的のことにいろいろの責任をもつようになることを欲していないようである。巷間《こうかん》伝えるところによれば、彼が毒殺されるのをおそれて、彼の母君は自ら彼のために料理されているということである。大王の妹君は非常な美人でありまたスポーツに練達《れんたつ》しておられたが、ごくわずか以前に、彼女が乗っていた自動車が空転して転覆したために悲劇的な最期を遂げられたのであった。

大王は非常に好都合な庇護《ひご》を受けて統治に従事することができる。というのは、彼の父に対して種々の評議に際して重きをなした役人らが、やはり彼の周囲にいてくれるからである。現在はともかく、僧侶階級、マラータ人および回教徒が協同して遂行している摂政会議《せっしょうかいぎ》（その評議員の大部分は故大王の任命した人々である）があって、小王妃殿下の下に有効にこの藩王国の行政を司っているわけである。

インドール藩王国のホールカル王朝は、グワリオール藩王国と同様の困難に面している。すなわち、藩王国を構成している諸要素間に連繋《れんけい》統一を欠いているのである。以前の大王が二人も退位されている。この二人の王のなか、第一の大王は一九〇三年に退位した。一般に評判になったことであるが、彼はその情勢の下では無理だと思われる場合にも、よく高利の金を借りたことがあった。精神錯倒症《さくとうしょう》に患《わずら》ってからも彼はなお諧謔《かいぎゃく》の気分を失わずにいた。二年後に起こった、有名なカーゾン卿と総指揮官キッチナー卿との争は、大王に乗ずべき機会をあたえた。この二人のなかいずれか一人は犠牲にしなければならなかった。この藩王国の保守的な政府は、カーゾン卿を呼び返すことに決めた。かくてこの国を退去しつつあった副王はボンベイにおいて大王から次のような電報を受け取った。「余は卿をしりぞけるとの挨拶をしりぞけるものである。」これは実にその当時の状況を実に簡潔に要約したものというべきである。二十年をへて大王の息子は一人の回教徒の踊り子のためにその玉座を棒にふってしまった。そこで彼の後を継いだのはいまだ幼少だった彼の息子であった。新しい大王は、三年間イングランドの財団公共学校（財団公共学校とは大学の予備校で普通三年かかる）で過ごし、後に三年間オックスフォード大学に学んだ。彼はインド円卓会議に出席したが、そこでは、レワの大王と同様に独自の見解をもつ点で異彩を放っていた。一般に信ぜられているところでは、彼はインドに連邦組織を育成する第一歩として、まず諸藩王国の連盟を結成したい意向であるとのことである。彼は外見華著《かしゃ》に見えるし、容貌はイタリア人あるいはスペイン人に似ている。大王の妃は、近代的な財団公共学校の女生徒的な型に多分にあてはまる人であって、テニスが上手であり、服装は最新流行のものをまとっている。大王および王妃は、インドールに新しい王宮を築造したが、この建方は近代的な英国の田舎家風であって、あらゆる最近の調度品 —例えば電気炉、電熱器、カクテル・バー等— を備えつけてある。

藩王国の行政は、一人の総理大臣の下に行政参事会があって一切を処理している。また法曹会、地主階級および産業組織等の各種の利害関係を代表する人々を選挙し、これをもって委員会をつくり、それによって人民を立法に参与させようとしている。この委員会は、一九二五年に設立された。この委員会の目的は、多少の差はまぬがれぬにしても大体この王国の諸法律を英領インドの法律制度と同様のものに仕組んでいこうとするにあるのである。この藩王国は、現在繁栄しておりかつ経済力も強大である。

バローダ藩王国は、百五十年来英国と同盟国の関係を結んでいる。だがバローダは、英国の軍事的保護を受ける代償としてはなはだ重い負担を課せられた。すなわち王国の元の領土の約三分の一にあたる四、〇〇〇方マイルの地域を英国政府に割譲したのである。近年は、割譲した領主からの歳入の外に高率の海関税をとっているのだが、しかし、軍事的な国防費の分担額を支払うために、正当に収益となるべき額にくらべて遥かに超過した額を支出していることは明らかである。しかも英国は、バローダ王国を戦において敗ったのでは決してなかったことをも注意しなければならない。さらに、なかんずく、バローダ王朝（ガイクワール）は、かつてはバローダ王に対して臣従の義務を負うていたところのカティアワール地方やバローダ王国東部の丘陵地方にあった多くの貢納国に対する宗主権を一八二〇年に失ってしまったのである。もちろんこの貢物は現在もなお支払われてはいる。これは英国政府が保障しているのである。しかしながら、ガイクワール王朝の握っていた勢力の多くはなくなってしまったのである。かかる威信の剥奪は当時の情況上やむをえなかったことであって、バローダ王国は、責めるなら、自ら、当時の情況を責めるべきであろう。しかしながら、バローダ王が、現在、上記のことについて不満を感じているのももっともなことであって驚くにはあたらない。おそらく王は、以前の封建的属領に対する宗主権を再び自分の手に取り戻したいと切望していられることであろう。だが、それは、種々の理由からして困難なことである。その理由の一つとして挙げられるのは、ラージプート族とマーラタ族との間の反目状態である。

事の真相をいえば、ダマジ・ガイクワール（王）の死後約五十年間にわたった自国の無能な統治に対してバローダは今代償を支払っているのだと言うべきであろう。もしその当時において、有能にして勢力的な統治を行なっていたならば、おそらくはバローダ藩王国は、カティアワール地方をもふくむグジャラートのムガル帝国を全部その領有に帰せしめることができたかもしれないのであった。

一八七三年に英国政府は、そのはなはだしい秕政《ひせい》を理由として、ムールハール・ラオ王を退位させた。ムールハール・ラオ王の先王の未亡人たるカーンジ・ラオは賞讃《しょうさん》にあたいする行政をほどこしていたのだが、次に王位を継承すべき者を養子に選ぶことを許された。かくて一八七五年に、彼女は、当時年わずかに十二才の少年だった現在の大王を後継の大王として選んだのであった。新しい大王は、自己の諸々の責任に堪えうる人物となるように、英国人の哺導《ほどう》係によって慎重な数育を授けられ訓練を受けた。

現在の大王は、一八八一年に全統治権をあたえられたが、その後半世紀以上にわたるバローダ王国の治世に成功している。この藩王国は、インドにおけるもっとも治世のよくできている国の一つである。初等教育は自由教育政策をとられており、そして少なくとも理論上は義務として課せられている。幼少時の結婚は数年前から廃止されたが、この法律がどの程度まで有効なりや否やは疑問である。二年前にバローダ藩王国を訪れたときに、我々は、この法律に違反した者に対して課せられた罰金は、本部の大病院に設けられている保母施設の費用として使われたのであるといい聞かされた。不可触賤民に対して教育を受けているものの割合は、インド中最高位をしめている。学校もしくは村落において、不可触賤民に対して、在学中のカーストに属する人々にあたえられる諸々の特権とか、井戸や寺院その他の使用を許容しない場合には、政府はその学校や村落にあたえた許可を撤回することにしている。

この国では、人民を行政に参与させようと試みてきた。王の政府の方針としては、村落の土民村会(Panchayat)を基礎として、行政への参与組織をつくっていこうとしている。土民村会(五名もしくはそれ以上からなる）から地方会議へ、地方会議からさらに法律や規則を制定する立法会議へと発展上達させていこうというのである。この立法会議の議員は選挙によることとしている。多分この組織によって堅実な進歩が約束されるであろう。

他方強力な行政参事会がある。これは有能なバラモンクリシュナマ・チャリー卿が会長をつとめている。彼は英国政府の文官である。

バローダ藩王国の国家としての構造には不満足な点がある。いわば、グジャラート地方やカティアワール地方に散在する数個のツギハギのような領土からなっているために、地理的な連繋《れんけい》統一を欠いている。したがってグジャラート地方の人民は分離孤立している。この分離されているのがあらたまらない限り、この藩王国内にいるグジャラート人はマラータ政府と完全に一体化することはありそうもないことである。グジャラート人は戦闘的な人間ではないが、陰謀や政治的煽動《せんどう》にたけているので、その活動的な性質を欠いているところを埋め合わせている。この政治的煽動の反動がバローダにあったが、しかしガイクワール王朝の支配に対しては別に激烈な反抗はなかった。政府で立てた学校のボイコットや学生のストライキがあったが、攻撃の目標になったのはバローダ政府ではなくして、むしろ英国政府であった。一九三二年のインド藩王国委員会において、少なくとも一部の領土をガイクワール王朝に還付することを考慮中だと示唆された。しかしながら、すでに述べたように、大王は自分自身の政治的野心をもっているからして、果たして政略に富んだグジャラート人とバローダ王国の運命をともにしたいと感じているかどうかは疑問である。

バローダは広闊《こうかつ》な都市であって、壮大な病院、控訴院および大臣官邸等の立派な官庁建造物がある。ごく最近では、国王はよく英国の駐劄官《ちゅうさつかん》を王宮に招待してダシャハラー祭の行列に王とともに加わってもらう慣わしであった。バローダの統治者と英国代表の二人は互いにならんで象に乗って歩くのが常であった。この大王側の懇切な礼譲によって英帝国とその「寵児」との間の利害関係の一致がますます強化されたのである。この「寵児」という東洋の名称は、何年も以前に英国の女帝がバローダ王を指称した言葉である。

バローダ王はインド藩王中の古参者であり、またインドの長老政治家の一人だと言うことができるであろう。その態度は静かで奥ゆかしく、友としては人に敬慕される人である。彼の人生や人生の諸問題についての広い見解は、その統治政策が啓蒙的でありかつ進歩的であるのを見てもうかがえるのである。彼は英帝国の忠実なる支持者ではあるが、それにもかかわらず、英帝国や英国領の地方の利害関係が彼自身の藩王国の利害関係と矛盾衝突するような事柄、例えば、阿片、塩、海港、鉄道に関する立法および国防軍備等に関しては、彼は必ずしも「寵児」たるの待遇を受けているとは思っていないのである。インドの政治に関しては彼は保守的な態度をとっている。しかしながら、もし適当な安全策を講ずるならば、インドに進歩的な制度をつくろうという提案を支持するだろうと思われる。彼は非常な旅行家であって、今までにアメリカ、日本およびヨーロッパ等を訪れている。それらの土地でしばしば一夏を過ごしたことがあるが、その理由は、主に健康のためだというにあった。

大王はなかなか明敏《めいびん》な学究であって、自分の王国内の教育事業にしたがわせるため欧米各国の科学者を首府に招請《しょうせい》している。彼自身また学者の集会によく出席して、自分自身の知識の啓発に努めている。インドの二三の王族が、アルコールを過度に吸飲した結果、悲惨な苦痛をなめたのをよく知って、彼自身模範を示して、永久にアルコールの飲用を放棄した。彼には四人の子息があったが、それぞれ皆ヨーロッパかアメリカで教育を受けた。そのなか一人はオックスフォード大学のクリケット選手であった。他の三人は死亡した。彼の後嗣《こうし》は孫であるが、これもまた英国で多少教育を受けたのである。王妃は非常に他人に好かれる型の婦人であるが、大王のヨーロッパ訪問には、いつも同伴される。王紀の娘(王は再婚したのだが)はインディラ女王と呼ばれるかたで、美しく魅惑的な女性である。彼女は、両親によって決められた婚約者の大王候(シンディア大王)が、あまりに彼女にくらべて年を取りすぎているというので、クーチ・ビハルのクマール大王と駆け落ち結婚を行なった。彼は後に王位を継承し、一九二二年に死去した。クーチ・ビハルの王妃の名はロンドンおよび英国の地方の諸州の狩猟家仲間に有名である。

マラータ族の藩王国のなか、国家と呼ばれうべき内容を備えているのはコーラプール藩王国ただ一つである。この王国の面積は英国のヨークシャーに略々近く、人口約百万人、その約半数がマラータ族である。国土の一部はガート山脈中にあり他はデカン高原地帯にある。往昔《おうじゃく》は国王の勢力は海岸地方までおよんでいて、王の家臣たちもときどき海賊を働いたものである。一七六六年はじめて英国はこの藩王国と条約を結んだが、これは、これらの掠奪行為を抑圧する目的の下に締結されたものである。

藩王国の三分の一は、ジャギルダルすなわち封建臣下の手中にある。この封臣は九人いる。これらの封建臣下らはもとは藩王国の重臣であったのだが、軍隊を維持育成しておくために、土地を割りあてられたのであった。王とこれらの封建臣下らの紛争が絶えず起こって困るためついに英国が保証のため仲介するようになった。その後藩王国の軍隊との間に紛争が起こったことがあるが、この軍隊にいる多くの者は王城の世襲的な警備兵であった。これらの世襲の地位が廃止され、そのために反乱が起こったのである。この反乱鎮定のためには、英国軍隊の大部隊が必要であった。その後は約五十年間今日にいたるまで、英国の駐劄官《ちゅうさつかん》の勢力が絶対優位をしめている。

故大王が全権を手中にまかされたのは、一八九二年であった。彼は、マイソール藩王国の大王と同様に、スチュアート・フレーザー卿の薫陶《くんとう》を受けたのであった。立派なスポーツマンであり、馬や犬をよく可愛がり、かつ道徳的勇気を多分にもった力強い性格の持ち主であった。彼の政策および僧侶階級との闘争について、すでに本章のはじめのほうで述べたところである。彼は、デカン地方においてかのティラクの先導によって開始された治安妨害運動に対しては強く反対した。そして一九〇九年、これが暴動鎮圧に際して英国政府にあたえた援助は実に大いなるものがあった。事実、彼の英国皇室に対する忠誠は、過激急進派の新聞によって手ひどく攻撃を受けたのである。第一次世界大戦に際して彼の示した尽力はまた高く評価されなければならない。例えば、クートが包囲攻撃を受けたときにすでに守備兵の糧食《りょうしょく》が不足してきたのであるが、マラータの土人兵らは馬肉を食うことを躊躇《ちゅうちょ》した。そのときにあたって大王は、危険を冒して自ら飛行機に搭乗してクートに飛び、そこで部下の兵士らに訓話《くんわ》をした。これはほとんど不可能と思われたことであったが、彼は激励鞭撻《げきれいべんたつ》の辞をもって兵士らに訴え、ついにその目的を達成し、かくて包囲軍に対する抵抗を永引かせるに役立ったのである。

大王はデカン地方にいるマラータ族に対して、その精神的および物質的な進歩のために大いに努めてやったが、このことはデカン地方在住のマラータ人の記憶のなかに長くとどめておかれることであろう。彼はまた、無籍者たちの悲惨な運命の苦悩を軽減してやる運動に心魂《しんこん》を打ち込んだ。一般にマラータ族のなかにおよぼした彼の勢力というものは、次の挿話によってもわかる通り、非常に強大であった。一九二二年、英国皇太子殿下がインドを訪問したときに、マラータ連合国の創立者たるシヴァジーの銅像を、プネーにおいて除幕することが取りきめられた。最初、皇太子殿下がインドに上陸の第一歩を印した日に、ボンベイで反英示威《しい》行列が行なわれ、その結果恐るべき暴動と化しついに数百人の人が殺されるような騒ぎがあったが、この藩王国の僧侶階級の会議において、僧侶らはボンベイ同様の反英デモンストレーションをやろうということを決めていた。シヴァジーの祭礼について当の責任者である大王はこの計画を耳にして、近隣の村落から集めたマラータ族（彼らはパテルすなわち村長にひきいれられてきたのであるが）を数千人プネー市に繰《く》り込ませて、僧侶階級らの反英デモに対し、反対の示威《じい》運動を行なはせた。こうして王は、僧侶階級の連中を威嚇《いかく》し畏縮させてしまった。

大王はその人民らを行政に参与させようと熱望されたのであるが、そのためには、まず村落会議からはじめて徐々に組織していく必要があると考えたのである。しかしながら、村落の事務は世襲的に僧侶階級の手中に握られていることが多かったために、王の企図《きと》したこの発展も阻害されてしまって、王も大いにその政策を徹底助長することができなかった。とにかく藩王国の行政上の進歩は大なるものがあったので、大王とその封建臣下との関係に対する英国駐剳官《ちゅうさつかん》の監督も緩和されるようになった。

一九二二年に大王は早死した。この強力な人物を失ったことは、藩王国にとっても、また一般にマラータ族の利益のためにも実に痛烈な打撃であった。大王の息子が王位を継承したが、彼はまた多少の教育をイングランドで受けたのであった。僧侶階級に対する態度に関しては、彼もまた父王の政策をそのまま踏襲《とうしゅう》している。彼は競馬や野球や蹴球等の競技に熱達している。

彼の妹は目下彼と一緒に生活していて、行政上の事柄について彼の助力者となっている。彼女は非常に有能な女性であって、彼もまた彼女の忠言には大きな価値を認めている。彼女はまた乗馬の名手であって、時折《ときおり》狩猟場に姿を見せることがある。この婦人は、中央インドのマラータ族藩王国たる大デワス王国の大王の妻であったが、大分以前に彼のもとを去ったのである。その結果夫王は現在、ポンディシェリに引退している。

コーラプール藩王国の支配者の家族が全マラータ族の政治的指導者であるとは言い切れないけれども、しかもなお、コーラプールは、デカン地方に居住するマラータ族からは、その国民的中枢であると見なされている。そしてまた強力にして有能な支配者というものは、いつも自国の国境の彼方にまで強力な勢力をふるうことができるであろう。

マラータ族は、自分らの偉大な過去に対して大きな誇りを感じている。したがって、この自らの誇りによって、藩王国の内部にいるものもはたまた外部にいるものも、全マラータ族が結ばれるときが来るであろう。他の如何なる民族といえどもマラータ族ほどの強固な伝統や偉業の凝集物《ぎょうしゅうぶつ》をもっているものはないのである。とりわけてマラータ族は今日にいたるまでなお昔からの尚武《しょうぶ》の気性を承けついでもっている。このことは、かの第一次世界大戦によって明瞭に証明されたところである。

しかしながら、輝かしい伝統とたくましい気質を多分に蔵《ぞう》しているとはいいながら、マラータ族が、自分らのもっている全力量を来たるべき新しいインドにおいて遺憾なく発揮するためには、彼ら自身が強固な統一体を結成することと、立派な指導者を得ることとが必要であると思われる。しかしこの必要を充たし、マラータ族の念願を叶えてやる鍵は果たして何人の掌中《しょうちゅう》に握られているのであろうか。僧侶階級の手によってこの目的は達成されるであろうか。

第九章 Hyderabad

ハイデラバード藩王国

IX

第九章

ハイデラバード
藩王国

ハイデラバード

回教徒　先祖はマホメットの最初の嗣子アブ・バークルにさかのぼる
王朝名　アサフジャーヒー
大王　オスマン・アリ・カーン卿。即位、一九一一年
面積　八二、〇〇〇方マイル
人口　約一三、五〇〇、〇〇〇、他の調査によれば、一二、五〇〇、〇〇〇、人口の大部分はヒンドゥー教徒。
歳入　約七、〇〇〇、〇〇〇ポンド

インド半島のほとんど中央部に位しているハイデラバード大藩王国は、政治的見地からもまた軍事的見地からも、もっとも重要な戦略的地位をしめている。一旦緩急《かんきゅう》ある場合には、ハイデラバードは、ヒンドゥー教徒の優勢な南部と、代々回教徒の統治下にありかつまたその勢力のもっとも強大な北部とを実際上絶縁することができるであろう。

この王国は、今までよく統治されており、自国の状態をよく知っている外に軍備も拡大されていて、いまだかつて国威を損傷《そんしょう》されたことがない。したがってインド連邦成立後は、デカン地方における回教徒のもっとも栄ある伝統を恥ずかしめない立派な役割を演ずることであろう。

国土は一帯に広々としたなだらかな高台地が連なっていて、その平均海抜は一、二〇〇フィートである。ところどころに断続的な丘陵の塊《かたまり》が起伏しておりまためずらしい円石があって、その風景に多様の変化をあたえている。デカン高原地方最大の河すなわちゴダヴァリおよびキストナーの両河が、藩王国を貫流している。夏季の雨の際には、国土の数百マイルが、二フィートも高さのある草でおおわれた大平原と化する。百五十年前にはこれらの大草原地帯で馬が飼育されたのだが、ハイデラバードはそのために有名であった。当時においては、この不正規な騎兵隊の大軍団が、マラータ族の軍勢およびその敵たる回教徒軍の双方の軍勢にとってもっとも重要な部隊であった。不幸にして、現代の機械万能の時代においては、これらの田舎からも騎兵はほとんど姿を消してしまった。その代わりに、濛々《もうもう》たる砂塵にまみれた乗り合い自動車が疾駆して、村人や町の人々をその仕事場に運んでいる。

過去の遺跡は、国内いたるところに残っている。五六百年前に、回教徒のために破壊されたヒンドゥー人のワランガル王国の寺院や王宮が、今なお東部に残っている。断崖や絶壁の上に慣重に構築された古城はいたるところに見受けられる。ハイデラバード市郊外にあるゴールコンダ（無限の富の意）は往昔《おうじゃく》はダイヤモンドの市場して有名であったが、非常に興味ある型式のものである。さらに最西部にあるダウラタバード城は世界有数のめずらしい城砦である。これは、巨大な孤立した岩を截《た》ち切って、非常な高さに達する峻坂《しゅんぱん》を人工的につけてある。その頂上は、その周囲の土地より約一千フィートの高所にある。堅い岩石に孔をあけてつくられた覆道《ふくどう》がその頂まで続いている。現在は取り外されているが、かつてはその頂上に一つの巨砲が備えつけられていて、四辺を威圧していた。巨人の軍勢の手によらなければ、そのような高い城砦にかかる巨砲を取りつけることはできなかっただろうと思わせるほどである。伝説によれば、この大工事を完成する栄誉をになったのはあるイタリア人の技師であるとのことだが、彼は、完成直後に死罪に処せられたそうである。それは、後にいたって、彼が、この軍事上の秘密を、敵に内通しはせぬかという警戒心からだといわれている。ビダールは、かつて南部地方に起こった最初の回教徒王国の首府であった。そのビダールの荒れ果てた城や王宮には、悲劇的な美しさが残っている。エローラやアジャンタにある岩石でできた寺院や僧院は、建築界においてインド人の仕上げたもののなかの第一線に立つものといえよう。エローラのもアジャンタのもその建物はともに円天井の会堂があり、長い連廊があり、僧房や内殿があり、広い柱廊がある。エローラにあるほうのは、柱廊は堅い岩をくり抜いてつくった象や欄間《らんま》の飾りがある。アジャンタの寺院や僧院の壁や天井には、一面にめずらしいフレスコ壁画（塗りたての漆喰《しっくい》壁面に水彩で描かれた画）があるが、十五世紀の頃のものだといわれている。しかしその建築物はもっと以前につくられたものである。この着想は大体仏教徒が行なったものである。ニザームの政府（ニザームはハイデラバード王国の王を指す）の考古学局はこの立派な遺跡の保存に、特別細心の注意を払っている。有名な話があるが、それによると時の副王だったカーゾン卿の訪礼に対して準備をするために一人の熱心な回教徒の官吏が、この壁画に水漆喰を塗って体裁をつくろうとしたときにはじめてこの考古学局が設けられるようになったということである。

人口は、一千三百五十万人、そのほとんど全部がヒンドゥー教徒である。回教徒団体は非常に強力ではあるが、その人口は、百万人を少々超えている程度にすぎない。南部地方の三大ヒンドゥー人種、テルグ人、マラータ人およびカナレーゼ人は、このハイデラバード王領に集中している。ハイデラバード王国の国境によって、これらの三人種は英領インドに在住するその血族から分離されている。これらの三人種のなか、マラータ族のみは百五十万の人口を擁しながら自己の尚武《しょうぶ》の気性を誇っているが、大体ヒンドゥー人種が、英領インドとハイデラバード王国とに分離されていることによって、回教徒はある程度までその優越な立場を保持することが容易であった。この多数のヒンドゥー人らは辛抱強い勤勉な百姓が多く、その土地を平和に耕し、かつその生産物に対する適当な分け前にあずかることができさえすれば、満足しているのである。

この藩王国に居住する回教徒といっても、それは多種多様の民族からなっているのである。すなわちアフガン人、ペルシャ人、アラビア人、アビシニア人、トルコ人、蒙古人、らがそれであって、多くは回教王によってその軍隊に徴募されてきた北部地方の戦闘的な人間である。事実、回教徒は、自分らに比して一対十の割合で数的に優っており、また宗教的にも土俗学的にも異なる組織をもっている隷属《れいぞく》民衆に対し、五百年以上も軍事的独裁政治を課してきたのである。回教徒は、今まで決して他民族のなかに吸収されてしまうということがなかった。今日でもなお、彼らがはじめて南部地方を征服したときと同様に、ヒンドゥー教徒とは峻厳《しゅんげん》に分離している。回教徒軍の偉大な指揮官たちは、土地の割当をうけ、分相応の回教徒の家臣を扶養して軍務の用意を整えており、半封建的な様式でそれらの土地を保有していたのである。

回教徒は決して植民を行なわなかった。したがって事実上回教徒の農夫というものは一人もいない。しかし、これは明らかに回教徒を弱くさせた一つの原因である。町育ちのデカン地方の回教徒らは肉体的な衰弱のために、その軍事的価値を減少するにいたったが、田園生活はこの肉体の衰えを防ぐ効果があったろうにと思われる。現今においては、回教徒社会の下層階級の人々は、主として軍人、警察官、文官の下級属吏および大貴族の家扶《かふ》等の職についている。また一部分は小売商人や職人になっているものもある。

不可触賤民すなわち無籍者の数は約二百万人くらいである。彼らは、カースト制度の内にあるヒンドゥー教徒から嘲笑をもって排斥されていたからして、もし回教徒らが彼らを改宗させる価値ありとして自分らの回教信者に引き入れようとした場合には、征服者回教徒に対して忠実な同盟者となったものと思われる。マイソールの回教徒の王、ティプーは、マラバールの賤民に対して「回教の名誉」をあたえている。マラバールの賤民の子孫らは現在は不穏な集団であって、預言者マホメットの宗教を狂的に信奉している。多くの回教徒は、ハイデラバード王国にかかる信徒のいないことを残念に思っている。もしこうした要素がこの国にあったとしたならば、おそらく南部地方における回教徒の陣容は、一層強化されていったであろう。

最初のハイデラバード国王アサフ・ジャーは偉大な人物であったが、彼は十八世紀のはじめ、はじめてこの国が独立国として歴史の上に現れた時代の支配者である。またこの同時代にインドに現れた人々のなか、とくに異彩を放っていた天才である。彼の軍事上の武勇と巧妙なる外交とがなかったならば、明らかに、この南部地方の回教徒らは、昇天のごとき勢威《せいい》をたくましくしたマラータ族の国家主義の風潮に覆没《ふくぼつ》されてしまったであろう。そうなれば、不可避的に、ヴィンディヤからコモリン岬にいたる大ヒンドゥー帝国もまたその風潮に巻き込まれてしまったであろう。こうした事態になったとしたならば、英国のインドにおける勢力の獲得もまた現在のごとく急速にははかどらなかったであろう。

ハイデラバード国王アサフ・ジャーはマラータ族に対しては二重のゲームを演じた。すなわち旧来の意見の相違を激化させ一人の族長に対し他の族長を対立させておきながら、しかも他方中央権力すなわちプネーの回教徒国首相とは友好関係を持続するという態度をとった。それ故に彼は情勢如何によっては、デリー攻撃のためにマラータ族を使ったかもしれないのである。あるとき回教徒の首相に一杯喰わされたことがあったが、そのとき彼は首相にマルワ王国のデリー地方をあたえた。しかるにこのデリー地方は元来彼の領地ではなかったのである。だがこれはあらゆる時代に政治家が常用する特徴的な方法なのである。

彼の領土ははなはだ広く、南部インドの大部分を包含《ほうがん》している。その国境の定めかたは不正であった。南部国境の内にはマドラス省の大部分をふくめてあった。彼の代理人すなわち封的臣下たるアルコットの太守がカーナティック地方を統治していた。またマイソール藩王国との国境近くには、一連の回教徒の封土クッダーパーおよびカーヌール等があった。マイソール王国自体も理論上は彼の進貢国（属邦）であった。西部方面では彼の領土はプネーにまでおよび東部は海にまで達していた。この領域すなわち北部サーカール地方は、ベンガル湾に沿って五百マイルも広がっており、それらは主として、ヒンドゥー教徒の知行であった。例えば、ヴィジャナグラム、ボッビリ、ジャイプルなどのラージプート族の諸王の掌中《しょうちゅう》にあったのである。これら諸王はハイデラバードに進貢していた。

アサフ・ジャーは一七四八年に死去した。死の一年前にマドラス省はフランスの占領するところとなった。セント・デーヴィッド城の城主はハイデラバード王に対して、この事件の仲介に立ってこの都市をぜひその正常な所有者の手に取り戻してくれるよう、フランスに強談《ごうだん》せんことを懇願した。アサフ・ジャーはこの哀訴を快諾《かいだく》し、アルコット城の太守に緊急命令を発し、フランス人を処罰し、マドラスを英国王の家臣に返還させるように取りはからわせた。ナワーブ（太守）はこの命令を守ってマドラスへ大軍を派遣した。だがこの大軍は、少数のフランス軍隊のために全滅された。

五十年を過ぎて、この舞台に新しい一つの変化が起こった。かつては全権力をふるっていた国王も、彼の前王が援助を哀願した人々のためにほとんどその領土の半分をわけてしまうはめになった。これらの人々は今や国王の同盟者となったのである。彼らは国王に対して圧倒的な兵力をもってのぞみ、かくてハイデラバードにおける彼らの勢力ははなはだ優勢なものになった。しかしこれは、彼らが国王をマラータ族の侵攻から守ってやったために国王の支払った代価だというべきであった。

アサフ・ジャーは、南部地方の統治方針について、彼に代わって彼の地位をしめうるような者を一人も残しておかなかった。王位継承にまつわる戦が幾度もあったため、この国の政府の素質は弱められ、ついに一七五一年以後約数年間は、ハイデラバード王国はド・ビュッシイの権力下にフランスの独裁政治を見るにいたった。英国人がこれらのフランス人を追い出した顛末《てんまつ》については、すでに述べたところである。

一八〇〇年の条約第十五条において、英国政府は、国王の子供、親戚、家臣あるいは召使のいずれに対しても、国王の権威の絶対性を宣言し、何ら干渉の態度をとらざることを保障した。しかしまもなく、この公約を守るのは不可能であることがわかった。英国の軍事政策上、英国駐劄官《ちゅうさつかん》と王宮との間に完全な一致の存在することが必要であった。大体国王とその近侍《きんじ》の者どもははなはだしく不和であったことは最初からわかっていたことであった。そこで、まず第一歩として王を圧迫強制して、英国側の是認《ぜにん》した総理大臣をその権力下におくように取りはかった。その後総理大臣と英国駐劄官は相結託して多数の不正規軍を糾合した。これは後年ハイデラバード分遣隊として知られたものである。この軍隊は、英国駐劄官《ちゅうさつかん》によって任命された英国士官の指揮にしたがった。その後まもなくこの軍隊は新しい傭兵隊となり実際上の役に立つようになった。この政策がいちじるしく正当なものであったことは、十九世紀のはじめの三十年間、ハイデラバード王領に瀰漫《びまん》した絶望的な混乱状態に際して明らかになった。当時この王国は、解散された外国人傭兵すなわちアラビア人、パターン人、ロヒラ人らによって荒らされていた。ヒンドゥー教徒の封建臣下ら――このうちには二三重要な封建臣下もある――がいたるところで反乱を起こしていた。

英国駐劄官は記述の条約の第十二条に立脚した行動をとった。これによって、ハイデラバード国王は、戦乱の起こった場合に、この国の首府に駐屯していた英国の傭兵になった軍隊を支援するために、九千人の騎兵と六千人の歩兵とを備えておく義務があった。この英国傭兵軍は一万人の多数に上ったことは前に述べた。ところでハイデラバード王がその維持することを約《やく》した軍隊というのは、実際には存在しなかった。王の軍隊に対して秩序を回復してもらいたいとの要求が熱心になされた。しかし、無援の王国政府はその義務を果たすことができなかった。したがって、たとえ条約の条件を歪曲《わいきょく》することになろうとも、ついに英国は干渉に乗り出し軍隊を集めざるをえない立場になった。これがすなわち、英国のとった政策の論理であった。

必要な経費はすべてハイデラバード王の政府が支弁《しべん》しなければならなかった。しかも実際上、この経費を適当に統制することはできなかったし、それにつけこんで幹部連は不合理な浪費的な計量をやっていた。これらの結果が相重なってハイデラバード王国政府の破産をもたらすにいたった根深い原因となったのであった。しこうしてハイデラバード政府の未払金は非常な巨額に達したために、インド政庁は支払い担保として領土を割譲せよと主張するにいたった。かくて一八五三年、この目的のため、ハイデラバード王国中のもっとも富裕なベラー州が奪われたのであった。この領土を割譲したのにもかかわらず、ベンガルの大反乱の後には、なお未払い残金の額は一千一百万ルピーに上っていた。しかしこの額はハイデラバード国王の種々の尽力を認められて相殺された。そして、分遣隊の費用に充当《じゅうとう》した後のベラー州の歳入の剰余《じょうよ》は、ハイデラバード政府に支払ってやる約束が成立した。

ここに注意さるべきは、ベラー州は、ハイデラバード国王の利益のために、英国駐剳官《ちゅうさつかん》が監理していたのだということである。年々の剰余金を計算するたびごとに、いつもハイデラバード政府と英国駐箚官《ちゅうさつかん》の間に軋轢《あつれき》が起こった。ニザーム（ハイデラバード国王）の政府は、英国駐箚官の行政監理は不要のことだと非難し、無用の経費がかかるばかりだと論じたのに反して、英国駐箚官側では英国の定めた基準を遵守しなければならないと主張した。ついに一九〇二年にカーゾン卿は、当時のハイデラバード国王を説いて、ルピー貨で二十五ラーク（一ラークは十万ルピー）の賦役《ふえき》代償金を支払って、ベラー州を永久に租借することにした。国王は、非常にしぶしぶながらであったが、しかし、五十年間英国が統治した後にまたハイデラバード国にベラー州を返還するなどということは英国側は夢にも考えていないのだという保障を得て、ようやくのことでこの取りきめに同意した。かくて、ハイデラバード分遣隊は正式にインド軍に編入された。

英国皇帝の至上権力の暴圧的な手段のために、多くの恨を買ったが、それも次の二十年の間に次第に消えていった。とはいうものの、ハイデラバード王室は、なおそのうしなった土地を忘れ去ることはできなかった。かくて、一九二五年にいたって、現在の国王は、全問題について再びはじめから検討を加えようと試みた。しかしその後に行なわれた外交上の論争の第一段階において、国王は一度英帝国政府によって決定された問題については、あらためてそれを変更動揺させることは許されないのだ、と言い聞かされた。これに対して、ハイデラバード国王は、現実にハイデラバードの国内政策に関する事件については英国皇帝も一方的に事件を決定させる権利はないのだといって抗争した。ハイデラバードは、自国の対外関係について英国政府の統制に服したのみであるし、国内の政策に関しては、英帝国も藩王国も平等の条件に立脚していたはずであると抗弁した。このことは、さらに不当な圧迫によって彼の先王がよぎなく条約に同意したのだということをも意味するものであった。

このことが原因となってついに帝王の特権について明確な断言を行なうことになり、かつそれに付加して、故ハイデラバード王は自己の自由意志によって条約を締結したのであるし、その子は今にいたってその条約に反対をすることはできないのだと論断《ろんだん》されることになった。だが、この点からして、英国とハイデラバード国王との相互の地位が一七四七年と一九二五年とでは如何に違ってきたかをよく比較することができるのである。十八世紀の哀願者は、今や二十世紀の命令者になったのである。

ともかくこうして長い間の論争も終わりを告げた。今ここで、ベラー州に関する英国の政策の諸長所をこと細かく吟味しても何らの実効はないであろう。しかしこれだけのことは言いえるであろう。すなわち、過ぎ去った年月を回想してみれば、大軍を糾合したこと、しかも英国が行なったとは名のみで実際の負担はハイデラバード国王が負担したのだが、その英国の傭兵となった軍隊を徴募したことを正当化するために、一八〇〇年の条約中の一項を牽強付会《けんきょうふかい》した点を大目に見て見逃がそうとすることは、英国にとってはなはだ困難であることを知るであろう。その多数の兵を徴募したことは、実際上は英国の傭兵になった軍隊の力を倍加したことになったし、かつそのために非常に重い財政上の負担をハイデラバード藩王国に課する結果になったので、ハイデラバード王国の予算は七十年ないし八十年間というものは、まったく均衡《きんこう》を失ってしまうことになっていたのである。

英国は、絶対優勢な軍事的勢力をもっていたため、なお上記の行動以外に種々の行動をとらざるを得ぬことになった。前に述べたように、こうした事態の下にあっては、英国が欲するところを実行することは英国に敵意をもつ総理大臣がおっては不可能であった。そこで、英国駐劄官《ちゅうさつかん》は、真に英国政府が信頼をおけるような総理大臣を任命することを、無理を押し通して主張した。その結果、一つの便宜的な手段が工夫された。それによれば、ハイデラバード国王が閣僚の異動を行なうと考えた場合には、あらかじめ英国駐劄官に対してその旨を暗示すべきことになった。そこで総理大臣は、強力なる軍事的優勢を背景にした英国駐劄官の支持を得て、その政策を何らの反対を受けることなく遂行することができた。

英国勢力の後押しがあったにもかかわらず、ハイデラバード政府の政治は驚くほど拙劣《せつれつ》であった。財政状態は絶望的な混乱におちいっていた。また地方は約五十年間にわたって、アラビア人やロヒラ人によって支配される有様であった。このアラビア人やロヒラ人というのは、多くはマラータ軍やピンダリ（十八世紀から十九世紀初頭にかけてインドの馬賊）軍から解放された傭兵らであった。一時はアラビア人の支配が事実上王国政府の力を圧倒してしまったこともあった。これらの連中は、重要な城塞をほとんどその掌中《しょうちゅう》に握っていた。ゴールコンダ城ももちろんそのうちにふくまれていた。彼らはまた、自分自身の法廷をもっており、自分らの役人をもっていた。そして、どの点から見ても、ハイデラバード王国の行政の上にさらに重ね上げられた一個の軍事的共和国たるの観があった。大銀行ではその債務者に強制的に債務《さいむ》を弁済させるために、これらの掠奪者からなる武装した分遣隊の力を借りた。小作米を取り立てる大百姓らも同様に彼らの力を利用した。彼らはまた国王の軍隊にも助力した。事実、国王が総理大臣の勢力に反対物となって平衡《へいこう》を保たしめるために暗暗裡《あんあんり》にこれらのアラビア人を支援していたことは、充分信ずべき理由があったと言えよう。これは、一八五一年にインド総督を起訴した主な理由であったが、その際総督は国王に向かって、アラビア人の軍隊は彼の主人であって召使ではなかったと語った。一体、当時ハイデラバード王領内に八千人あまりいたアラビア人を分遣隊中に加えることは許されなかったのであるが、その場合ハイデラバード分遣隊は何のために役立ったのであるか。これは吾々《われわれ》の聞かんと欲するところである。

サラール・ジャング卿が一八五三年に総理大臣になった。彼はその後三十年間彼の死去するまでその職にとどまった。彼は近代インドのもっとも偉大な行政家の一人であった。彼の治世の下に、ハイデラバード王国は多くの旧弊《きゅうへい》を棄て、過去の時代の諸政策を破棄し、新しき時代のなかに現れ出でたのであった。彼の強力な手によって、麻痺状態におちいっていた国政は建て直された。有効な司法制度が樹立され、警察力は再組織された。歳入制度もまた徹底的に改革された。多分彼のこのもっとも偉大な仕事が達成されていたために、かの「大反乱事件」の最中にもハイデラバードはなお英国に忠実たることを得たのであろう。この英国のインド統治の最大危機に際して、この偉大なる回教徒藩王国、すなわちハイデラバード王国は、北部地方と南部インドとの中間にあって緩衝国《かんしょうこく》たるの役割を果たした。そしてまた、南部インドにおけるハイデラバードの積極的な援助こそは、他の如何なるものにまして、その地方の平静を保つために貢献したのであった。もし、ハイデラバードがこの運動に参加したならば、事実上、インドのすべての回教徒はこのハイデラバード国王の指揮に服したであろう。ボンベイ政府の打った「もしハイデラバード国王が参加すれば万事休す」との一通の絶望的な電報は、その当時の感情をよく反映しているものと言うべきであろう。ところでこの電報は、後年になって、英国が如何にハイデラバード国王のお蔭をこうむっているかを示す例として、しばしばインドの新聞紙上に引用されたものであるが、これはまた同時に、英国はハイデラバード国王の助力に対し忘恩《ぼうおん》的行為をもって報いたのだということを暗示するためにも引用されているのである。

その当時、ハイデラバード国内の情勢が、如何に爆発的な状態にあったかは、次の事実によっても明らかに示されている。すなわち、ジハード Jehad（回教擁護の聖戦）がハイデラバード市において宣言され、緑色の旗が掲げられ熱狂した暴動に加わった民衆は、英国駐劄官《ちゅうさつかん》を襲撃したのである。この暴動は、総理大臣の援助によって蹴散《けち》らすことができた。それに対して、アラビア人は無関心の態度をとっていたが、多分、暴動に参加すれば、失うこと多きをおそれたためであったろう。

ハイデラバード市における一般の感情は、いちじるしく反英的であった。一八五九年のはじめ、一人のアフガン人の狂信者が、英国駐箚官《ちゅうさつかん》がサラール・ジャング卿と腕を組んで王宮の諮問会議《しもんかいぎ》から帰ろうとしているところを擁して、殺害しようとしたことがあった。ごく近いところから発砲狙撃されたがあたらなかった。犯人とおぼしき者が刀をふりかざして突進してきたが、ただちに総理大臣の従者のため斬り倒されてしまった。国王の近衛兵が市場を通過する英国駐箚官を警護していたが、その市場の屋根には見物人が雲集《うんしゅう》していた。その群衆の多くは、明らかに回教の「殉教者」に深い同情をもっていたのである。

大反乱事件の後、サラール・ジャング卿は、進んでアラビア人の起こす難問題と闘った。アラビア人は、事実上ハイデラバードおよび王国全般にわたって支配権を握っていたのである。総理大臣はアラビア人の刑務所を廃止し、城塞を占拠し、かつ彼らの自分勝手な司法権を剥奪《はくだつ》した。その際英国当局は、ハドラマウトからアラビア人の入り込んでくるのを喰いとめてやって、総理大臣の仕事に助力した。以後、ハイデラバードはもはやアラビア人の黄金の国ではなくなった。

一八八三年に、サラール・ジャング卿が死去して後は、この国の財政状態は悪化した。その主たる理由は、一定の王室費がなかったことと、王宮の諸経費を適当に制御することができなかったこととである。破産を未然に防ぐために、カーゾン卿は一九〇二年に干渉の手をさしのべ、ハイデラバード国王に対し彼の私費を一定額に定め、かつ英国人の大蔵大臣を任命することを強硬に勧告した。この勧告は受け容れられた。王室費は五十ラーク（五百万ルピー）に定められ、そしてパンジャーブ地方の文官だったカッソン・ウォーカー卿が大臣に就任した。この政策は素晴らしい成功を収め、その後数年にして財政の赤字はなくなり、余剰《よじょう》を生ずるようになった。また同時に国王は数人の英国人官吏を政府の他の部門、すなわち警察、公共事業、医療および歳入等の部門に任用した。

マーブブ・アリ殿下は、一九一一年、哀惜《あいせき》のうちに逝去《せいきょ》された。その地位身分においては、インド第一の紳士であった彼は、自分の役割を充分に果たした。彼は他人の誤ちに対しては寛大であり、他人に好意を示すことをいささかも惜しまなかった。彼は彼の貴族にも家臣にも、またヒンドゥー教徒にも回教徒にも、はたまたセカンダラパードの大兵営にいる英国士官らにも人気があった。彼が非常に富裕であったことは、彼の死後、彼の側侍者の一人だったバグダッド生まれのアルメニア人が、英国のデヴォン州に広大な土地を買い込んで、彼の子息たちを英国の財団公共学校（私立の大学予備校にして名家の子弟多し）に送った事実を見てもよくわかる。大英帝国はその忠実なる友を失ってしまったのである。故大王の治世たりし過去二十年間が、この首府ハイデラバードの社会生活のうちでもっとも輝しき時期であった。

彼の立派さを証明する例が一つあるが、ここに記す価値があると思われる。あるとき国王は総司令官アフサル・ウル・ムルク卿の家を訪問したことがあった。総司令官の小さな息子がその父の賓客《ひんきゃく》たる王に対して不作法な態度を示した。アフサル卿は、この王の神聖をけがしたことに驚きその不所存者《ふしょぞんしゃ》をじかに殺そうとした。このとき国王はそのなかに割ってはいって次のようなことを述べられた。「余が生まれて以来余に対してかかる無作法な態度をとったのはこの者がはじめてである。余はこれを一つの精神的な清涼剤《せいりょうざい》と思うぞ。で余は余の正しき認識を実証するため汝《なんじ》の小さな息子に対し生涯一年に一〇〇ポンドずつのマンサブ（Mansab）（すなわち年金）をあたえよう。」この年金は、現在でも年々なお継続されている。

サラール・ジャング卿は、セカンダラバードにある英国陸軍士官の集会所に、藩王国の若干の貴族や高位の官吏を会員として入会させるという条件の下に、巨額の金を寄付した。このことは、英国人とインド人の関係を親密にするに大いに役立ったし、また相互の友情や好意を深めもしたのである。

かくのごとく英国人とインド人とが相互に友好関係を結んでいるところは、インドにおいては他にはほとんどないのである。

ハイデラバード市はこの藩王国の首府であり、その近郊には英軍の兵営があり、人口は約五十万人である。市内には数多くのインドサラセン風の立派な建築物があるが、これは、この都市がムガル帝国の一員だったことを示している。郊外は、都心から直径四ないし五マイルの地域にまでおよんでいる。ここには、ハイデラバード藩王国の官吏や武官の住宅、また大貴族の宮殿などがある。宮殿のうちのあるものは、市場の中心地帯に建っているが、それだけでも小さな一つの町をかたちづくっている。充分に武装したアラビア人の暴漢は、この市場には昔ほどしばしば現れなくなったが、それでも、ヨーロッパ人がこの都市を訪問するときには、あらかじめ英国駐劄官《ちゅうさつかん》から通行許可証をもらっておく必要のあることが、法規で定められている。

回教徒の大貴族たちは、実際上全部、地方にある自分らの領地よりもハイデラバード市を好んで、市内に居住生活している。彼らの多くは、西洋の教育を受けている。名家の若い子弟たちは多く英国の財団公共学校とか大学とかへ留学させられている。諸君は、オックスフォードなまりをもったケンブリッジ大学の学生がもの静かに哲学や宗教について論じているのを見受けることがあるだろう。またいずれの大学生であるにせよめずらしくアリストテレスを知らないで倫理学を修めている人間も見受けるであろう。さらにまたこれらの留学生のなかには英国で最高の大学教育を受けて優秀な知識をかちえている技術家もいるのである。

バラモンの法学者や回教徒の弁護士がいるため、この寄木細工《よせぎざいく》のような社会に多様の変化をあたえている。またこの国には英国の騎士道にかなったことを行なうためには一切をあたえてしまうような大富豪の銀行家も多くいる。ある一人の銀行家は准男爵《じゅんだんしゃく》の称号をもらいたいために　―もし彼の憎んでいる長男にその爵位が継承されないならば―　私に十万ポンド提供して、慈善事業に利用してもらいたいと申し出たことがあった！

堂々たる態度をもった旧式な連中は次第に数少なくなっていく。それでもなおキシヤン・ペルシャッド卿のような大紳士もまだいることはいるのだ。彼はヒンドゥー教徒ではあるが当藩王国第一の貴族である。その他にもなおファークル・ウル・ムルク外数名の貴族たちが残っている。キシヤン・ペルシャッド卿は、行政参事会の会長をしていたときにヒンドゥー教徒の婦人や回教徒の婦人と結婚したが、こうした家庭に対する政策はかえって家族生活を複雑なものにするのではなかろうか。回教徒の婦人の生んだ子供はいつまでも回教徒として残ることになっているのである。キシャン卿は参事会室に出向くときは、いまだに昔風に撒きばなを供の者や衆人に惜しげなくあたえる習慣をやめないでいる。その他二三の大貴族と同様に、彼はまたヨーロッパ人に対して贅の限りをつくした晩餐会を開くので有名である。

貴族の家族の多くは、その祖先をたずねれば、ムガル帝国以前の回教王国時代の人々にさかのぼっている。その他のものはアサフ・ジャーにしたがってデカン地方にやってきたものである。彼らの土地、官職などの保有は半封建的であったし、現在もまたそうである。彼らの多くは、自分自身の警察、軍隊、法廷、楽隊などをもっている。私のある旧友は、楽隊がやむと目が醒めていけないというので、彼が病臥《びょうが》していたときに、一晩中楽隊に音楽を奏させていたことがあった。また今一人の私の友人は、古いイートン大学の卒業生であるが、その楽人らに一時に長い時間にわたってイートン大学の短艇歌《たんていか》を東洋風な作曲にして演奏させるのを好んでいた。

ハイデラバードで陰謀がよく行なわれる。これはムガル帝国時代いな遥かそれ以前の時代から今にいたるもなお脈々として続いているのである。これはまた一部の人士にとっては、ほとんど気晴らしや慰みになっているといってもよいであろう。しかし、そのやりかたはしばしば拙劣《せつれつ》で容易に見透かされてしまうようなものだ。これに反して、ときにはなかなか手の込んだ方法をもちいるのもあって、その背後によく訓練された教養ある頭脳の働きがあることを思わせる巧妙なのもある。その全からくりは、一つの劇をなすほどであって、それが暴露されるのを見るのもはなはだ興味のあるものである。

古来の伝統を墨守《ぼくしゅ》していることは、宗教局の統制法規を見ただけでもよくわかる。この法規によれば、一切の公式の法廷の記録とかまたは新聞紙で、そのなかにかの預言者マホメットの聖なる名が記されているものは、その記されている頁《ページ》を破ることを禁止されている。そしてこのマホメットの名は一般大衆によく知られているからして、普通の場合かかる記録を破った行為は重罪に処せられる。この目的のために、特別の係員が任命されている。一般民衆が、マホメットの名の出ている新聞紙等を捨って入れるように金網でできた容器が諸方の街路上においてある。かつてムガル帝国治下にあった当時には、インドにあるほとんどすべての藩王国は、回教をその藩王国の国教としていたのであるが、今なおその昔ながらの勢力は多分にハイデラバード藩王国に残っていて、回教はこの国の国教となっている。

ハイデラバード国王はいろいろの名誉を家臣らにあたえたが、この名誉を彼の臣下は大いに尊敬したものである。これらのこともまた、ムガル帝国の遺風である。最高の名誉を表す称号は「ジャーJah」であるが、普通これは支配家族の成員にあたえられたものである。もっとも頻繁にあたえられた称号は、「ナワーブNawab」（太守の意）である。これはそれぞれの程度に応じてあたえられていた。以上は大体回教徒の秩序順位である。ヒンドゥー教徒に対する尊称は普通は「大王Maharaja」と「王Raja」との二つであった。

国家の財政は、一九〇二年以来カッソン・ウォーカー卿に次いでレギナルド・グランシイ卿によってまた最近の十二三年間は英領インド出身の回教徒たるアクバル・ヒダリ卿によって、非常に慎重に監理されてきた。その結果、ハイデラバード国の財政状態は非常に強固なものになっている。歳入は、数百万スターリングに達しており、常に巨額の剰余金《じょうよきん》が出ている。この国は、自国の通貨をもっており、また自国の流通券を発行している。さらにまた自国の公債を市場に売り出し流通させている。国家は大きな鉄道網をもっていて、それから巨額の配当金を支払っている。鉄道および自動車運送は、ロンドンの専門家会議の監理下におかれている。かくも大きな不動産を六千マイルをへだてた英国人の管理に一任しているのは、よくハイデラバード政府の度量を物語っているものと言えよう。この鉄道および自動車輸送を英国人の手にまかせているのは、鉄道事業を政党の党略や政治的干渉によって惹起《じゃっき》される一切の紛糾に巻き込まれないようにしておこうという考えによるものである。

最近ハイデラバード政府は、一つの総合大学を創ってその公式言語には、今までのインドの他の土地で行なわれていた慣習と反対に、ウルドゥー語（ヒンドゥスタニー語の一種で主にインドのマホメット教徒間にもちいられ、ペルシャ語アラビア語等を混じている）を採用するという大胆な実験を試みた。この計画の主なる責任提唱者は、アクバル・ヒダリ卿であるが、この計画はマホメット教徒以外の一般人民にはまったく人気がない。だがそれにもかかわらずこの計画は推し進められている。この計画にしたがえば、インドにおける回教徒の文化の中心地としてのハイデラバード王国を樹立するのに大いに役立つであろう。

藩王国の軍備の確立に関しては、英国軍隊を信任せよとの新政策を英国政府がとったために、ハイデラバード国王の政府は、自己の軍隊の再組織の問題に当面することとなった。このハイデラバードの軍隊というのは、今までは、英国陸海空の連隊とは別になっていて、中世的性格をもった、また中世に相応した軍事的価値しかもっていなかった軍隊であった。有能な英国士官が幹部に任命された。資金はきわめて豊富であるからして、まもなくハイデラバードの軍隊は近代的兵器を装備した、少なくとも近代的な野砲一大隊をもった強大な軍隊になることであろう。こうした特権がさらにつけ加わったために、ハイデラバード藩王国が未来のインドのなかにしめる地位は、いちじるしく強化されるだろうということは、今さら言うにおよばぬことである。

ハイデラバードは、経済的発展の可能性が大いにある。一例を挙げてみれば、南部地方で百万エーカーの土地を灌漑するためにキストナー河の水を利用する計画がある。また安価な電力を供給するように水力発電事業をやる計画がいくらでもたてられる。この国にはまた広大な炭田がある、高級な棉《めん》は広い地域にわたって栽培されている。ひまし油の種も重要な産物であって、これはハイデラバード王国に莫大な富をもたらしている。ハイデラバード政府のとっている進歩的な政策によって、この国の富や繁栄は急速に増大するであろう。

現在のハイデラバード国王、ミール・オスマン・アリ殿下は、一九一一年に父王の後を継いで即位した。父王に似て小柄でやせ形の人である。彼は、ムガル帝国領のうち最大の地方の領主の後継者であるが、昔のデリーの皇帝等のもったならぶものなき優越をその身に吹き込まれていて、その気質には実に帝主然たる跡を明らかにもっている。ハイデラバード王国こそは、今なおムガル帝国の伝統の芳香《ほうこう》が馥郁《ふくいく》と香っているといってもさしつかえないであろう。ハイデラバード国王が、その貴族、官吏および供奉員《ぐぶいん》らに対してもっている威信というものは大したものである。

晩餐会のときに王の貴族たちが、英国駐剳官邸《ちゅうさつかんてい》の玄関に二列にならんで、王が通るときに、王の足もとの塵《ちり》を取りのける意味で二重に身体を折り曲げるのは、誠に印象深い光景である。

宮廷内における礼儀作法は、厳格に守られていて、どんな廷臣《ていしん》でも、公式の帯（バグルス）をしめていないときには王の側近に近寄ることはできない。今一つ、現在まで格守されている慣習として、王が訪問するときまたは王を訪問するにあたってナザール Nazars を贈呈することである。ナザールとは一種の貨幣の贈りもので、非常に多くのモーハ Mohur 貨をあたえるのであるが、それは訪問者の社会階級にしたがって額が決められている。（モーハとは一八九九年までインドで流通した金貨で十五ルピーにあたる、また Gold mohur ともいう。）

低い身分から努力して立身出世した人に、このナザール贈呈の特権があたえられることは、その人にとって非常に幸福なことである。ハイデラバードでいつもよく開かれる王宮の晩餐会についていろいろの面白い語り草があるが、それによると、よく王の気質の諧謔《かいぎゃく》に富んだいたずら気分が現れている。例えば、それらの気質は晩餐会に呼んだ酒好きの客のあしらいかたにも現れている。すなわち、ある特別の貴族でウイスキーにかけてはほとんど人間離れのした飲み手であると信ぜられている人に、王は罰として一杯のプレーン・ソーダ水をあたえるだけのことがある。また他の飲み手にはジンジャエールをやる。ところが本当はその酒飲みはシャンパンが飲みたかったのに。

ハイデラバード国王は、その父君の非常に厳格なしつけを受けて育ったので、気随気儘《きずいきまま》なことはごくわずかしか許されなかった。また成人してからも一人の英国人の家庭教師が王の教育を手伝うように任命されたが、それは主に当時の副王が提案した意見によったものであった。その哺導係《ほどう》には、ブライアン・エガートン卿が選ばれた。エガートン卿は、かつてビカネールの大王の哺導係をしたことがあるが、ビカネールの大王は今もなおエガートン卿を愛情をこめて王のグル（導師）と呼んでいる。このハイデラバード国王もまた、王の旧友たるエガートン卿に対して大きな愛情と尊敬とを抱いている。王が父王の後を継いだときにエガートン卿に信任厚き地位をあたえ、現在もなお交わりを続けている。一九三四年に王の息子らがヨーロッパ訪問の途に上ったときに、王はエガートン卿を招いて、息子らの指揮者としての重責を果たしてもらった。

一日一、〇〇〇ポンドの王室費を使い、広大な領地、市場、家屋、その他の不動産、山のように積んだ宝石、金塊および現金を所持している王は、おそらく世界第一の富豪であろう。世間の噂では、王の宝石は一千三百万スターリングだといって荒唐無稽な値打ちをいいふらしているが、そうした宝石の蓄えを金額に見積って値段を決めることはできないことである。

こうした巨富を積んでいるにもかかわらず、決して王はそれを見せびらかしたり自慢したりすることはない。王の貴族たちは銀を張りめぐらしたロールス・ロイスの高級車で路上を疾駆しているのに、王は昔ながらのビィックに乗ってまったく満足している。王の生活標準は、ほとんどスパルタ的な質素険約の生活に近いが、これはさらに厳格な育てかたをされたために一層質素になられたものであることは疑う余地がない。ハイデラバード王国の歳入の十分の一程度の収入をもった藩王でも、彼らには必要とも思われぬほどの、まあ五十万スターリングくらいの金をかけた王宮に住んでいる。しかるに国王は今でもなお父王があたえてくれた邸宅に住んでいる。この邸宅は王宮というよりもむしろバンガローといったほうがいいような建物である。王は息子らの乗馬の外には別に馬を飼ってはいない。またときどき田舎の競馬会に出かけるとかまたは自動車の遠乗りに行く外には、別に狩猟にも行かないし、戸外の娯楽に趣味をもっていない。しかし劇場に行くことは好きで、セカンダラバードの英軍の兵営にある劇場に英国の旅まわり演劇団の興行のあるときは、しばしば観劇に出かけられる。最近王はデリーを訪問されたことがあった。その際王はこの新首都に建築された王宮に滞在された。そうした場合にはいつも、王は全部のお付きの婦人たちを同伴される。その人数は二百人といわれているが、王宮付の諸道具を運ぶのには特別列車が二列車もいるのである。

ごく気分の軽い屈託のないときには、王はよくペルシャ恋物語の詩をつくられたものである。これらの詩を集録《しゅうろく》したものが、王の官吏の一人ニザマート・ジャング卿によって英訳され、豪華な装幀で出版された。

国王の家族生活は単純なものである。王は自分の息子らや娘たちを愛している。このハイデラバード藩王国ではパルダ（婦人の居室に男子の出入を禁ずるためにかけられた帳）の掟は厳格ではあるが、王の未婚の娘たちにはこの規則を除外してやってある。王の娘たちは、王宮や英国駐剳官《ちゅうさつかん》の宴会にも出席するし、また王に同伴されて、競馬に行くこともある。

国王の二人の息子たちも、非常に厳格に育てられた。二人の息子たちの教育はもう完全だと思われる。それで今は独立してそれぞれ大きな世帯をもっている。兄のサービブザダ・アザム・ジャーは最近トルコの前スルタンの娘と結婚した。彼の弟、モアッザム・ジャーは、やはり以前のスルタンの姪と結婚した。二人の婦人とも美人でまた人物も申し分のない女性であり、ヨーロッパの標準にしたがって育てられたのである。トルコの前スルタンは、ハイデラバード国王の政府から一年に四千ポンドの年金をもらっている。トルコ君主の家族で王以外の人々もまたハイデラバード国王政府から莫大な金をもらっている。

インドの各藩国王の普通の慣例通り、ハイデラバード国王もまた立派な王国外人接待局をもっている。このハイデラバードの狩猟場の設備は驚くほど立派にできている。副王の訪問に対する儀式や、歓待もまたいたれりつくせりである。ハイデラバード王国の気前のよさは、最近ロンドンにある回教寺院に対して三五、〇〇〇ポンドも寄進したことを見てもよくわかるであろう。

ハイデラバード国王は明らかに大望をもっているが、その大望は過去二百年以上にわたって、一つの大王国を支配してきたアサフジャーヒー王朝の威信と偉大さとを発揮することに集中されているのである。おそらく国王はもはや、その失ったベラー地方、かのデカン地方の庭園といわれる土地を、再び我が手に取り戻そうというようなことを夢見てはいないであろう。一般に信ぜられているところによれば、このハイデラバード王国と英国政府との間のベラー地方をめぐる長い間の抗争も妥協が成立したとのことである。それによると、一方においてベラー地方はハイデラバード国王の支配君主たることを認めかつハイデラバードとベラーとはなお感情的には連繋《れんけい》を保っているのにもかかわらず、ベラー地方はインドの中央諸州の一構成分子として、インド連邦に加入することができるというのである。ハイデラバード国王は、インドの政治についてはほとんど関心をもっていないしかつ気質の上からいうと民主主義は好まないようである。それにもかかわらず、国王はインド連邦案のなかにハイデラバード王国も加入することについて無準備でいるわけではない。そのために国王は自分の代表者として、もっとも有能な政治家アクバル・ヒダリ卿を円卓会議に派遣したのである。その際、リチャード・チェネヴィートトレンチ卿とマージ・ヤール・デュング太守が副使として派遣された。アクバル・ヒダリ卿は、ロンドン協定に際して非常に重要な役割を演じた。

最後に、次のようなことが言いえられるであろう。すなわち、ハイデラバード国王は、インドにおける回教の文化や伝統を維持擁護せんとしておらるるのだということである。そしてまた、インドにおける回教徒の多くのものの希望や抱負は、今やハイデラバード王国およびその統治者に向けられているのだということも疑いを容《い》れぬところである。

ハイデラバード王国の先王は、サラール・ジャング卿は国の伝統と因襲とを利用して国務大臣を包囲してしまったが、その伝統や因襲の結果ハイデラバード政府を一つの立憲君主政体に変えてしまったと、よく口癖のようにいわれたものであった。だが先王の息子たる現国王は、自分自らが国務大臣となり、何ら他から干渉を受けることなく国家を統治せんと決心したのである。有名なパーシ・フェリダン・ウル・ムルク卿が王の副大臣として活躍した。この治世は第一次世界大戦中行なわれたのであったが、この当時において国王のした仕事は、実際は非常に価値のあるものであった。

彼はインドにおける回教徒に向かって、英国皇室に忠誠をつくすようにとの宣言を発したが、このことは、回教徒の意見を固めるのに大いに役立ったのであった。二箇連隊のハイデラバード槍騎兵がパレスタインに派遣されて、きわめて優秀な軍功を挙げた。その後一九一九年に、アフガン戦争が勃発した。そのときにおけるハイデラバード国王の態度は、インドの回教徒らを擾乱《じょうらん》に巻き込ませず平静を持《じ》さしめるに大いにあずかって力があったのである。

ハイデラバード国王にあたえられた尊称の、大殿下（Exalted Highness）および「英国政府の忠実なる同盟者」"Faithful Ally of the British Government"というのは、一九一四年から一九一九年にいたるまでの王のいろいろの功績を認められて、授けられたものである。

第一次世界大戦の終了後、ハイデラバード国王は、憲法改正の問題をとり上げた。英国政府は、当分の間、王に強制して一人の国務大臣を任命させた。憲法の改正は、一人の総裁と六人の参事からなる行政参事会（Executive Council）の形態をとった。総裁および各参事官は、それぞれ一つまたはそれ以上の大臣の職務を受けもっていた。最近にいたって、国王は数人の英国人官吏を任用して行政上の援助を行なわしめたが、とくに警察および歳入に関する部局に多数の英人官吏を採用した。

ハイデラバード藩王国について、やや詳細にわたって論じたのには二三の理由があってのことである。例えば、その理由の一つとしては、そもそもハイデラバード藩王国およびその国の統治者たちが、如何なる程度までインドにおける大英帝国の建設に協力したかを真に理解しなければならないと感ぜられるからである。なるほど英帝国の基礎は、クライブの戦ったかのプラッシーの野戦とアルコットの戦とで定められたことは真実であるが、また他方ハイデラバード藩王国をその背後の力として頼むことがなかったならば、英国人はマラータ族の連合国の勢力をたやすくは破りえなかったであろうということもまた同様に確かなことである。英国はハイデラバードから広大な領地を獲得した。例えばマドラス州においては、北部サーカース地方、カーナティック地方、ベラリー地方の「割譲地域」アナントプール、カーナル等々の諸地域を獲得し、ついにはベラー州をも掌中に収めた。そしてこれらの諸地域からの財政収入をもって、英帝国建設を完成するために必要な費用をまかないえたのであった。その後ベンガルの大反乱事件に際しては、筆紙《ひっし》につくし難き大きな援助を受けたし、最後に、第一次世界大戦に際しては、ハイデラバード国王は喜んで英国に協力してくれたのである。

上述の事柄と全然別個の問題ではあるが、百七十年間以上にわたる英国とハイデラバード藩王国との諸関係は、英国皇室の至上権の理論と原則ならびにその具体的な運用の進歩発展が如何に素晴らしいものであったかを現実に証明しているものである。

過去より現在にいたるまで、ハイデラバード藩王国は、英国に対して忠実でありかつ協力してきてくれた。そしてこのことが、インドにおいて、英帝国が幾多の困難に逢着《ほうちゃく》した場合に、もっとも強固な扶壁《ふえき》となり支柱となったのであった。少なくとも英帝国の直面した苦難に対する防壁の一つではあったのである。

ハイデラバード藩王国の国内統治は強力であり、かつ申し分なく行なわれている。将来、インドに連邦制度が樹立される場合においては、ハイデラバード藩王国こそが、インドと英国皇帝との間を結ぶ強固不破の連鎖環となることであろう。

回教徒藩王国

第十章

X

The Smaller Moslem States

第十章

回教徒藩王国

小回教徒藩王国一覧表

ボーパル

回教徒、アフガン人のなかのオラクザイ族、太守ハミドラー・カーン卿、即位一九二六年、面積六、〇〇二方マイル、人口約七五〇、〇〇〇人、七三%ヒンドゥー人、一三%回教徒、歳入五〇〇、〇〇〇ポンド

ババワルプール

回教徒、王朝名アバッシ・ダウドプトラ、太守サジク・ムハメッド・カーン・アバッシ五世　即位一九〇七年、面積一五、〇〇〇方マイル、人口約八〇〇、〇〇〇、八三%回教徒、歳入三五〇、〇〇〇ポンド

ジュナガール

回教徒、太守マハバット・カーン・パービ・パサン卿、即位一九一一年、面積三、三三六方マイル、人口五四四、〇〇〇、七三%ヒンドゥー人、歳入約六〇〇、〇〇〇ポンド

カイルプール

回教徒、王朝名タールプール、太守ミール・アリ・ナワズ・カーン、即位一九二一年、面積六、〇〇〇方マイル、人口二三七、〇〇〇、多くは回教徒、歳入一二〇、〇〇〇ポンド

ランプール

回教徒、太守ハミッド・アリ・カーン、即位一九三〇年、面積八九二方マイル、人口五〇〇、〇〇〇　五五%ヒンドゥー、四五%回教徒、歳入三二五、〇〇〇ポンド

パランプール

回教徒、ロハニパサン族、太守シェル・ムハメッド・カーン、即位一九一八年、面積一、七六五方マイル、人口二五〇、〇〇〇、七五%ヒンドゥー人、歳入八〇、〇〇〇ポンド

トンク

回教徒、パサン族、太守ムハメッド・イブラヒム・アリ・カーン、即位一九三〇年、面積二五七九方マイル、人口約三一七、〇〇〇、八二%ヒンドゥー人、一五%回教徒、歳入一二〇、〇〇〇ポンド

ハイデラバード藩王国と同様に、一般に回教徒の藩王国は、ムガル帝国の継承者だと言うことができる。回教徒の数は、約十二か国であるが、その面積にいたっては大小さまざまである。小国としては、ジャンジラ（面積わずかに三五〇方マイルくらい）やキャンベイがあるが、両国ともにかつてのムガル帝国海軍のアビシニア人の将領たちにあたえられた小さな封土であった。大国としては、面積一五、〇〇〇方マイルにおよぶバハワルプール王国がある。

ボーパル王国は、ハイデラバード藩王国に次ぐもっとも重要な回教徒王国である。バハワルプール王国は第三の重要な王国である。カーイルプール、ランプールおよびトンクの藩王国は大体似たようなものであるが、トンク王国は、もっとも優位にあって十七発の礼砲を受けるが、他の二王国はそれより劣って十五発の礼砲を受けるのみである。カティアワール地方のジュナガール王国は、富においても人口においても、前三国に優っている。しかしながら礼砲の数は二つだけ少なく受けることになっている。さらに、パランプール（ラージプタナ地方）、ジャオラ（中央インド地方）およびラーダンプール（カティアワール地方）の諸王国は大体甲乙がない。

これらの回教徒諸藩王の統治する国土は、全部を合して面積三八、〇〇〇方マイル、人口約三百五十万人である。そのなか、回教徒は半数以下である。全インド藩王国内の回教徒の人口は概算一千一百万人であるが、回教君主の統治に服する者の数は、ハイデラバード藩王国の分をふくめても、約三百万人にすぎない。事実、人口の比をとってみると、各藩王国内に居住する人のうち回教徒よりもヒンドゥー教徒のほうが遥かに多数である。その比率は略々《りゃくりゃく》八人対一人の割合である。これに反して、英領インドにおいては、五人対二人の割合になっている。

ポーパル藩王国は、十七世紀の末に、アフガン人の武将、ドスト・ムハマッドの樹立したものである。彼はデリー政府に反抗し、ハイデラバード藩王国初代の国王アサフ・ジャーと同盟することを拒否し、その結果、国を失わんとした。彼は強制されて、その息子のヤール・ムハマッドをハイデラバード国王のもとに人質に出した。ハイデラバード国王はその人質を自国の首府ハイデラバードに連行した。数年後に、ドスト・ムハマッドの死去した後に、ハイデラバード国王は、ヤール・ムハマッドを助けて王位を継承させた。ハイデラバード国王は、ヤール・ムハマッドにマヒ・マラティブ Mahi Maratib（魚を司る顕職）の徽章《きしょう》を授けたが、これはムガル帝国の最高の名誉を示す印の一つである。この徽章は現在でもなお、ボーパルの統治者の紋章になっている。

一七七九年から一七八一年にかけて、かのゴッダルド将軍の有名な進軍が行なわれた。これは、マラータ族と戦いつつあったボンベイ政府を救援するために、中央インド地方を横断し、マラータ族の住む国土を通過して敢行されたものであった。その結果、ボーパル国王は、ここにはじめて英国と接触する機会を得たのであった。ゴッダルド将軍旗下の軍隊が、ボーパルに帰着するまでの途上いたるところで遭遇したのは、ただ抵抗と敵意とのみであった。だがボーパル国王とその人民たちは、あらゆる困難をしのいで、英国の将軍に力をかし援助をした。これは、彼ら自身にとっては大きな危険を招来するものであった。事実、英軍が撤退した後に、この彼らの行動は、ついにマラータ族の猛烈な復讐にあったのである。

英国の保護領を拡大して中央インド全体におよぼそうとしたウェルズレーの政策に対してその後いろいろの反動的勢力が起こった。そのため同盟条約を締結せんとしたボーパル国王の努力は水泡に帰した。国王は数年間ピンダリ（インドの山賊）とマラータ族の連合しての攻撃に対して戦わねばならなかった。ついに、ボーパル王国が崩壊の危機に瀕するや、英国は干渉に乗り出し、その保護領域を拡大するにいたった。これは一八一七年のことであった。

ボーパル王国の歴史においては、婦人が大きな役割を演じている。まず第一に、ヤール・ムハマッドの未亡人は十八世紀の中頃より約五十年間にわたり、事実上この国を統治した。彼女がかかる地位についていたのは、その個性が強烈だったためではなくて、むしろ彼女の治世中の国王らは単に有名無実の人間であり、政治に関しては一向に気乗りのしない宗教的な世捨て人ばかりであったという事実にもとづくのであった。この女王（女太守）の厳格な統治によってこの藩王国は助かったのだともいえる。再び一八四四年から一九二五年にいたる間のボーパル藩王国の君主は女太守であった。この場合には直系の男子相続人がいなかったためにそうなったのであった。この間の最初の女太守になった女王は、シカンダール女太守であった。彼女の娘シャー・ジャハン女太守がまたその跡を継いだ。次に女太守になったのがまたシャー・ジャハンの娘サルタン・ジャハンであった。シカンダール女王は、かの大反乱事件当時の功績、とくに英人避難者をよく保護したかどにによって、英国女皇より特別の感謝を賜わった。

一九二六年に、英国政府は、女太守の要求に応じて、彼女の生き残っている息子のナワブザダ・ハミドラー・カーンをその後嗣《こうし》とし、彼女の死亡した長男の息子らを後継者とせぬことに決定した。その後まもなくして彼女はナワブザダのために退位した。この太守（ボーパル国王）がまた男の子をもたなかった。現在では彼の長女が英国政府によって彼の後嗣《こうし》として承認されている。

物故したナワブ・スルタン・ジャハン女太守殿下は、彼女の同時代のインド人君主のなかではひと際目立った人物であった。彼女は一八五八年の生まれである。王位についたのは、一九〇一年、彼女の母君シャー・ジャハン女王の没後であった。シャー・ジャハン女王は、彼女の最初の夫の死後、彼女の部下の官吏をしていたナワーブ・サジク・ハッサンと第二の結婚を約束した。数年をへるなかに彼は完全に女王を圧倒してしまった。そこでインド政庁で女王の配偶者は行政に干与《かんよ》するを得ざる旨の原則を定めたのにもかかわらず、彼はボーパル王国の事実上の支配者となってしまった。彼の妻の長女および後継者に対してサジク・ハッサンは猛烈な敵意を抱いていたが、ついにこの二人の間をまったく引き離して不和にするに成功した。それで約十年間以上も、このボーパル王国の将来の支配者たるべき女性とその夫とはその宮殿のなかでほとんど囚人に等しき生活を送らされた。ついにこれを見かねて、インド政庁は干渉に乗り出した。

ナワーブ・スルタン・ジャハン女王は彼女の自著伝のなかに、この当時の有様を如実に描いている。中央インドにある諸藩王国の副王代理として、レベル・グリッフィン卿は予期されていないときに突然ボーパル王国を訪問し、そしてただちに、女王、女王の夫、および貴族や王国の高官連を最高諮問会議《しもんかいぎ》（ダルバール）に招集した。開会式が終わると副王代理は、女王に向かって、副王（英国人官吏にして各藩王国に駐在して王の行政指導にあたる人）は彼女の夫たるナワーブ・サジク・ジャングからその称号と英国政府の礼砲とを剥奪《はくだつ》しかつ彼が行政に関して一切干渉することを遠慮すべき旨の命令を伝えた。副王は女王殿下が信頼するに足る総理大臣を任命し、ボーパル王国の諸情勢を適当に処理し秩序を樹立するように期待した。女太守（女王）は彼女の夫が公衆の面前で侮辱されたことを手ひどく感じた。そして彼を復職せさるように必死の努力を試みたが、ついに不成功に終わった。

ナワーブ・スルタン女王が王位を継承するや、彼女は、有能な人物を選んで彼女に協力させせまた彼らの援助を得て、このボーパル王国に繁栄と進歩の時代をもたらした。彼女は有能にして知識に富んだ支配者であった。そしてまた英国皇室に対しては非常に忠実であった。一方また彼女の魅力ある美しい態度や広い趣味によって、英人やインド人の彼女の友達に非常によい人気を集めていた。その友達を彼女は好んでヒンドゥー語をもちいて生々とした機智に富んだ話しぶりで応対するのであった。

彼女は今世紀に入ってから開かれたデリーの最高会議には二度とも出席した。藩王国の問題について討議するときは完全にヴェールをかけていた。普通彼女は二重のヴェールをかけているが、友達と話すときには、これを取り除くのが常であった。彼女が私たち夫婦をバンガロールの英国駐剳官《ちゅうさつかん》のところへ訪問してくれたとき、彼女が新しい道楽　—すなわち水彩画のスケッチ—　に対してどんなに鋭敏な感覚をもっているか驚いた次第である。彼女は二度か三度ヨーロッパに行ったことがあるし、またメッカに巡礼に行ったこともある。

彼女の自叙伝は、インドの藩王国内における宮廷生活、慣習、行政につき、さらにまたインド政庁と藩王国の統治者の関係について、はなはだ興味あることを書きしるしている。英帝国から賞賛されるような人々のなかでこの女王はとりわけ賞賛にあたいする人である。

彼女の子息にして現在の統治者たるナワーブ・ハミドラー・カーンは、アリガー大学で教育を受けた。このことからして、インドの政治事情についての彼の関心や知識の程度を、ある程度までうかがうことができる。彼は、インド藩王会議ではなかなか目立った活躍をした。そしてまた主だった藩王たち—実際上全部ヒンドゥー教徒であり八大藩王として知られている—　とは円卓会議では非常に親密な関係にあったのである。彼は対英関係については非常に友好的な立場に立っている。彼はポロ競技に上達しているし、また立派な万能運動選手である。彼は、〇、二七〇番の銃で虎を射つが、必ず狙ったところに正確に的《あ》てるし、その同じ武器を手にして平然と傷ついた虎の側に歩み寄っていく。彼の施政は近代的な線に沿っていて、ボーパル王国は立派会議をもっている。インド政庁の文官だった古参の英人官吏が、歳入監督官を勤めている。また英人の大佐が陸軍大臣の職を奉じている。

国王の宮廷における家族生活は大体ヨーロッパ風である。女性は非常に美しい女主人役でありその生活の外見においてはきわめて当世風である。彼女はその娘たちとテニスやその他のゲームをするし、娘たちは、運動するときの服装には、平気で海水着を着けている。母も娘たちも女子の指導には熱心であり、その他の立派な仕事にも身を入れて奨励《しょうれい》している。その他に彼女らが好んでやる娯楽に鹿狩りがあるが、これは普通の銃で射つのではなく、彼女たちが、夜、自動車に乗って森のなかに突入して、自動車の前に取りつけた反射光付きの小灯で鹿を射とめるのである。若きインドは進歩的である。

ポーパル藩王国の首府ボーパル市はインドの都市のうち、もっとも美しい都市の一つである。市は、長さ六マイルの美しい湖畔に絵のごとく立っている。その白い数々の建物と王宮とは、陽光を浴びて輝いている。市は塵《ちり》一つ落ちていないほど純潔に掃除が行き届いているが、これはインドにはまったくめずらしいことである。国王の王宮は、英国の田舎の別荘に似ているが、ぜいたくな趣味を示唆する超近代的な、さまざまの家具が備えつけられている。虚栄や見せびらかしはまったく影をひそめて地味らしくはあるが、しかし設備万端よく行き届いている。こうした莫大な金のかかることをしているのにもかかわらず、国王は自分の個人的な費用のために国庫の収入に過大な金額を出させるような要求は決してしていない。ボーパル王国が新しきインドにおいて重要な役割を演ずるだろうことは疑いのないことである。

バハワルプール藩王国は、中央大沙漠地帯の縁《ふち》に位し、その境をラージプート族のビカネール藩王国およびジャイサルメール藩王国に接している。その領土の多くはジャイサルメール藩王国から奪ったものである。その歴史を簡単に述べてみれば、北部シンド地方に定住していたダウドプトラあるいは別名ダヴィッドの子として知られていた国境民族が、擾乱《じょうらん》を起こしたために、時のペルシャ皇帝ナーディル・シャーの部下の地方長官のため、一七三七年ごろに、インダス河を超えてインド方面へ追放されたということになっている。イスラエルの子らと同じように、彼らは沙漠のなかに漂《ただよ》い込んで、ついにサトレジ河の左岸に定住したのである。バハワルプールという国名は、その民族の漂泊のときの指導者、バハワル・カーンから取ったものである。

一世紀をへて後、シーク教徒のランジート・シングにまさに絶滅されんとして、当時の国王はついに普通の条件で英国の保護国になることになった。一八四九年にムルタンに起こったシーク教徒の反逆に対して英国を援助するためダウドプトラの一軍は、サトレジ河を渡って進撃した。彼らはキナイレーの戦闘に参加した。このことはインドの国境問題についての古典ともいうべきエドワードの著書「パンジャーブ国境史」にくわしい。

バハワルプール政府は、サトレジ渓谷の運河作成計画について、パンジャブおよびビカネール藩王国に協力している。完成のあかつきには、パハワルプール藩王国の二百万エーカーの土地が灌漑の便を得ることになる。この計画遂行に関する分担金は七百万スターリングに上っている。この費用はインド政庁が貸しつけた。返済のためには土地を売却するだろうと思われていたが、農地の価格の暴落のためにいまだ実現していない。土地全体を取り上げるようになるとすれば、移民させることが必要になってくるであろう。現在の人口は約百万人であるが、その多くは回教徒である。パハワルプール藩王国は経済的な資源をもっているからその将来性はあるといえようが、一般には住民に進取の気象と勢力がかけているから大した期待はもてまいとの意見が多い。

国王はいまだ若いが、英人の家庭教師の手で育てられたかたである。彼は一九〇二年には、英国皇太子殿下付名誉武官だったし、現在は、インド軍の名誉隊長である。彼は、しばしばロンドンを訪問するが、ロンドンではいつも、贅をつくした宴会を催している。

ランプール藩王国は、十八世紀の初頭、冒険的なアフガン人によって樹立されたロヒルカンドの軍国の遺跡を継いでいる国である。ヒンドゥー教徒の農民にのぞんだ回教徒の寡頭《かとう》支配は、残酷にして所期の効果を挙げえざる政治であった。ロヒラ人たち（アフガン人はこう呼ばれていた）は英国の保護国アワド国に対しては危険にして騒がしき隣人であった。彼らはマラータ族と相結んでその国境を超え、彼らと同じ宗教を信ずる人々の平和を撹乱《かくらん》せんとしたのであった。一時は、アフガン王によって侵略される恐れもあった。そこでウォーレン・ヘースティングスはロヒラ人がその侵略者すなわちアフガン王を招じ入れてともにアワド国を攻撃するのではないかとの危惧の念を抱いたのである。したがって、ヘースティングスは、アワド国王ワジールがロヒルカンドを自分の王国に合併してしまおうとする政策に同意したのである。この目的のために英軍を貸しあたえてやった。これは一七七四年のことであった。かくてロヒラ人はロヒルカンドから駆逐されてしまった。バークやその他ウォーレン・ヘースティングスを誹毀《ひき》する人たちはロヒラ人に深い同情をもっているけれども、事実ロヒラ人などは、決してかかる同情にあたいする人間ではないのだ。ロヒラ人の統治は、最悪の事制政治の一つだったのだ。彼らの政治は伝統の支援さえもなかったのである。

ランプール国王は、ワジール国王の一封建臣下として自己の領地を保有することを許された。

ランプールの現在の支配者は一九三〇年にその父の跡を継いだ。彼は、一九三四年にはじめてヨーロッパを訪問したが、そのとき彼はパリからロンドンまで特別の旅客機を借り切りにして飛んだ。彼は国内の政治を近代化するために大いに努力した。彼の総理大臣、アブッサマド・カーン卿は、彼の義理の父にあたる人である。ランプール王国には、有名なアラビア語の大学があって、全インドから多くの学者がここに集まってきている。授業は大体神学的に行なわれている。上に知識ある統治者を頂いているこの小さいが進歩的な藩王国は、北部インドの回教徒たちに大きな影響をおよぼすことになるであろう。

ジュナガール藩王国については、カティアワール地方のことを論ずる際に一言しておいた。十五世紀までは、ジュナガール藩王国は、ラージプート族の藩王国であった。十五世紀以後になって回教徒王国となったのである。現在の王家は一七三七年に一人の回教徒の将軍によって創立されたものである。

この王国は、英国政府およびバローダ藩王国政府に貢納している。しかるに、二世紀前には、この国は非常な勢力をふるっていて、それに隣《とな》っていた二三のラージプート族の藩王国から貢物を取り立てていたほどであった。この貢物は現在も続いている。

カティアワール地方に産するたてがみのない獅子の棲息地たるギルの森林は、ジュナガール地方にある山岳の連亘《れんこう》したなかにあるのである。カーイルプール藩王国の祖先は、特別に我々の興味をそそるものがある。この国はシンド地方にあった独立連合国のかたみである。英国は、一八三七年から四一年までのアフガン戦争に際しては、種々の条約を無視して、この地方を軍事基地として利用し、ついに一八四五年、戦争が終末すると些細な根拠をもってこの地方を併合してしまった。アミールの軍勢を打ち破った功績を寸鉄《すんてつ》的に表現した言葉　—「我れ罪を犯せり、我れシンド地方を獲得せり」

というのは、ナピールを指していうのであるが、この表現はまたナピールの政策にその真実の性格を付与している言葉だというべきであろう。統治者ミールはその王国の統治に多少の困難を感じたので、最近は彼に助力するように英国人官吏を雇い入れている。

トンク藩王国については、すでにラージプート族を論じた章において言及したことである。この王国は、愉快な旧世界の一点であって、その隣国ほど急速には時勢に即応した動きを示していない。国王は一般に近年になってからは政治部の英人官吏を雇って、その総理大臣に任命している。

その他の諸王国は非常な小国であって、別に詳細な評釈を加える必要もないと思われる。

これらの諸藩王国内における回教徒的要素は、ヒンドゥー教徒的要素に対比してみると、比較的微弱だということができるであろう。カシミール地方以外のところでは、回教徒は広く分散して居住している。ボーパル藩王国は例外であるが、小回教徒王国は、ハイデラバード大藩王国の衛星として、遠隔な軌道を描いて回転している。したがって融合統一は困難である。とはいうものの、回教徒藩王間には、ラージプート族とマラータ族間に介在しているほど強い伝統的な敵意があるわけではない。そして、ハイデラバード藩王国の国王は、その敵たるヒンドゥー教徒の藩王国が回教徒の二倍以上の人数のヒンドゥー教徒より受ける援助に比較すれば、もっと多くの支持を八百万の回教徒から受けていることは確かである。このことはすべて、インド連邦における回教徒の勢力を増大することになるであろう。

本書のはじめのほうにおいて、我々は、ベンガルおよびマドラス地方における二三のムガル帝国の封建臣下、—例えば、ブルドワン、ジャイプル、ヴィジャヤナガラム、ボツビリ等の大王たちは、何ら特別の理由なくして、英国人によって普通の貴族の階級に列せられてしまったのに、一方では依然として、カティアワール地方およびその近傍《きんぼう》に数百の小封土を保持しているという奇妙な事実についてちょっと諷示《ふうじ》しておいた。

もっといちじるしい変態的な例と思われるのは、回教徒の大貴族アガ・カーンのインドにおける特殊の地位である。彼は殿下の称号をもらっているのみならず、礼砲を受けることになっており、また第一流の族長たる身分をあたえられている。しかるに、彼は何ら領土の支配権もなくまた大領地を所有してもいないのである。しかもなお彼はインドの諸藩王におとらず偉大な政治的権力をふるっているのである。

イングランド、ヨーロッパおよびアメリカにいる多くの人々は、右のことについてアガ・カーンのことを聞きおよんでいる。彼は、沙漠のなかの回教寺院にいても、ロンドンの客間や英国の競馬の下見所《したみじょ》にいるのと同じように気楽にしている。一体この人は——この偉大な宗教的指導者は何者であろうか。

彼の富と勢力とは大部分先祖伝来のものである。とくに彼の家族の宗教上の勢力はほとんど一千年以前から強大なものであった。

一般によく知られている伝説によると、彼の祖先の一人は、アサシン派の首長だった「山の老人」だったということである。彼の家族そのものの発祥は、アリにまでさかのぼっている。アリは、予言者マホメットの義理の息子であり、回教徒の一分派たるシーア派の宗祖であった。その後この家族はペルシャの諸王と同盟条約を結んだ。アガ家の祖先のある者は、エジプトにおいてカリフ（マホメットの後嗣《こうし》として、また回教国々主としての王の称号）として支配に任じたことがあり、さらに他のある人々はペルシャの諸地方の行政長官であったこともある。彼の祖父は、十九世紀のはじめにそうした知事をしていたが、ペルシャ皇帝の不興をこうむってその土地から逃亡せざるを得なくなった。彼は一八四〇年にインドに避難し、ボンベイにその居を定めた。ここが現在この家族の本部になっている。彼は英人の家臣をたくさんもっている大イスマイル派の首領をしていたからとの理由で、英国政府から首長として認められていた。

現在のアガ・カーンは第三代目であるが、非常に特異な経歴を踏んできた人物である。宗教的な統領としての彼の勢力は非常に大きなものである。数百万におよぶ彼の献身的な信者は、ほとんど彼を神同様に思っている。彼の謙虚な門弟に対して、彼は天国と地獄との鍵を握っているのである。私は以前チトラルの彼方、パミール高原の傾斜地方で、そうした献身的な熱烈な信者に遭ったことがある。その地では彼ら信者はマウライと呼ばれている。彼らは、山腹を切り開いてつくった小さな畑からごくささやかな食糧を摘みとって食べていて、しかもボンベイの本部へ献金をするために一アナ（インドの貨幣で一ルピーの十六分の一）をも大切にして無駄に費消《ひしょう》しないでいる。イスマイル派のなかでもっともインドにおいて勢力の大きいのはコージャ派の信徒である。彼らは多くはヒンドゥー教徒の改宗した人々からなっているが、ボンベイ、カラチおよびカティアワール地方における富裕な実業家仲間である。彼らはまた、ペルシャ、アラビア、ザンジバルおよび東アフリカ方面にも見受けられる。

それらの土地では以前には、アガ・カーンの勢力が強大であったためそのコージャ教徒のために、ドイツ皇帝から特別の居留地をもらっていたほどである。

イスマイル派はシーア派と同盟を結んでいる。このシーア派というのは回教徒内におけるプロテスタントとでもいうべきものであって、マホメットの徒弟にしてかつ女婿のアリを第一後嗣者《こうししゃ》とし、スンニ派の初三代を教主と認めない宗派である。厳密な意味においての正統派の回教徒は、彼らの神学上の地位を不正規のものと考えるであろう。インドの回教徒の大多数は、正統派のスンニ教派であるから、人々は、イスマイル派の統領はインドの回教徒に対しては、大した勢力をもっていないだろうと想像するかもしれない。ところが、彼が非常に寛大なことと、またインドにおける回教徒の利益の有力なる代表者たることからして、アガ・カーンは非常に有力な地位を獲得している。そのため、彼は、インドの回教徒の知識階級の無冠の王であるとして、歓呼《かんこ》して迎えられている。彼は今日では疑いもなく回教インドのもっとも傑出した指導者である。

英国政府に対して彼のつくした援助は絶大なものがあったが、とくに第一次欧州大戦中およびその後の一九二〇年のガンジーの非協力運動に反対したときの尽力は英国にとって大きな助けとなった。

彼は、回教徒であるにもかかわらず英領インドの円卓会議への派遣代表の指導者であったし、またゼネヴァの軍縮会議にはインド代表として出席した。

最近になって、インド政庁が彼に王国をあたえることができるかどうかを考慮中だとの噂が広まっているが、この提案は正規のものとはいえないが、もし実現すれば、インドの回教徒に大きな満足をあたえることであろう。

アガ・カーンは信者から贈られる莫大な収入をもっている。数百万人の信者にとっては、彼らの宗教上の統領に対して、そのささやかな小銭を喜捨するのは、一つの宗教上の義務なのである。イスマイル派の信徒の多く居住している土地では、宗教的行政に関しては拙速主義《せっそくしゅぎ》の制度がとられている。その役員は大部分選挙された人々をもって構成されている。これは一種の「帝国内の帝国」といえよう。教階制のこの教職団体のもっとも有力な武器はその教団から放逐《ほうちく》することである。この破門追放は死よりもおそれられている。

政策については、アガ・カーンの支配方法はむしろ穏健である。すなわち完全な独裁とまったき自由主義の中庸《ちゅうよう》をとっているのであるが、彼はさらに民主主義に向かって進むことについては大いに援助する立場をとっている。インドの諸藩王国に関する彼の意見はなかなか興味ある意見である。遥か以前一九一八年頃には、彼は諸藩王国を結びつけてインドの独立自治政府を結成すべきだとの考えを主張していた。藩王国の大多数はヒンドゥー教徒の王国ではあるが彼はインド政策については、藩王国がもっとも重大であるとの見解をもっていたし、またもし藩王国側において、英国がアワド、ナガプールおよびサタラのごとき藩王国を併合してしまおうとする試みに対して反抗すればするほど、かえって英国の地位は無限に強化されるばかりであろうと思っていた。

彼は競馬についてはなかなか精通《せいつう》していて、一九三〇年ブレンハイムで挙行されたダービーその他英国の一流競馬に何度も優勝したことがある。現在彼は、一フランス婦人と結婚しているが、その婦人について世間では、「彼女はヨーロッパでもっとも美しい婦人の一人であり、アガ・カーンが彼女に惜しみなくあたえた素晴らしい宝石を堂々と身につけている。」といっている。

XI
第十一章
ネパール王国
Nepal

第十一章

ネパール王国

ネパール王国

ヒンドゥー教　チャッタリ・グルカ族

国王　ジラージャ・トリブヴァナ・ビル・ビラム・ジュング・バハドゥール殿下

総理大臣　ジューダ・シュムシャー・ジュング卿

面積　五〇、〇〇〇方マイル

人口　五、六三九、〇〇〇人

歳入　これに関する数字入手不能

一九三四年の春、ネパール国政府は、ロンドンに、使節を派遣することを決定した。これは、英国の対インド政策の歴史上一つの重大な事件であって、ネパール国の代々の統治者が、数百年間厳守してきた外交的孤立の伝統を破ったことを意味するものである。さらに、ネパール国使節が、英国宮廷に出頭したことは、ネパールが英領インドの保護国とならずに、独立王国としての地位を確保することになったのである。

この使節団一行は、特命全権公使、シャムシャー・ジュング・バハドゥール・ラナ将軍にひきいられて五月の末にロンドンに到着した。陸軍総指揮官、シャムシャー・ジュング・バハドゥール・ラナは、ジューダ・シャムシャー・ジュング（ネパール国総理大臣）の長男である。特命全権公使は、最近ネパール国王の制定したラージニアとして知られている位階の勲章を携行してきて、これを英国皇帝陛下に捧呈《ほうてい》し、そして王位の承認を約束したのである。その後に特命全権公使は、ロンドンに公使館をつくった。

ヒマラヤの大山壁をもって北部の国境となしているため、ネパール王国は、地理的には、中央アジアに属すといわんよりは、むしろインドに属しているというべきであろう。そして政治的重点は、明らかに南部国境に隣接する方面におかれている。さらに、ヒンドゥー教およびヒンドゥー文化が国内には確固として樹立されているし、ある程度まで薬古の血液が注入されその影響をこうむっているラージプート的軍事寡頭《かとう》政治が、その政治の支配的な礼制をなしている。しかも、かくのごとくインドと近似しているにもかかわらず、ネパール王国は、今まで英国の保護領のなかに引き込まれてはいないのである。一時、ネパール政府は、英領インド政府のために、自己の主権を移譲してもよろしいといったときがあったのは事実であるが、現在では、そうした遠慮はなくなって、英国政府はネパール王国の完全な独立を認めている。したがって、ネパール王国はインドの藩王国ではない。しかしなおネパール王国の過去の歴史とインドとの緊密な接触のあったことを思い合わせて、ここにこの山岳王国について、インドとの比較研究の程度にとどまるものではあるが一応簡単に論じてみることにする。

ネパール王国は、延長五〇〇マイルにわたって、インドの北部国境をなしている。この国は不規則な平行四辺形をなしており、その幅は約一〇〇マイル、面積はほぼイングランドに等しい。せまい帯状をなしたガンジス河の平原 ―これはタライと呼ばれている― がその南方国境を形成している。その他の土地は山々が互いに入り組んで、ヒマラヤの山壁まで連なっている。ヒマラヤ山によって、ネパールはチベットから分離されている。

ネパール王国の中央部は、ネパール渓谷になっている。その高さは四、五〇〇フィート、その面積は二五〇平方マイルである。このネパール渓谷は、九千フィートの高さの山脈の環によって、ネパール渓谷を取り囲むさらに低い渓谷から遮断されている。このネパール渓谷が、この王国の政治的な神経中枢である。この渓谷地帯に人口九万の首都カトマンズと他に二つの大都市がある。ごく最近までは、馬道 —車の交通は不能— を通る外に外界との交通は不可能であった。自動車は分解して運び上げられ、揃った上で再び組み立てなければならなかった。しかし首府の内部および周囲には、立派な道路ができている。

住民は蒙古人をその先祖としている。しかしながら、十二世紀から十五世紀にかけて、回教徒の侵略によってその故郷を追い払われたヒンドゥー教徒がネパール王国に移住してきた結果、ネパール王国の社会の多くの部門に、インド人の血が強く混入することになった。その移住民中には、ラージプート族やバラモンも交じっていたが、これらの連中は多くネパール王国の婦人と雑婚したのであった。これらのインドの高いカースト（階姓制）に属した人々の子孫は現在チャタリーと呼ばれている。ネパール王国内でもっとも多数をしめている種族は、グルカであるが、彼らの血管のなかには、大抵インド人の血液が入っている。しかしそれにもかかわらず、彼らは、定型的には蒙古人種である。しかし、ここに注意すべきは、彼らは、彼ら自身についてはグルカとはいっていないことである。彼ら自身ではその種族の名を称している。例えば、カース、マーガール、サクールというような名をもって呼んでいる。この言葉を使用したのは英領インド軍当局であるが、彼らのなか、インド軍に徴募されるのは、軍事的種族すなわち蒙古人種を祖先にもつがまたヒンドゥー教徒の血液の混じっている種族のみに限られている。このグルカという名は、ネパール王国において最後に支配権を確立したラージプート族の族長の首府だったゴルカという町の名からとったものである。

宗教に関しては、住民はヒンドゥー教を信ずる者と仏教を信ずる者との二つにわかれている。グルカ族およびそれに近似した軍事にしたがう種族は、ヒンドゥー教徒である。ネワール族および純粋の蒙古人種は、仏教徒である。ネワール族および蒙古族の宗教といえども、はなはだしくヒンドゥー教が浸透しその影響を受けているために、仏教徒であるか否かを判別するにははなはだ困難を感ずる有様である。事実、このネパール王国内の二大宗教の間には反目《はんもく》敵視はなく、互いに融和している。

密生した熱帯的な叢林地帯が、全国境に沿ってガンジス河の平原　―タライ―　を縦走《じゅうそう》している。このジャングル地帯は、十四世紀および十五世紀にインドからの避難者が移住してから以後、インドからの勢力の浸透に対して非常に有効な防塞の役割を果たしてきた。インドからの避難者は、主として西部国境方面から移住してきたものであった。この防塞があるために、一度タライを通過してしまうと、まったく違った雰囲気のなかに入ることになる。この王国での、有力な特徴は中国的のものが多いことである。建築、物の形態、農耕の方法および市場の模様などは、インド風というよりは、むしろ豪古風であることを示している。この王国の婦人たちは、インドにおけるヒンドゥー教徒のなかの婦人に比較すると、ビルマの婦人に似て、より高い地位にあり、より多くの独立が認められており、また家族の経済生活においてもより多くの勢力をもっている。

ネパール王国の支配家族は、ウダイプル藩王国のシソーディア・ラージプート族の後裔であると称している。現在の国王は、ジラージャ・トリブヴァナ・ビル・ビラム・ジュング・バハドゥール大王である。彼は一九一一年に即位した。もし支配者の家系に関する伝説が真実のものとして信頼してよければ、この王朝の先祖がネパール王国に入ってきたのは、一三〇三年に、チトール城が時の回教徒の帝王、アラウッディーン・ハルジーによって占領されてから後のことである。この時代の主なる蒙古氏族はネワール族であった。ネワール族は、首府をカトマンズにおいて、十八世紀の中頃まで支配権を握っていたのである。その頃にゴルカに首都を定めていた小さな丘陵地帯にあった王国のラージプート族の族長、プリティビ・ナラヤンが、四辺征服の生涯を踏み出したのであって、ついにネワール族の支配を壊滅させて現在の王家を樹立したのである。

こうした動きのなかに、英国東インド会社とネパール王国との間にはじめての交際接触が行なわれたのである。一七六五年、危急存亡の機に追い詰められた、ネワール族は英国の援助を求めた。この要請に応じて、英国は、少数の軍隊をヒマラヤ山麓の小丘《しょうきゅう》地帯に派遣した。しかしながら、当時タライ地帯に蔓延《まんえん》していた悪性のマラリヤにやられて士気阻喪《そそう》した英軍は、グルカによって容易に撃退されてしまった。グルカは、ネワール族を完全に征服してしまってから、東インド会社と連繫《れんけい》をもつことに努力し、かくて一七九一年に、両者の間に通商条約が締結された。その後数年をへて、グルカ族はチベットに侵入したが、ラマ（ラマ教の僧）たちはその領主たる清国皇帝に対し、グルカの侵入につき干渉してくれるように頼んだ。七万人の中国軍が、一、四〇〇マイルを進撃してカトマンズの上の山々に来襲した。そこで、グルカ族は、カルカッタにいた東インド会社総督コーンウォリス卿に助けを求めた。卿は、軍隊をネパール王国に派遣し、同時に調停を申し出た。しかしながら、救援軍の到着は遅すぎた。かくて清国軍の将軍は、その間に講和を命じてしまっていた。しかも実際にグルカ族の首都の城門において、グルカ族はついに清国の宗主権を認め、服従の印として、五年ごとに北京に贈りものを捧呈《ほうてい》するため使節を派遣することを誓ったのであった。この慣行は一九一二年清朝の没落するまで継続されていたのである。

清国の侵略に続く次の二十年間に、グルカ族は、ヒマラヤ山麓の小丘地帯に沿って、西方を次第に征服していった。そしてそれらの地域にあったラージプート諸王国に対する支配権をシーク教徒と争ったのである。彼らはその国境をカティアワール地方まで押し進めた。打ち続く成功に意気昂然《いきこうぜん》となった彼らは、好戦的な丘陵地帯の住民たちと同様に、彼らが征服したその富める平原地帯に対して軍税を課するに足る力があると考えた。それどころか、彼らのクックリ刀（インドのグルカ人のもちいる広刀の短剣）をガンジス河の流れで洗うことを語り合い、さらにビハール藩王国を絶対的に臣従せしむることを夢みさえした。しかしながら、彼らの野望は東インド会社の敵意を招くにいたった。漫然たる二年間の幸福を味わった後、グルカ人はついに敗北を認めなければならなくなった。一八一六年に一つの条約が締結されたが、その条約によってグルカ人は、ネパール王国の外部のヒマラヤ山脈地帯の征服地域を引き渡した。また彼らの対外関係を東インド会社の手中にまかせた。さらに、英国の承認なくしてヨーロッパ人およびアメリカ人を雇い入れざることおよび、ネパール王国に英国駐劄官《ちゅうさつかん》を設置することを承認した。

それ以後は、英国およびネパールの両国政府間の平和的な関係は今まで破れることなく続いてきたし、また軍事的保護に関する問題も起こらなかった。外部からの政治的侵略を防ぐために、ネパール国人は孤立政策を採った。そしてよく現在までこの政策を維持してきているが、マラリヤ蚊の棲息する森林地帯が厚い帯状をなしてインド国境方面に連なっているため、外部からの侵略を防ぐことを容易にしたわけである。ネパール国人はすでに、インドにおける先例を見て、従属同盟なるものは結局、至上権をもった側の干渉を誘致すること、そしてまた真実に合併されることにならなくとも、とにかくついには支配を受けるにいたるものであることを知っていた。英国人および英領インドの国民が、自由にネパール国内に進入する権利を得るとすれば、おそらく国内に種々複雑な問題を起こすにいたるであろうし、ついにはこの丘の人（ネパール人）が大切に育くみきたった自由を脅やかすにいたったに相違ない。これらの情況を察知して、ネパール王国は孤立政策を格守《かくしゅ》したものであろう。しかし一方英国側では、ただネパール王国が、英国に対して友好的であることを欲したにすぎなかったのである。そしてまた英国以外の外国勢力がネパール王国内に入り込まぬことおよびネパール王国を新兵補充の基地として利用せんことを欲したにすぎないのである。そしてまた、事実ネパール王国はこれらの望みを叶えてくれたのである。

現在グルカ人よりなる二十箇大隊の軍隊がインド政庁の軍務にしたがっている。彼らは、インド軍のなかでもっとも優秀な部隊の一部となっている。その外になお、多くのグルカ人がアッサムおよびビルマ地方の憲兵になっているし、またベンガル地方の武装警官になっている。そして、彼らはその地方地方の宗教的および政治的な偏見に対しては無関心であるので英国軍隊と同様に信頼のできるものである。この英国軍隊はインド軍に対しては戦友たるの意識をもつことには困難を感じているが、グルカ人とはすぐに仲よくなれるのである。英国は、ネパール王国を独立させ自立独行させておく政策を採ったことを悔やむべき理由は一つもないことは確かである。

グルカ人が英国の手によって打ち破られたことは、その支配王家の威信を弱めた。そのため平和回復後三十年間もネパール王国は混乱が絶えなかった。ついに、一八四六年に、一人の軍隊指揮官ジュング・バハドゥールが起こって残忍にその敵対者を鏖殺《おうさつ》して独裁権を樹立した。ここに秩序は回復された。かくて一八五〇年にいたり、「ジュング・バハドゥールは（彼こそは真に現代ネパール王国の創立者と記さるべきであろう）すでに彼の地位も安全になったのでヨーロッパ訪問の途に上ってもさしつかえないであろうと考えた。インドの王様のなかでヨーロッパを訪問したのは彼が最初の人であった。彼は、英国のヴィクトリア女皇からロンドン訪問の招待を受けた。そして次の社交季節には、英京ロンドンの社交界の立役者になった。彼の素晴らしい服装、そのはつらつたる人柄および育ちのよさを示す上品な態度等は、社交界に大きな印象をあたえたのである。

彼がネパールに帰国すると王冠をあたえられたが、彼はこれを拒絶した。その代わりに彼は世襲的な総理大臣職を制定して独裁権を廃した。これを断行するのに彼は軍事的寡頭《かとう》政治を援用《えんよう》したが、軍隊に対する重大な任命はすべて世襲的に彼の家族が行なうことにした。軍の最高指揮官の地位は、総理大臣の職と結びつけられた。君主政体はそのまま残ったが、しかし単に有名無実のものとなってしまった。この新しい制度は日本における幕府の将軍制度またはフランスの大宰相の制度に似ている。また行政上の改革も行なわれた。火責めや水責めによって辛抱したほうが無罪になるという裁判法や、手足を切断したり、拷問にかけて罰することを記載した旧来の野蛮な法典は廃止された。しかしながら、牛を殺すことは、依然として重罪だとされている。サティーすなわち妻の殉死《じゅんし》（夫の死体とともに妻が生きながら焼かれた風習）は禁止されたが、実際は、最近まで根絶《こんぜつ》されなかった。

ジュング・バハドゥールは一八七七年死にいたるまでネパール国を統治した。英国のもっとも信頼しうる確固不動の同盟者として、彼は、ベンガルの大反乱事件の際には、東インド会社を援助するために、一万人の軍隊を提供した。その代償として、彼は非常な価値のある森林地帯をふくんでいるタライ平原の大地域をあたえられた。彼はナイト（Knight）の最高勲章を授けられたが、これを大いに名誉と考えた。

ジュング・バハドゥールの創設した政府の組織は今日もなおはつらつたる生命をもっている。その主な理由は何であろうか。けだし、彼の家族の最長老者が、もし才能と性格とにおいて充分の資格を備えている場合にはその支配権を受けつぐことによって国の統治をするために、少数支配による勢力の麻痺や堕落《だらく》を避けることができるためである。ネパール国の安定をもたらしている憲法の今一つの特色をなしているのは、総理大臣が、高級官吏を一年ごとに任命し直すことである。総理大臣は軍事的寡頭《かとう》政治を掌中《しょうちゅう》に握っている。彼の息子らは生まれながらにして将軍である。しかも高級武官の任命権はすべて彼のごく近親の親戚が握っているのである。しかしながら、現在までネパール王のなかに、ジュング・バハドゥールの創立した制度が脈々と生命を保っている最大の理由は、非常に卓越した性格をもった総理大臣、チャンドラ・シュムシャー卿が、一九〇一年から一九二九年までネパール王国を支配していたからである。彼の偉大な先祖と同様に、彼もまた英国との同盟をその政策の鍵だと考えた。そして第一次世界大戦の勃発にあたっては、彼のもつすべての資源の処分を大英帝国皇帝の自由にゆだねたのである。グルカ人の何箇大隊かがインド軍に編入された。またアフガン国境の平和維持を援助するために、一万人の軍隊をインドに派遣した。さらにまた、十万人のグルカ兵は、大戦中英帝国のために戦った。実際、英帝国は到底返すことのできぬほどの莫大な恩をネパール王国から受けたのであった。

第一次世界大戦が終息した後、インド政庁は、年々一百万ルピーをその同盟国ネパールに贈呈した。

ネパールはこの金を受納した。名義だけの君主ジーラージ大王は国王殿下という尊号を、総理大臣は大王殿下の尊号を許された。一九二三年には新条約が締結された。この条約によって、ネパールが英国に比して劣等なることを証する一切の痕跡《こんせき》は払拭《ふっしょく》された。ネパール王国は対内対外問題にについてまったく独立していることがとくに宣言され、またヨーロッパ人およびアメリカ人の雇用に関する規定は取り除かれた。英国代表の名称は、「英国駐剳官《ちゅうさつかん》 Resident」から「英国公使 British Envoy」と変わり、「英国駐剳官邸 Residency」は、「英国公使館 Legation」と変わった。さらにまた、ネパール王国とインドとの友好関係が継続している限り、ネパールは無制限に戦争の武器および弾薬を輸入することを許された。

第一次世界大戦の最中におけるネパール国の英国に対する数々の功績もさることながら、他方また、ネパールは、その領土を政治運動に従事した人々の避難所または基地として利用されることを拒否して英国に対して忠誠の実を示した。このためにインド政庁の受けた利益ははかりしれぬものがあった。

ネパールの支配者のなかには蒙古人種の血が混じっていて、蒙古人といわば姻戚関係《いんせきかんけい》にある。それ故に、マイソール藩王国はヒンドゥー人の少数独裁政治国だというような意味で、ネパールの支配者の軍事的寡頭《かとう》政治をヒンドゥー人の寡頭政治だということはできないであろう。そういう厳格な意味ではヒンドゥー的寡頭支配とはいえぬけれども、とにかく、ヒンドゥー教徒の勢力は相当に大きいことは認めえられるであろう。同時に、重要な政治団体の宗教は、ヒンドゥー教であり、またネパールの社会機構は、ヒンドゥー教のカースト制度を基底として組織されている。もしネパール国政府が、インドにおける政治運動に同情を寄せるとなれば、インド政庁は容易ならぬ困難な地位に追い込まれてしまったであろう。とくにインド軍のなかには、多数のグルカ人が入っていることをあわせ考えれば、思いなかばに過ぎるものがあるであろう。かかることが起こった場合には、その政治運動の弾圧は、ただ武力の行使によるか経済封鎖による以外に方法がなかったであろう。しかもこのいずれの方法も実際上考えられても到底実行不能のものと思われるのだ。だが、ネパール王国の英国への忠誠はかかる困難な事態を起こさずにいてくれたのである。

チャンドラ・シュムシャー卿は、卓越した政治家であり、またネパール国情の改善には大いに尽力した。彼は、彼と親交しているということがその友人の特権になるというような性質をもった人である。彼はいろいろの改良を行なったが、なかんずく、旧来の排外政策を修正して、カトマンズとインドとの間に電話を架設《かせつ》したり、またタライ地方の縦貫鉄道に接続する自動車道路をつくったりした。彼は奴隷制度を絶滅し、国家の費用をもって、六万人の奴隷を自由にしてやった。彼は教育に関しては緩慢《かんまん》な指導をしていると非難されたのであるが、首都には設備のよく整った単科大学を創立し、また彼の家臣に対しては、インドの諸大学に遊学することを許可した。彼自身も高等教育を受けている。彼はあるインドの大学を卒業しているが、彼の教育方針について彼を非難する人々に向かっては次のごとく返答したのである。すなわち、「自分はインドにおける英国の教育政策に賢明でなかったと思う。何となれば高級の使用人に対する市場の雇入れ能力の限度を超えて大量の大学卒業生その他教育を受けた青年を世のなかに送り出すことによって、かえって英国の政策は怨嗟《えんさ》と憎悪の的となったのであり、この英国の教育方針に対する不満は、容易に消えないものだからである」と。彼はこのインドにおける失敗を、再びネパール国でむし返そうとするつもりがなかったのである。

現在の総理大臣、ジューダ・シュムシャー・ジュング将軍は、彼の前任者の政策を踏襲《とうしゅう》している。彼の就任後（一九三四年）国家の官吏、貴族および商人の特別会議を招集し就任演説を行なった。その演説において彼は重要な改革のプログラムを発表した。教育制度の再編成が、この新統治者の新政策の第一問題であった。彼の考えというのは、宗教および道徳的錬成《れんせい》と世俗的教育とを結合しようというのである。実にこの宗教的訓練と世間的な学問とが分離して無連絡であったことが、インドにおける英国の教育政策が悲しむべき失敗に終わった理由なのである。これに鑑《かんが》みて、ネパール国においては職業教育に重点をおいているのである。産業や商業は、交通の発達および低廉《ていれん》なる労力の供給によって進歩すべきものである。

ネパール国の公使館をロンドンに設置したことについてはすでに述べた。国王は、最近になって、外部からの入国者に対する旧来の制限を多少緩和して、エヴェレスト山の探検隊が国内または国土の上空を通過することを許すほどになった。すべてかかる政策をあらためていくことどもは、徐々にではあるが、旧来の孤立政策を解体していくことを示しているというべきであろう。

明らかに、ネパールの指導者たちは次のように感じているのである。すなわち、もしネパール王国が、現在の地位を維持確保せんと欲するならば、それはただ、次のごとき方法によってのみ可能であると。その方法とは、第一に、国策の樹立運営に関しては新しい考えをどんどん採り入れること、第二に、国家の権力および勢力を増大させる方法として、新しい富を創造すること、最後に第三の方法として、以上のごとき方策をとることによって、ネパールの偉大なる隣国インドに対して、さらにさらに価値ある同盟国になること、がこれである。しかしながら、万一デリーにおける英帝国の権力が、崩壊のきざしを示すようなことがあるとしたならば、まさにそのときこそは、たしかにインドはその軍隊のなかからついにグルカ人の大隊を喪失《そうしつ》するにいたるであろうし、かつ一旦そうした事態に立ちいたるならば、グルカ人たちは、再びかのガンジスの河水に、彼らのもつクックリ刀（短剣）を洗わんことを期待するにいたるであろうということは、ほとんど疑いを容《い》れないことである。英国権力のインドにおける衰退は、再びグルカ人をして昔日《せきじつ》の夢をよみがえらせるにいたるであろうことは必至といわねばならないであろう。

The Policy of Subordinate Alliance

XII

第十二章

従属同盟政策

第十二章

従属同盟政策

インドにおける英国勢力の発展は、十八世紀以後今日にいたるまでに、英国の東インド会社とインドの諸藩王との間に締結された多くの条約に反映されている。

これら諸条約締結についての活動は、三つの局面にわかれている。

第一の部面に入る諸条約は、十八世紀の末頃までに成立したものであって、ほとんどすべての場合において、契約者の双方の側が同等の基盤に立って協商したものであった。このごとき状態の下に締結されたのが、比較的早い時期においてなされた、ハイデラバード、トラヴァンコール、アワドの諸藩王および、バローダ、グワリオール、ナグプール、およびコーラプールのマラータ族の諸藩王との条約であった。

十九世紀の初期においては、英国は第二のそしてより強き立場を取るにいたった。ハイデラバード、アワド、バローダおよび、プネーにおけるマラータ国宰相らが、英国の軍事的保護を熱望したのである。東インド会社はその軍事的保護の責任を引き受け、それを果たすために、各藩王国の首府に大部隊の軍隊を駐屯させることにした。この軍隊は、一般に「外国人の傭兵部隊」"Subsidiary force"として知られている。

これらの軍隊は、領土を割譲して割りあてるとかまたは現金を支払うとかして、当該藩王国が費用を負担して維持されていた。かくて藩王国らは英国の保護国となる不可避的な運命をになうにいたったのであるが、これは結局、東インド会社が被保護藩王国の対外関係をあるかたちで支配することになったのである。もしもそれらの藩王国が、東インド会社の保護国とならなかったとすれば、会社は、その意志に反して、その同盟を結んだ国々と戦わねばならなかったでろう。それ故に、この時代における諸条約は、会社との同盟国たる限りにおいての被保護藩王国の対外関係を規定しているのである。

これは、世に「囲垣政策 Policy of ring-fence」として知られている。

換言すれば、東インド会社はその平和維持の責任を、会社自体の支配領域および同盟条約を締結した藩王国の国境内に限定せらるべきものだと考えたのである。これによって、プネーのマラータ国宰相と、バローダ、グワリオールおよびインドール等の大藩王らとの間に平和が保たれていたものであろう。マラータ族諸藩王国も相互に攻撃してはならないことになっていたし、さらにまたマラータ族は、ハイデラバード、アワド、マイソール、またはトラヴァンコール等のいずれの藩王国をも攻撃すべからざることが定められていた。しかしながら、中央インドおよびラージプタナ地方にあるラージプート族の諸藩王国およびかの不運な回教徒藩王国ボーパルに対しては、英国は一八〇二年に条約の締結を拒絶したのであるからして、マラータ族は、これらの藩王国を攻撃してもさしつかえないことになっていた。

この囲垣政策の結果として、一八〇五年から十二年以上にわたる絶望的な無政府混乱の時代がやってきた。その期間中、インダス河からベンガルにおよぶ北部インド地方においては、政府機関は事実上抹殺されてしまって、収拾《しゅうしゅう》しがたい混乱が支配した。かくてついに英国は、秩序を回復するために、立って干渉の挙に出でざるをえなくなったのである。

このために英国の対印政策の第三の局面が生ずるにいたった。囲垣政策は廃棄され、一八一二年から一八二〇年にいたる間に一連の新条約が締結され、かくて、ボーパル藩王国、ラージプート族の藩王国、およびサトレジ河以北のシーク教徒藩王国(パティヤーラー藩王国等々)等は、英国の保護国となった。

今や英国は、そのすべてのインド同盟国の対外関係を完全に支配するにいたった。この組織は一般に従属同盟 Subordinate Alliance として知られているものであって、同盟に加盟せる各藩王国は、それぞれその隣国からは孤立を保っているのである。

他方英国側においては、各藩王らの自己の領域内における、完全な独立を認めたのであった。

一八〇五年の大無政府状態の余波を受けて、政治情勢はいちじるしく複雑になった。旧来の土地境界標は多くは抜き去られて、中央インド地方のラージプート族の族長らのなかばは公権喪失者《こうけんそうしつしゃ》となるか、もしくはマラータ族の支配者に対して反逆をくわだてていた。実に、ラージプート族の族長のある者たちはヴェーダ Veda(バラモン教の古経典)をさえも忘れて、多くの場合その城塞から跳び下りて、マラータ族のバラモンの聖なる鼻を削ぎ落としてしまったものもある。さらに、ラージプタナ地方における封建的貴族らは、自己の権力を確保すべく、その藩王らに反抗して戦っていた。ガイクワール王は、すでにカティアワールまたはグジャラート地方におけるその封建臣下らを統轄する能力を失ってしまったのである。事態を再び鎮静《ちんせい》し、平和をよみがえらせることは、全インドのなかばにわたって必要な状勢であった。

一八一八年は、インドに一つの新しき帝国の出現をみたあけぼのの年である。英国は、もはや、インドにおいて最高の権力をふるい統治の大業《たいぎょう》を果たすべき重大な責任を是が非でも背負わねばならなくなったのである。英国人は、今やマラータ国宰相の君主権を掃滅《そうめつ》して、その領土を英国に合併せんことを決意するにいたった。マラータ国宰相（ペシュワ）は、一八一七年の条約によって、マラータ連邦に対する自己の支配権の放棄を宣言した。一般には、彼はその喪失した領土の支配を許されるであろうと期待されたが、宰相バジ・ラオのあたえられた権利や特権によって、この可能性なきことが明らかになった。しかしながら、特別に好意ある措置《そち》によって、一つの小さな王国（すなわちサタラ藩王国）が創設され、マラータ国家主義の創立者大シヴァジーの直系子孫に、サタラ王国があたえられたのであった。

秩序回復の仕事は、主として三つの地域に限られていた。ラージプタナ地方、中央インドおよびバローダ王の勢力下にあったカティアワール地方をふくむグジャラート地方とがこれである。

一八一七年にいたってついに締結されたラージプート族との条約はトッド大佐がその衝《しょう》にあたったものであった。トッド大佐は、一八〇三年に、シンディア大王の宮廷において、副駐在官として勤務していた人である。彼は一八一二年にラージプタナ地方の政治代表者（駐在官）に任命され、その権限によって、ラージプート族の諸藩王国と新条約を締結したものである。一八一八年の戦の後に、彼はウダイプル王宮の駐在官に任命され、ウダイプル藩王国の平和維持についての責任を負う地位に立った。一八二三年になって、彼は引退した。

トッドは、ラージプタナ地方駐在官として勤務するなか、余暇を見て、ラージプート族の歴史の編纂に従事した。その歴史書は「ラジャスタンの年代記および古代文化」(Annals and Antiquities of Rajasthan）として知られているが、一般に構成ある古典として認められている。

古くからのヒンドゥー教徒の王国の宮廷には、すべての詩人や年代記編纂者が雇い入れてあって、彼らは支配者たる王朝の系図や年代記を保存することをその役目としていたのである。トッドの在任したころには、いまだこれらの人々が多く残っていた。そしてトッドは、サンスクリット語に通暁《つうぎょう》していたヒンドゥー教徒の学者らの助をえて、ラージプート族の起源、風習、伝統および歴史に関する膨大な研究を完成したのである。で、かくのごとき方法によって、彼はその大事業の資料を収集したのであった。ラージプート族は、トッドが彼らを英国人に紹介するにあたって、深い同情と大きな尽力をしてくれたことにつき、大きな恩を受けているわけである。

ラージプタナ地方の鎮定工作の主たる特色をなすものは、徹底的にマラータ族の勢力を駆逐排斥したことであった。しかしなお、ラージプタナ地方の二三の藩王国中、依然として、マラータ国に納貢を続けるものもあった。トッドは、ラージプタナ地方の田舎の荒廃した有様を生々と描写し、またその住民らが英国の干渉を喜ぶ有様を記している。いたるところにおいて、英国より派遣された人々は「英国統治万歳」なる歓呼の声をもって迎えられた。

何年にもわたって荒廃に帰していた町々や村々には、再び住民たちが帰ってきた。いたるところで人々の胸には、また昔日の信頼がよみがえってきたのであった。

多くの場合、ラージプート族の藩王国は、軍事的保護を受ける代償として、英国に納貢するように要求された。コーター藩王国は、従前《じゅうぜん》マラータ国に納貢したと同額の納貢を英国に対して行なった。ビール族のごとき原住民やミーナおよびメール族のごとき、絶えず騒擾《そうじょう》を起こしている氏族を制御するために維持されていた不正規軍の維持費を寄進した藩王国が多くあった。これらの不正規軍のなか、二軍団が今日なおラージプタナ地方に残っている。ミーナ軍およびメワール・ビール軍がすなわちこれである。

ラージプタナ地方におけると同様に、中央インド地方においても、英国の派遣使節の主たる課題となったのは、ラージプート族とマラータ族との間に封土をつくってやることであった。しかし、ラージプタナ地方においては、個々に分離した十六か国の宗主権を認めてやれば充分であったのに反し、中央インド地方においては、すでに破滅してしまった国々のなかから百四十三人の酋長を再び認め、藩王国を再建してやったのであった。

レーク卿は一八〇五年に、ラージプート族のダチア藩王国およびマラータ族のジャンシー藩王国の双方と条約を締結した。その年、東インド会社は、マラータ国宰相（ペシュワ）がその近隣に対してにぎわっていた支配権を獲得したのであるが、一八〇五年以後はシンディアおよびホールカルのことを考慮した結果、その権利を主張することはさしひかえた。

中央インド地方にあるラージプート族の藩王国のうちでもっとも重要なのはレワ藩王国であったが、レワ藩王国およびオルチャ（同じくラージプート族の藩王国）が一八一二年に、従属同盟に加入した。一八一七年には、マラータ族の藩王国であるデワスおよびドハールの二国が同様に同盟に加入した。回教徒の藩王国たるボーパルは、ほとんど破滅の淵にのぞんでいたが、マラータ族の支配に服そうとする情勢を示していた。一八〇三年に英国はボーパル太守の保護の要請を拒否した。一八一七年にある条約を申し出で、それが承認された。

ラージプート族をマラータ人の支配から解放しそして中央インド地方にラージプート族の国境を確定してやろうという誘惑は、はなはだ強かったに相違はない。しかもなお、マラータ族の支配権たるや、厳然たる歴史的事実であった。かくて、英国は、この事実を認めなければならないと感じた。しかしながら、英国は、無条件にラージプート族をマラータ族の手中にゆだねるつもりはまったくなかった。そこで、マラータ族、およびマラータ族に納貢するラージプート族の藩王国および封建的直臣すなわちラージプートの貴族らに対し一つの保証条件をはさんだ。かかる取り扱いを受けた藩王国は隷属された、Mediatized といわれた。この語は、より正しくいえば、かつての神聖ローマ帝国支配下のドイツに見るごとく「国主を帝国の直臣から陪臣《ばいしん》格に下げる」ことを意味したものであり、国土の合併隷属を結果するものである。かくて、貴族らは、サクルス（直臣）たることを保証された。この諸国間の関係調整の主たる条件となったことは、第一に、納貢および奉仕が一定されたことと、第二に、納貢や奉仕（または労務）がとどこおりなく提供されている限りは、封臣らはその君主権所有者たるマラータ族の侵害から保護され、かつ自己の領土内においては、自己が行政司法の権を維持しうるのだということであった。

この体系を完成するにあたっては、慎重に勢力の均衡が考慮せられかつよく規整《きせい》されていたので、たとえ、多くの点でマラータ族の大酋長らにとっては不満の点があったにもせよ、とにかく、この全組織の遂行によって、かつてはただ荒廃と悲惨とがいたるところに瀰漫《びまん》していたところをも平静にし、平和をよみがえらせることができたのであった。

グジャラート地方の諸藩王国の事態を収拾《しゅうしゅう》するに際しても、同様の諸原則が支配原理となった。それはまた、カッチとの条約締結にあたって大きな影響をあたえた。バローダ王は、本来のグジャラート地方に広大な領土を所有していたが、なおその外にも多くの小酋長らをその納貢者としてしたがえていた。これらの小酋長というのは多くはラージプート族であって、バローダ国の東方マルワ平原地方に接続する丘陵地帯に割拠しており、また西方のカティアワール半島にも群居《ぐんきょ》していたものであった。バローダ藩王国の最高議会は、これら入貢国のしめていた領土を統治せんとしたのではなかった。それはただ一定の貢物を強奪しようと思っただけであった。毎年秋に催されるダシャハラー祭のときには、バローダの軍隊は、これらの入貢国を行進し、貢物を集め歩きかつ田舎を荒らしまわった。もしも貢納が多少でも遅れることがあれば、ダントガセー dantghasae（語の文字通りの意は歯ぎしりすること）として知られている付加課税が課せられた。この軍隊の練り歩きはムルクギリ Mulkgiri といって知られている。このムルクギリの結果は、恐るべき圧制と際限なき騒乱とを誘発した。一八〇七年、英国は干渉に乗り出し、入貢国等に対し、騒乱を起こさず秩序を守るように保証させ、かつ、貢物を定められたときに正確に支払うことを保証させた。プネーのマラータ国宰相は、カティアワール地方の貢物のわけ前にあずかった。一八一七年にペシュワは、カティアワール地方からの貢物を英国にゆずり、その後英国は、一八二〇年にバローダ藩王国と新条約を締結した。この条約によって、英国とバローダとはそれぞれの貢物を集めるとともに、バローダの貢物の収集につき責任を負うことを取り決めた。この条約中には、全カティアワール地方およびバローダの東方の丘陵地帯にある既述の小藩王国等に関する規定がふくまれていた。さらにまた、回教徒藩王国パランプールもまたこの条約中にふくまれていた。

英国は、これらの地域におけるマラータ国宰相の権利を一切継承した。とはいえ、英国は彼らの領土を併合せんとする意志はなかった。最初は、二百にあまる小酋長の領地　―そのうちにはわずか数個の村落をふくむだけのものもあった―　はそれぞれ独立の単位として取り扱われた。しかしまもなくかかる組織を採用して統治することは不可能であることがわかった。これらの小さな藩王国は自己の領土内のみでは、充分にその君主権をふるうことができなかった。そしてまた、適当な統治を行なうための人的物的資源もなかったのである。それ故に彼ら小藩王国は、それぞれいくつかの集団に組織され、英国の政治代理人（すなわち駐在官）の統轄に服せしめられた。約十二の大藩王国　―バーヴナガル、ナワナガール、ポルバンダール、モルヴィ、ゴンダール、ジュナガール等々は、一方貢物を納めてはいたが、また国内では、充分にその主権を握っていた。二三の藩王国は、今日でもなお三つの国々 ―英国、バローダ王国、および回教藩王国ジュナガール― に対して入貢している。そして、実際上、これらすべての藩王国および酋長領というのは、みなラージプート族のものである。

この当時、カッチには興味ある問題が起こった。カッチ半島は、四周を海と沼沢地《しょうたくち》に囲繞《いじょう》されていて、カティアワール地方の混乱状態に巻き込まれることはほとんどなかった。しかしながら、自国内には、深刻な紛争が起こっていた。

紛争の原因は、国王とバーヤードのラージプート族の貴族ジャレジャ(すなわち族長の血縁関係の者)との間に戦争状態が存在したのである。東インド会社は、一八〇二年に同盟条約の申し込みを拒絶した。しかし、一八一九年には、干渉の必要を認めた。

外国人の傭兵軍 Subsidiary force が、首府ブジに進駐し、かくて、英国政府は、カッチの藩王に対してバーヤードの権利を保証してやるという困難な仕事を引き受けた。その後にいたって、この目的のため一つ別の宮廷が創立された。

この時代における英国の藩王国に対する関係についての政治理論の根本原則は、藩王国は英国の保護の下に完全なる国内の自治政治を享受すべきものであるというのであった。藩王国等はその国際的生活を喪失してしまった。すなわち、マラータ族はマラータ族と、ラージプート族はラージプート族と、そしてまた回教徒は回教徒と相はかり、相結ぶことはできなくなった。藩王国の王候はまったく外界から遮断されて、ただひたすら自己の家臣らを幸福にし繁栄させる仕事に専心しなければならなくなった。

かかる情勢の急変によって、インドの支配者らおよびその側近者の精紳に重い苦脳をあたえた。従属同盟の組織ができたために、インドの藩王および藩王国の最高会議は、自国領土の軍事的防備の一切の責任をまぬがれることになった。したがって、貴族および人民の双方を懐柔する手段として善政をしくことへの刺激を弱化することになった。利己的な専制主義に対する古風な矯正策《きょうせい》、人民の反乱および国王の退位要求に対する恐怖心、国外からの侵攻の危険等それらのものについては厄払い《やく》が行なわれたことになった。しかし一面支配者およびその貴族らの自尊心は、藩王国の宗主権の付属物が数多く失われるにつれて漸次《ぜんじ》低下していった。英国は、かかる藩王国の情勢およびその支配者や貴族らの精紳的萎縮《いしゅく》に対して、これらを安定させてやるために新しい精神的停泊地をつくってやることにはまったく手を染めなかった。そして、まもなく多くの酋長らは、英国駐在官が彼らの宮廷にいることを彼らの昔の行動の自由に対する厄介な抑制物として感ずるようになってきた。

宗主権を分割されたために悪政が行なわれるにいたった場合があるが、そのもっとも典型的な実例は、回教徒藩王国たるアワドに見られた。しかしながらその秕政《ひせい》も一八五六年にアワドが合併されたことによって終焉した。

一八一七年―一八年の戦争に引き続いた事態収拾《しゅうしゅう》に際しては、新なる宗主権を握った英国は、その非干渉政策を堅持することが如何に困難であるかを痛感したのであった。ラージプタナ地方においても、バローダ、インドール、グワリオール、および中央インド全般においても、ほとんどすべてのところにおいて、英国はそれらの藩王およびその貴族との間の紛争に干渉するのよぎなきに立ちいたった。ハイデラバード藩王国は、従属同盟に加入している藩王国中、最大にしてかつもっとも重要な国であったが、この国において、英国はまもなく、藩王に無制限の絶対権を認めることは、結局においてその同盟を解体してしまうにいたるであろうということを理解した。

真に新しき「外国人の傭兵部隊」―すなわちハイデラバード藩王国に駐屯する英軍にして、その軍隊の維持費はその藩王国の負担となるべきもの——といわるべきものの創設を必要ならしめた諸々の事情について、すでに第十章においてその概略を論じたところである。この「外国人の傭兵部隊」すなわちハイデラバード駐屯の英軍の助力によって、ハイデラバード政府当局は、完全にその国内支配権を再建することができたのであった。しかしながら、諸々の情勢が、軍事的考慮によって解決するに不適当であると認められた場合においては、英国は、いつも干渉をさしひかえたのであった。

一八三一年に、英国が今一つ藩王国の内政干渉を行なった例がある。それはマイソール藩王国に対して行なわれたものであったが、他の藩王国同様、マイソール藩王国においても、強力な英国軍隊の駐屯することによって、その国の行政上の気骨は薄弱になった。そこで、ある重大な反乱が勃発し、ついに英国軍隊の力を借りることが必要となった。反乱が英軍の力によって鎮圧され、一八〇〇年、マイソール藩王国が再びヒンドゥー教徒の王朝の手に戻ったときに、前述したごとく、ウェルズレー卿は、国政紊乱《びんらん》せる場合には、英国政府は干渉に乗り出すであろうしかつ行政権を英国政府の手に引き継ぐであろうということを定めた。それ故に、この取りきめのなかには、準国際法の原則といわるべきものは全然ふくまれてはいないのであった。この規定にもとづいて、その後、マイソール藩王は退位させられ、その行政権は英国の手中に移った。この英国の支配は約五十年間続いた。

ロンドンにおける英本国政府も、カルカッタにおけるインド政庁もともに、インドの諸王侯らは、その自己の藩王国を支配している限りにおいて、自分の意のままの統治を行なう権利をもっているのだという見解を抱いていた。しかしながら、かくのごとき見解の自然的帰結として、万一藩王国の内政がいちじるしく紊乱《びんらん》し、そのままにしておけない状態に立ちいたった場合、もしくは内政紊乱が極度に増大して、その反動がその藩王国に隣接する英領インドおよび他の藩王国の一般民衆の平和を撹乱《かくらん》するおそれある情勢に面した場合には、その藩王国を合併するもやむなしということになったのである。そして、藩王国を合併する政策を決定的に放棄してしまって後に、はじめて、英国は、藩王国の支配者をその国内の反乱から保護する旨を保障してやるということは、結局、その藩王国のいちじるしい悪政を阻止するためにその国政に干渉するという道徳的義務を負うことであったことを理解するようになったのである。

かの一八五七―八年のインド暴動の以前においては、インドにおける封建的理論が民心のなかに浸透していたためにその理論が自然に政治的実践に移されたのであった。このことは、とくに腐敗と君主権喪失の原則にいちじるしく現れていた。この時代においては、英国政府は、藩王国の後嗣《こうし》なき場合に養子を迎えるということを許そうとはしなかった。しかし、後嗣子《こうしし》なき場合、養子を迎えて王位を継がせるということは、ヒンドゥー教徒の法律では日常茶飯事として行なわれていた風習であったのである。とにかく、英国政府は、養子に国王の位を継がせることを認めなかった結果、サタラ藩王国（一八四八年）、ナグプール藩王国（一八五三年）、ジャンシーおよびジャイトプール藩王国は、政治の腐敗を理由として、英国に合併されることになったのである。アワド藩王国では、国王が合理的な統治を行なうという条約を堅く守ることができなかったという理由で、国王はその土地を没収された。

現在においては、この領土合併政策は、不得策《ふとくさく》であったという点については、何らの異議もないわけである。この合併政策は、諸藩王間に深刻な恐慌を巻き起こした。また多くの場合、一般人民らの怨嗟《えんさ》の的となった。さらにこの政策は英国の威信声望を傷つけるものでもあった。これはさらに、一八五七―八年のインド暴動の原因の一つをも構成したのである。この点については、マラータ族のジャンシー藩王国がもっともいちじるしい実例を提供している。ジャンシー藩王国の大王は後継者なくして死去した。大王の妃は、ドウルハウジー卿に乞《こ》うて王家の奪うべからざる権利を行使して一人の息子を養子として、彼女の死去した夫の後継者たらしめることの許しを願った。しかし、王妃の願いはしりぞけられて、ジャンシー藩王国は英国に合併された。そのときまでは、英国の忠実なる支持者であった王妃は、これによって、英国に激しい敵意を抱くにいたった。若く、美しく、かつ勇気に富んだ女性であったが、彼女はついに暴動の群れに身を投じた。彼女の輝しきジャンシー藩王国の防衛も過去のものとなり、その後まもなく彼女はグワリオール付近で英国軽騎兵の襲撃に会い、騎兵の制服をつけたまま誰とも身分もわからぬままに殺されてしまった。英国の一将軍は、彼女をもっとも傑出したかつ勇敢な反乱軍の指導者であったとしるしている。彼女が養子に迎えた幼い息子の摂政として国政の統治にその才腕をふるうことを許されなかったことは一つの遺憾事である。しかしながら、彼女は、ジャンシーに居住するヨーロッパ人の計画的な大虐殺に内々参加していたのではないかという嫌疑がかけられていたために、そのロマンスと悲劇も多くの同情を呼ばなかったのである。

とかくするなかに、英国は、パンジャーブ地方をシーク教徒から奪い合併した。シンド藩王国のアミール等（回教国の君主の称）（Amir または Ameer）はそれぞれの領土を奪われた。おもうに、パンジャーブ地方の合併は避《さ》くべからざることであったであろう。けだし、大王ランジート・シングの一族中には、パンジャーブ地方を統治し、かつ西部の好戦的な回教徒住民や騒擾《そうじょう》をきわめる国境方面の諸族を統御しうるような人物が一人もいなかったのである。なるほどヘンリー・ロレンスはこうした考えかたをしなかったのではあるが、しかし彼はあまりに理想家であり観念的であった。実際もしも適当な資格をもった優れた酋長がいたならば、東部パンジャーブ地方をシーク教徒が統治することは可能であったであろう。しかしアフガン国境方面における事態は、直接たると間接たるとを問わず、とにかく英国が支配統治することがもっとも本質的に重要な情勢であったのである。

シンド藩王国については、また上記の事柄とは別個の問題をなしているのであった。この国は当然英国の保護国となってしかるべきであった。あえて合併論の弁護に努めなくとも、元来ミル王族はその仲間中で互いに争っていたし、かつまた彼らは百年そこそこの以前においてその地域をアフガン王国から奪掠《だつりゃく》したものであったのだ。英国に合併された後、ただ一人カイルプール王のみがその王領を保持することを許された。

ここに今一つの重大な問題がある。

なぜに英国はムガル帝国の例にならって、ラージプート族を文武の高官としてその力を利用しなかったのであろうか、と借問することができるであろう。

かつて、ラージプート族はムガル帝国の支柱をなしたものであった。しかも彼らラージプート族はムガル帝国に対するよりも、英国に対してはさらにさらに忠実な氏族であったのである。しかのみならず、ラージプート族と英国との間には、ヒンドゥー教徒と回教徒との間に不断に痛感された非融合性というものはなかったのである。ラージプート族は立派な教育を受けていた。すなわち支配の本能と伝統とをもっていたのである。また彼らは専門的な武士として教育されていた。行き届いた訓練を受けた粒《つぶ》よりのラージプート族の青年は、インドの軍務においても文官としても名誉ある経歴を踏むことができたであろうと思われるのである。

英国が帝国を建設せんと張り合っていた時代のインドにおいてもっとも傑出していたマラータ族は、また別の部門をなしていた。英国が滅亡の淵から救い上げてやったラージプート族の示す忠誠と協力とを、最近まで英国の敵であったマラータ族から期待することは到底できなかった。マラータ族は帝国の栄誉を英国にゆずらねばならなかったのである。その恨みは容易に忘れえられるものではなかったのだ。さらに、この問題を別にしても、マラータ族のなかには、地所を所有する貴族がいなかった。彼らの大多数はシュードラ（奴隷）階級の者であって、真のクシャトリヤすなわち士官階級に属するものは一人もいなかったのである。官僚は主としてバラモンによってしめられていた。しかしながら、二三大地主もおったし、また指揮官や偉大な士官たちもおった。そしてこれらの階級の人々や多くの酋長らの家族のなかから少数の適格者を徴募して武官や文官に任用することができたであろう。信頼は通例またさらに信頼を生むものである。

ハイデラバード、アワドおよびその他の回教徒諸藩王国の偉大な回教徒の貴族らも、帝国のための兵士や行政官をそのなかから選ばれるならば大いに勇気づけられたであろうと思われる。英国は、ハイデラバード国王に強制してハイデラバード分遣隊の費用を払わせたのであった。しからばなぜに、少なくとも、その分遣隊のなかに若干の若いハイデラバードの貴族を任命してはならないのであったろうか。

同様にして、その他の重要な諸藩王国においても、インド帝国の仕事に直接の利害関係をもたせることができたであろうと思われるのである。

インドの貴族らが堕落したのは、明らかに英国が諸藩王国をその軍事的保護の下におくにいたったためであった。しかしこれらの貴族らをインド帝国の政務や軍務に就かせたならば、その堕落を阻止することができたであろう。立派な家系の若い子弟を、インド帝国の事務に就かせ、よく訓練してやったならば、おそらく、藩王国自体にもそれは行政上の好結果をおよぼしたことであろう。そして、同じく重要なことは、上に示唆《しさ》したような方法で、英人とインド人とが相結ばれたならば、多くのインド人が英国の階級的専制排他主義なりと考えているいろいろの事象や観念を打破するに大いに役立ったであろうと思われることである。そして、非常に多くのインド人が英国人のカースト的排他主義なりと思っている諸々の事柄こそは、近年彼らが英国の統治に対して政治的反抗をくわだてた潜在的な原因をなしていたものなのであった。ついに両国民の結合が上記のごとき方法で行なわれなかったために、近年の英国統治に対するインド人の政治的反抗が阻止されなかったのは、実に遺憾であった。

英国人はインド帝国建設にあたっては、もっとも抵抗の少ない線に沿ってことを進めた。かくて、英国人自らが、インドの優秀な民族の青年らと相携えて帝国の行政に従事するという機会はいたずらに過ぎ去ってしまったのであった。英国人の官吏らは、立派な社会的地位にある家族のなかから採用されたインド人官吏がかりにあったとすれば、それらインド人官吏に比してはより少ない俸給で使用することができたかもしれない。また、インドの官吏に赴任する以前においてすでに英人官吏は有能なことが証明されていたのであった。しかし、インド人に関しては、こうしたことは実験してみなければ不明の事柄であったのである。しかし英国はこの実験の労を新たにとろうとはしなかったのである。

次に、インド人側について考えて見れば、彼らにはカースト制度およびその他の宗教上の困難がいろいろあった。ラージプート族、マラータ族、および回教徒を同じ軍隊のなかに入れることは、不健全な結合体をつくることになり終わったであろう。しかもなお、武官や文官のなかに上流階級から強力なインド的要素を採り入れたならば、国土を支配せんとする下層の中産知識階級の要求は、―もし実際かかる要求が提出されたとすれば― 容易に叶えてやれただろうと思われる。しかるにこの点についても、英国はそうした労苦を惜しみ、英人のみをもって軍政両方面にあたらせ、ただ易きについたのであった。

英国人は、大部分の「外人傭兵部隊」たる英国のハイデラバード駐屯軍およびハイデラバード分遣隊を種々の戦いに利用しはしたが、これ以外に、インド帝国の利害問題については、諸王侯らの軍事上の義務を充分に利用しようとしたことは一度もなかった。しかしながら、かのインド大暴動のときにあたっては、諸藩王国はインド軍の軍費の四〇%くらいを負担したと評価されている。この軍費は、各藩王国の面積と人口とに比例して拠出されたものであった。

インド大暴動の時より遥か以前から、藩王国の対内的主権に対する英国の侵害は大いに行なわれていたのあった。これは、ヨーロッパ人にして英国の臣民たる者、ヨーロッパ人およびアメリカ人に対する司法権に関するものであった。インドにおける宗主権を握っていた英国政府は、明らかに英国民およびその他のヨーロッパ人に対して、西洋的基準から判断して公平と思われる裁判を確固として保障してやる義務があった。その公平なる審判というのは、トルコその他の諸国における条件付降伏の場合に設立された司法体系を参照して定められた。したがって在来のインドに行なわれていた裁判をそのまま英国司法当局が是認採用するわけにはいかなかった。例えば、キリスト教徒の誓約に比較すれば、回教徒の誓約のほうが遥かに大きな価値をもつものであるが、その回教徒の誓約を法律の原則と見なすなどということは到底期待しえないことであった。あるいは、掟により一人のバラモンの身体が保護されることになっていたが、それを他の者におよぼすことはできないなどということも期待しうべからざることであったし、さらにまた、牛を殺した人間の処罰は、刑としては殺人犯と同等に憎むべきものであるなどということも、到底英国の司法当局からは期待することはできなかった。如何なる場合においても、英国政府は英国臣民にあらざるヨーロッパ人およびアメリカ人もが、インド自体の無統制なでたらめな治安方法の災厄《さいやく》にさらされぬように監督すべき国際的な責任を負うたのであった。大抵の場合英国は、必要な司法裁判権は即刻インド諸藩王国から譲渡を受けたのである。この司法裁判権の譲渡は、英国駐在官の手をへて行なわれた。それは現在といえども同様である。ただし、多くの重要な藩王国においては、その司法制度は大いに改善されていて、ある藩王国においては、英領インドのもっとも優れた司法制度にほとんど劣らぬ程度に進歩しているものもある。しかしながら、英国が藩王国の司法権に対して制限を設けたことを、二三の藩王国政府においては、その藩王国に加えられた侮蔑《ぶべつ》であると感じているものもあるのである。

すでに述べたごとく、十九世紀の最初のなかばまでは、国際法は英国の対インド外交に大きな影響をもったのである。諸藩王国の国内事情について、国際法上の諸原則を厳密に固守するということはほとんど不可能であった。英国の最高権力は、西洋の文明にとっては唾棄《だき》すべきものに思われるような保護国の非人道的な諸慣行を黙視することができなかったのである。例えば十九世紀のはじめには、カッチの支配者は、幼女殺しの風習を廃止するように勧説《かんせつ》された。その後にいたって彼はアフリカとの奴隷売買の廃止に同意した。多くの藩王国は英領インドの例にならってサティー（妻の殉死、インドにおいて夫の屍体《したい》とともに妻が生きながら焼かれた風習を）を禁止した。比較的遠隔の地にある丘陵地方の王侯のある者は、残酷な刑罰を控えることを誓うにいたったのである。

インド大暴動によって一つの変化が起こった。英国政府は、合併政策のもたらした諸結果についてもはや盲目ではなかった。この合併の脅威が酋長らの頭上にのしかかっている限りは、酋長らの英国政府に対する信頼と忠実なる協力とは、到底望むべくもなかった。しかしながら、暴動の期間中、異常な緊張状態にもかかわらず、大抵の酋長らは中立的態度を維持していた。酋長らのなか暴徒に対して積極的な支援をあたえたものも多かったので、もしも、ハイデラバード藩王国が英国に対して忠誠なる態度を堅持していてくれなかったならば、南部インドにおける事態は、英国にとってははなはだ憂慮《ゆうりょ》すべき方向に発展したであろうと思われる。かくて今や、諸藩王国に大きな恐れを抱かせた合併政策はこれを最後として放棄されたのであった。かくて、すべての酋長らは、サナドSanad（譲渡または許可証書）すなわち後嗣子《こうしし》なき場合には養子をとってもさしつかえなしとの特許の書状をあたえられた。

もしも、この許可証書をあたえられず、養子を迎えて王位を継承させることができないとしたならば、多くの藩王国は、次の五十年間くらいの間に崩壊してしまったであろう。現在のバローダ藩王国大王は養子であった。マイソール藩王国大王の父君も養子であった。さらに現在のジャイプル藩王国大王もそうである。これらは、ヒンドゥー教徒の法律による場合であって、ヒンドゥー教徒の法律によれば、養子は、実子の享有《きょうゆう》する一切の権利をあたえられているわけである。マホメット教徒の法律による場合は事情はこれと異なってくる。すなわち、マホメット教徒の法律では、養子なるものを認めはするが、しかしながら、養子に対しては相続権をあたえていないのである。しかしながら、回教徒の王らは、マホメット教の法律によって王の後継者であると認められた血族の男子は、常に、直接相続たると間接相続たるとを問わず、王の合法的後継者であると認められる、ということを保証されていた。

王位継承については、一つの政治的慣習に関する問題を注意しておく必要がある。かのインド大暴動後の英国の藩王国に対する関係に関しては、比較的初期のなかは、官辺筋《かんぺんすじ》では、王位継承についてあらかじめインド総督の許可が必要であるとの見解を持《じ》していた。他方、藩王国においては、英国政府の承認の必要なることは認めてはいたが、事前の許可を要するという原則には異議を唱えていたのである。現在では、この官辺筋の見解を厳守することを緩和しようという傾向が見られる。

インド大暴動はその他種々の革新をもたらした。すなわち、今や英国皇室が東インド会社に代わって、インド統治の最高権力について、直接の責任を負うことになった。種々の条約が更改された。ムガル帝国の支配の跡をとどめたものは一つ残らず廃棄された。最後に、インド皇帝すなわち英国皇帝は、王国における内政紊乱《びんらん》を阻止するため国政に干渉する資格をもっているということが、政治的実践の原則として認められることになった。さらにまた、藩王国が王位承継のため養子を迎える権利を認められたことに対し、英国への忠誠と服従とを誓うことを条件として付せられたために、一層英国皇帝の大権は強化されることになった。

帝王たるの大権に固有のものとして、英国皇帝は、インド総督を通じて次の諸権利を行使している。すなわち、王位継承を認可する権利、弱小藩王国を保護する権利、称号、動章および礼砲をあたえまたは剥奪する権利、外国からの諸注文を受け入れることを裁可《さいか》する権利、および旅券を許可する権利がこれである。一八六〇年に、藩王諸国にあたえる挨拶の礼砲の一覧表が発表された。

従属同盟に加入せる藩王国を孤立させておくという政策は、従前《じゅうぜん》通り変化はなかった。そしてその後の情勢の展開は大抵は保護国の軍事的要求と密接に結びついていたのである。例えば、軍事上の重要さから見て、鉄道の幹線は一元的統制に服さねばならないのである。また、酋長らはそうした鉄道施設のために必要な土地を、その領土内では無償で提供するように期待されたし、また鉄道の敷かれた土地の司法権を割譲しなければならなかった。インド政庁では、電信および電話の独占を要求したし、またある程度までは、同じ理由で、郵便事務についても独占を要求した。武器の製造および販売は禁止されている。そしてきわめて最近にいたるまで、藩王国の近代的軍備は最低の可能な限度に制限しておく方策をとっていたのである。藩王国政府ではその警官隊を武装させるために、必要な旋回銃やまたは多少近代的な武器を入手するのさえ非常に困難であった。この警官隊は、時折《ときおり》は、警官隊以上に良好な装備で武装した匪賊《ひぞく》らを処理しなければならなかったのである。

ナワナガール藩王国の故大王殿下は十二年前（一九二二年）のことであったが、筆者に次のような話をしたことがあった。すなわち筆者との話のちょっと前のことであったが、王の警官の一隊が、その追跡中の匪賊《ひぞく》と遭遇して、匪賊に一斉射撃を浴びせた。だがその結果は、自分らが惨めな目に会ったただけであった。というのは、警官たちのもっていた旧式の銃は破裂してしまって、その一隊の半数以上は行動不能におちいったのである。その間に匪賊らは、無事に逃げ失せてしまったというのである。

大体からいうと、藩王国の自治の程度にもはなはだしい開きがある。すなわち、ハイデラバード、マイソール、およびバローダ藩王国らのごとく、内政に関しては、事実上完全な独立を保っているものがある一方、また他方においては、カティアワール地方や中央インド平原地方の西端にある幾百という数多くの小藩王国にして面積わずかに一方マイルあるかないかという程度の国がある。その国力といってもいちじるしく限られた低いものである。これらは自治といっても知れたもので、大体王国と称するにあまりに微力であるといえよう。

これらの小藩王国の領土は、英領インドに属するものではないし、したがって、英国の法律はここでは効力がないわけである。しかしながら、比較的高度の行政司法権は、実際は英国官吏が、その国王や人民のために行使しているのである。

ヒマラヤ山脈地帯にあるラージプート族の小藩王国、二三のパンジャーブ地方にある比較的小さい藩王国およびビハールやオリッサや中央諸州にある封建臣下らの藩王国等に関しても、上記の諸小藩王国とまったく事情が同一である。

これは、藩王国の王侯の身分地位とはまったく別個の問題なのである。例えば、殿下の称号をあたえられ、礼砲の挨拶を賜《たま》わっている大王の統治している藩王国のなかにも、二三完全な対内的自治を享有《きょうゆう》していないものもある有様である。例を挙げれば、ヒマラヤ山脈地帯、オリッサ、および中央諸州の二三の藩王国では、死刑の宣告には、英国の政治的代表すなわち英国駐在官の追認を必要とすることになっている。とにかく、藩王国の自治といっても国により多くの相違があるのであるが、この相違によって生じた原因は、歴史的なものである。すなわち、ある場合にはこの自治の程度の相違は、面積や人口の問題ではなくして、政治的発展の程度の問題である場合もあるのだ。

ここに記憶さるべきは、国際法の見地からいうと、藩王国の臣民らは、単に英国の被保護人にすぎないということである。一例を挙げれば、彼らは、英領インド政府の下に何らかの地位に就任する場合は、各場合において特別の法規によって、はじめて選ばれる資格を付与されるにすぎないのである。

しかしインド連邦が成立するならば、彼らの国際法上の地位は自ら変化するのであって、現在のごとく、法律上無能力者として取り扱われることはなくなるであろう。

一八五七年のインド大暴動以後も、藩王国の大なる内政紊乱《びんらん》を阻止するために、数回にわたって英国政府が干渉の挙に出でたことがあった。バローダ藩王国の大王は、一八七五年に退位させられた。インドール藩王国の大王も二回退位させられた。その他小藩王国の王らも、重罪を償《つぐな》うために出頭を命ぜられ退位させられた。その外にも藩王国の領土の解体もしくは分割または譲渡を阻止するためにも、反乱を抑圧するためにも干渉が行なわれた。あるときはまたキリスト教の伝道を確認させるためにも干渉が行なわれた。

一八七〇年には、英国政府はアルワール藩王国の大王とそのサクルス（直臣）との紛争に干渉したが、このときは事態を放任しておけば、内乱が起こるような情勢であった。カシミール地方の行政権は、一八八九年以後、相当長期間にわたって、英国の監理下におかれていた。

干渉の最高潮に達したのは、カーゾン卿がインド総督をしていた時代であったが、まさにこのカーゾン卿の容赦なき干渉によって、インド藩王国の国王らは、英国の統治に対する憤懣《ふんまん》を抱くにいたったのであるし、また英国の対インド政策について、大きな警戒心を抱くにいたったものであった。

すでに早く一七九五年に、インドの諸王侯に対して有利な法律が、英国の議会を通過していた。本法の目的とするところは、冒険的な財務官が、諸藩王国の財政を乱し、それらの国々を搾取するのを阻止せんとするにあった。藩王国政府は、彼らが外国の金融業者と何らかの協定を結ぼうとするにあたっては、あらかじめ英国の駐在官にその旨を報告すべしということが規定されたのである。かくのごとき法律が制定されていたのにもかかわらず、種々の財政上の醜聞があった。とくに前世紀の四十年代には、ハイデラバード藩王国においてこれがいちじるしかったが、またきわめて最近においてもその他の藩王国にもかかる醜聞《しゅうぶん》が跡を絶たなかった。

英国が、多くの藩王国の協力を獲て、インドに自らの帝国を建設することが、如何に英国にとって大きな価値をもつものであるかについては、すでに充分に力説してきたところである。そして、英国が藩王国と相協力することによって、英国も藩王国もともに利益を得てきているのである。その典型的な例をなしているのは、ハイデラバード藩王国である。もしも英国の援助がなかったならば、事実、ハイデラバード国王は、マラータ族のためにその国をくつがえされてしまったであろうことは確かである。ハイデラバード国王は、ごく少数の回教徒たちをのぞいては、他に何らかの国民的支援がなかったのである。しかし英国の援助によって、彼はマラータ族に対して最後の勝利を得ることができた。そのために、彼は領土を獲得した。さらに年々歳入の四分の一の税をマラータ国に貢納していたが、そのために要する六千万ルピーの負債を帳消しにすることができた。

マイソール藩王国においては、英国はヒンドゥー教徒の王朝を復活させてやった。またマラータ国宰相はバローダ国の王朝に君臨していたが、バローダのガイクワール王朝がマラータ国に対して反抗をなしたとき、英国はバローダ王を支援してやった。さらにバローダ藩王国は、そのアラビア人の傭兵によってまさに攪乱《かくらん》され、支配権を奪われんとしていたが、そのアラビア人傭兵の手から国家を解放しバローダ王朝を存続させ支援してやったのであった。英国はまた崩壊破滅せんとしていたラージプート族を救った。トラヴァンコール藩王国もまた、英国の援助によってその国を保つことができた。コーチン藩王国は、英国の助力を得てティプー・スルタンの攻略からまぬがれた。しかし、マラータ国は、他の藩王国に比較すれば、多分英国に対して感謝すべきことはあまりないのであろう。とはいえマラータ国は、英国との堂々たる戦において敗れたのであって、彼らは決して苛酷な取り扱いを受けたのではないことは認められてしかるべきであろう。

第一次世界大戦の勃発するや、ついに、一方において従属同盟に加入し英国に従属する立場におかれつつも、他方藩王国相互間には孤立主義をとらせた従属的孤立政策は、打破されたのであった。インド藩王国の藩王らは英帝国の呼びかけに応じて、気高くも武器をとって立ち上がった。この藩王国の王侯らの英国に対する忠誠と一致したる援助があったがために、全インドがまた英国に忠実であることをいつまでも保ちえたのであり、彼ら王侯の援助と忠実とを英国は多としなければならないことは、一点の疑いを容《い》れぬところである。

この第一次世界大戦が終末を告げた後に、憲法の大改革が、英領インドで審議に上った。この憲法の大改革の断行によって、インドの藩王国の王侯らは、当然、帝国会議に参加を招請《しょうせい》されなければならなかったのである。かくて、憲法改革により藩王国王侯らが、帝国会議に出席するということは、すなわち、藩王国等に課せられていたところの旧来の諸々の制限を一掃《いっそう》してしまうことを意味していたのであった。

インド藩王会議（Chamber of Princes）が構成され、諸藩王は、一つの結合体または協力体として会議に出席することを認められた。かくて、英国に対する新しい信頼の時代がそのときからはじまったのであった。

第十三章

インド王侯と政治部

The Princes and the Political Department

XIII

第十三章

インド王侯と政治部

「英帝国皇帝の統治権は、すべての点において論議される余地はないのである。それは、それ自身自己の大権の限界の決定者である」。一九〇三年バハワルプール藩王国の大王の即位式にあたって、カーゾン卿はこの慎重な言葉のなかに、英国の宗主権のインドにおける地位を定義したのである。

二十三年をへて後、またリーディング卿は、ハイデラバード国王に宛てた「ベラー州についての文書」のなかで、その先駆者カーゾンと同様に、上記の説を明白に再確認した。彼はその文書のなかに次のごとくしるしている。

「英国皇帝の統治権はインドにおいて至上のものである。それ故に、如何なるインド藩王国の支配者といえども、英国政府との協定を行なうにあたり、対等の地位に立つことを要求するのは正当でない。しこうして、英国皇帝の最高権は、英国とインドとの間に取りきめられた諸条約および諸協定にもとづいているのみではなく、それらの諸条約および協定とは独立に存するものである。」と。

しかしながら、インドの指導的なる王候らは、彼らと英国皇帝の至上権との関係について述べられたこの定義を、決して正式に承認してはいないのである。彼らインドの諸王侯は、英国王室の宗主権についてとかくの論議を行ないはしない。そして、彼ら王侯の大英帝国皇帝に対する忠誠にいたっては、非の打ちどころがないのである。しかしながら、彼ら王候は、彼らと英国皇帝との関係は、憲法上の論としては、根本的には条約に基礎をおいているものであると主張している。インド藩王国に関する限りは、英国と同盟を締結した唯一の目的は、ひとえに軍事的保護を確保せんとするにあったのである。彼ら藩王国は、英国に対して、インドの内と外とを論ぜず一切の外交関係の統制権を移譲しなければならなかったのは、けだし英国が彼らに比してより強大なる軍事的勢力をもっていたが故に、まことに当然不可避の成り行きであった。国内行政に関する事柄については、彼らは英国と同等の地位に立っているのだと主張する。インド藩王国と英国との関係のもっとも顕著《けんちょ》な特色をなすものは、軍事的保護の点にある。英国のインド藩王国に対する義務一般はここに終了したのである。したがって、軍事的保護の責任を果たすために本質的に重要なりとの証明なき限り、英国が藩王国に対して干渉の挙に出ることは一切不当なる行為となるであろう。

以上のごとき立場が、インド王侯側から見れば、彼らの正しい合法的な地位であるということになる。インド王侯らの主張にしたがえば、英国皇帝の代表者らは、自分らの都合次第で、その背後にある圧倒的な軍隊の力をもって、インドとの諸条約を無視した行動をとったのである。その結果、藩王国の国内統治権に対する一連の英国の侵害行為がはじまった。そしてついにカーゾン卿の声明となったのである。このカーゾン卿の声明を論理的に突きつめれば、藩王国の国内的利害関係たると、対外的防御に関する事柄たるとを問わず、藩王国の政治のもっとも些細な点にまで英国は干渉しても何ら不当ではないということになるであろう。

インド王侯側から種々の不満が抱かれたのにもかかわらず、依然として英国は、インド人から見れば罪悪にも等しい所業をまったく悔い改めようとはしなかった。そしてこの不全《ふぜん》の悔罪《かいざい》はさらに続けられた。外交官らを集めて組織した一つの有力な官僚主義政治を考案し、かつそれを実践することによって、ますますこの英国の不全の悔懺は助長されたのであった。この外交官をもって組織した部局政治は、今日政治局 Political Department として知られているものであって、元来は、藩王国とインド政庁との関係を担任するために、かのインド大暴動後まもなく創設せられたものであった。ある一派の考えによれば、過去五十年間というものは、政治官僚の頭には、インドを統治支配せんとする観念が固着《こちゃく》して離れなかったのである。彼ら政治官吏どもは、ひたすら自己の威信を高めることにのみ汲々《きゅうきゅう》としていて彼らの責任は二重のものであったことを忘れてしまったのである。しこうして、まず第一に彼らはインド政庁に対して義務を負うものであるとともに、第二に彼らが信頼して任されていた諸藩王国の利害関係を監視し保護することもまた彼らに課せられた義務であることを忘却してしまっていたのである。実際、藩王国における施政の標準は、英領インドにおける統治の基準と比較して遥かに下位にあったのだが、かかることは何ら彼らの注意を惹くものではなかった。その代わりに、多くの場合において、彼ら政治官吏らは、あたかも、諸々の改革を行なうことのみが、自分らの責任であるというかのごとき行動をとったのであった。

インドの諸王侯の論によれば、これらの政治官吏らが藩王国の利害を顧慮《こりょ》しなかった理由は、主として次のごときことによるものである。すなわち、不断にインド人の統治権のおよぶ範囲が侵略されたことがこれである。とくにアヘン政策、塩の独占、ヨーロッパの英国臣民に対する司法官、港湾、鉄道線路の支配権、郵便および電信、住宅地および英国駐屯軍兵舎の司法権、貨幣の鋳造権《ちゅうぞうけん》、少数支配、ある特別の藩王国に対してその嫌がる忠告を強制して意にしたがわせたこと、およびその他似たような事柄についてインドの君主権を蚕食《さんしょく》したことが、政治官僚どものインド藩王国の利害に対する無関心の原因をなすものであるというのである。

一般に確言されているところによると、種々の先例や英国の対インド政策をもととして、徐々に一つの秘密な法典がつくりあげられてきたのであるが、この法典を手に入れることのできるのは、ただ政治局の役人だけであって、その他の人はこれを窺《うかが》い知ることはできないのである。これは明らかに、一般の論説によれば、インドの諸王侯を不利な地位におくことになるといわねばならない。

英国がインドの王候らに課した孤立政策のために、インドの王侯らは、英国の外交による侵攻に対して、相結合して反対することができない状態におかれたのであった。そうしているなかに、多くの慣例、黙諾《もくだく》事項、先例等が次第に集積して、これを藩王国一般に適用して可《か》なりという風に取り扱われるにいたったのである。ここにおいて看取《かんしゅ》されることは、政治官吏たちは次の諸事実に全然盲目であったということである。すなわち、諸藩王国はそれぞれ、国家構成の原理をいちじるしく異にしているのであって、国内の統治権を付与されていない小藩王国に対しては正当化される方策も、常に独立国家として存立してきた大藩王国に適用することはできないのであり、もしそれを適用すれば、不正になるのだということがわからなかったのである。それにもかかわらず、一般的傾向としては、諸藩王国は、無理に、英国のつくった政治的慣習の規矩《きく》のなかに押し込められてしまい、その条約上の地位は何ら顧みられるところがなかったのである。

一般に主張されているのだが、政治局においては、その政策を正当化するために封建的諸関係についての理論を展開した。しかしその理論たるや大多数の場合において、到底実際に適用しうべくもないようなものであったのである。ただ、その理論は二三の場合、例えばオリッサ地方にある諸封建的藩王国、すなわちバローダ藩王国の東部国境地方に面するマヒ・カンサおよびレワ・カンサの代理者についてはまあ適当であろうと認められたのであった。だがさらに議論を進めれば、この政治部の理論はラージプート族およびマラータ族の諸藩王国、もしくはハイデラバード藩王国においては、到底適用しうべからざるものであった。

サー・レイス・タッパーはインド政治局の高僧である。彼は、彼の批評家たちが「政治的慣習についての法典の聖なる秘密」と称しているところの数巻におよぶ大著作を物《もの》した。このなかには、藩王国と英国駐在官との間に起こる可能性のある一切の紛争についての先例が書きしるされているという噂である。同じ著者は、「印度の保護国」Our Indian Protectorate という表題の本で、封建制度に関する理論を開陳《かいちん》している。この書は、一八九三年に出版された。本書において、彼は、藩王国の王らは偉大な世襲的な官吏であって、自己の領土を適当公正に統治すべき責任をインド政庁に対して負っているものであると揚言している。またいろいろの条約については何ら問題にしていなかった。

しかしながら、彼のこの意見は一般の与論としてはひどすぎる意見と思われた。それは、イングランドにおいてさえもそう思われた。そして、かかる理論は、政府当局によって否認されることが必要であると考えられた。そこで、他の偉大なヒンドゥー教徒の政治学者が任命され、これら英国とインド藩王国間に締結された諸条約は単なる一片の紙くずにあらざる旨を改めて表明することを依嘱《いしょく》された。しかしながら、ウィリアム・リー・ワーナー卿の著書（The Native States of India）も、条約の厳正なることを充分満足しうるように弁護することはできなかった。そしてリー・ワーナー氏は、英国とインド藩王国との間に締結された諸条約の外にさらに実例法規が自然に添加されてきたことを弁護して、著者は以前にタッパー氏のしめた地位と同じような地位をしむるにいたったのだと主張した。今日では、多くの政治官吏らは、リー・ワーナー氏は二三の点で、英国皇帝の至上権に関する部分をあまり誇張し過ぎているという意見にくみしている。

前記の章句中で論及した非難の多くは、政治局に対して向けられているものである。しかしこの数多くの敵意に見舞われた組織すなわち政治局の組織および記録に関して若干の予備的知識をもっていなければ、事態に対して正確な見解を持《じ》することは困難である。

政治局の幹部の氏名は、インド政庁の外政局および政治局の総合職員録中に記されている。政治局はまたいろいろの機会に恵まれているため一層その魅力が多くなっているわけである。すなわち諸君が、政治局に勤務する身となれば、あるときはダズダップにおいて聡明なペルシャ官吏と機智に富んだ会話の応酬をすることがあろうし、その後二三か月たつと小さなインド藩王国におもむいて、今最高潮に達している入念な政治的陰謀を監視するようなこともあろうし、また夏季は避暑地のシムラでいろいろの顕官《けんかん》大臣とそのオリンピック丘で肩をならべるときもあるであろう。

この政治局長官にはインド副王たるインド総督が任ぜられている。一人の秘書官がいて、行政上の補佐にあたっている。比較的小さな藩王国は、その国の大きさと重要さとに応じて総督の代理官または駐在官にわけられている。

政治局の職員は、インド軍およびインド文官中から徴募《ちょうぼ》されている。昔は、この政治局職員になるためには、勢力関係とか族閥主義とかに頼る一方であった。今日においてもなお、高位の官職をしめている人と親戚または友人であることが、任官についてのもっとも確実で重要なこととなっている。

政治局官吏に徴用された者たちの果たすべき仕事の責任に対して、大体その被徴用者の訓練は徹底を欠いている。若い軍隊の士官をして、政務を学ばせるため、英領インドにおいて多少軍務や平素の行動を寛大にし挙句の果ては身持ちをルーズにしてしまうようでは心もとないのである。そうした弛緩《しかん》した状態にある人間に対しては、何人といえども好感をもつことはできないのであり、誰も見向きもしない人間を、政治局の職員にすることでは充分の能率が上がるはずがない。真にインド藩王国に奉仕しうるごとき人物を選んで、それに徹底的な政治訓練をあたえなくてはならないのである。

「インド駐在官のささやきは、インド藩王国の雷である」。これは、才幹《さいかん》足らざる藩王国の酋長らが政治官吏一般に対して抱く感情をいい表した一つの警句である。たしかに英国の藩王国に対する干渉が最高潮に達したかのカーゾン卿のインド総督在任時代には、この文句に多少の力が認められたのであった。しかし、この警句は、もはや、今日の情勢を如実に表現しているとは言いえないのである。政治官吏は現在においては、往時《おうじ》とは異なる外見をそなえている。彼ら政治官吏たちは、国境の向側の「多くの統治に服せる人々」(キプリングがインドの百姓を同情をもって表現せる言葉)と同様に、インド藩王国の農民は、その古い組織の下に満足しているだろうということを知っている。今日においては、インド駐在官には「番犬」らしいところは一つもなくなった。そして以前にくらべれば、遥かに指導的立場に立ち、相談者および友人たるの態度をもって藩王国にのぞんでいる。そして、若い政治官吏らは、カーゾン時代以後の政治局のある精神上の指導者の神秘的な信条を忘れてはいない。その神秘的な信条とは「若い政治家は、彼の行なう最善の仕事はしばしば彼がなさざりし仕事であるということを記憶しておくべきである」。すなわち無為《むい》が最上の策たることあるを銘記《めいき》せよということとである。

過去においてしばしばこれらの官僚らの抱いた精紳や心構えというものは、現代の人々にとっては誠に興味をそそるものがある。だがそれは単に物語として昔の語り草としてであって、現在こうした過去の人々のやったことを真似ようとする官僚や英国の政治的代表者（藩王国における英国の駐在官）はいない。例えば、二十五年前のことであるが、バローダ藩王国に駐在した英人駐在官は、最近刊行された備忘録が信頼するに足るものであるとすれば、ダシャハラー祭にあたってその祝祭の行列が市中を練り歩くときに大王の乗った象は英国駐在官の乗った象よりも必ず一マイルだけ前を歩くようにすることを、重大な政事上の事柄だとするように努めていたのである。しかしながら、こうしたことは現今においては、英国のインド駐在官から多大の共鳴を得ることは到底望むべくもないことであろう。誰も二十五年前のこうした駐在官の気の配りかたに同情を示すものはない。さらにまた、以前においては、政治局では法令を発布して、ボンベイ州の政治局職員に対して、正装した場合にその制服のボタンに王室の紋章を紐《ひも》をつけて飾ることを恐れ多いとして禁止したことがあった。現在では、政治局ではこうしたことを一顧《いっこ》の価値もないことだと思っている。さらにまた、カーゾン卿は有名な回状《かいじょう》を出して、統治者たるインドの諸王侯は、インド総督の許可なくしてヨーロッパを訪問すべからずとのことを申達《しんたつ》したが、こうしたことは今日到底思いもよらぬことであろう。ついでに言っておくが、この回状の件は、アメリカの白亜館《ホワイトハウス》からの抗議に出合ったし、またバローダの大王から憤激に充ちた返答に接した。それに対して、政治局の連中は回答に窮《きゅう》したのであった。

現在においては、指導的地位にあるインド王侯らは、多くは政治官吏すなわちインド文官およびインド帝国警察官を雇い利用している。それらの官吏は、藩王国の総理大臣および歳入および財務監督官の地位に任ぜられているのである。最近伝えられるところによると、ある有名な藩王国大王が、その兄弟の酋長と英人官吏について話したときに次のようなことを言ったということである。「いつも二三人の第一流の英国人官吏を貴君の側近にいるようにしておくとよろしい。そうすれば、貴君の留守中でも万事好都合に取り運んでいるだろうと安心して、いつでも自分の国を後にして出発することができるであろう。」と。

これはまさに英領インドの政治家の態度とは、雲泥《うんでい》の相違ある態度だと言わねばならない。とはいうものの、インド文官らがもっともよくその手腕をふるい治績を挙げうるのはやはり法律家によって統治されている国 Land of Vakil raj においてであろう。そのヴァキル・ラージの国では、法律家およびその仲間すなわち概して高いカースト出身のヒンドゥー人の手中に政治権力が握られているのであるから。

（註）Land of Vakil raj とは、政治に無関係なインド人が将来のインドにおいて法律家が政治的権力をふるうことを描写するにあたって使用する侮蔑的な言葉である。vakil とは lawyer すなわち法律家を、raj とは rule すなわち統治または支配を意味する

英国からの貸与《たいよ》官吏として、藩王国に服務すると、いろいろの事柄に対するインド人のやりかたや、他のところではなかなかつかみえないインド人の心理をよく洞察しえるようになる。そして多種多様のまた驚くべき経験を得るのである。例えば、ある藩王国において、「英国からの貸与官吏」はその国の軍隊の総指揮官があまりに急速に莫大な富を得たと推量すべき理由を発見したことがあった。彼は、そこで軍の兵站《へいたん》部の会計を検査するつもりであることを声明した。その晩に陸軍省は灰燼《かいじん》に帰して、一切の記録が破棄されてしまった。他の官吏は、遠隔の地域の監督にあたっていた地方官吏（巡査と

行政文官）がその田舎で不正利得をせしめていたことを確信していたが、ついに巧妙な術策をもちいて、自分の望んでいた証拠を手に入れたことがあった。嫌疑をかけられた地方役人たちは、貸与官吏の私用の助手のところに一人の使者を使わして、莫大な贈賄《ぞうわい》をするから、審問をやめてもらいたいと申し込んできたのであった。その官吏はその使者と助手の会見中幕《まく》の背後に隠れていて、彼の正体をあばきやっつけてやろうと思っていた連中のやりかたを直接に聞くことができたのである。また他の英国行政官は、英国がインド統治に乗り出してはじめて英国皇帝の至上権がインドに支配力をもつにいたった頃に、ガート山脈地帯のマラータ族の一小藩王国、サワントワージの駐在官をしていたときに、森林中に住む妖怪の王に住民の献《ささ》げていた莫大な供物《くもつ》を廃止させて、バラモンの官吏を震えあがらせたことがあった。

今日においては、この国の藩王にとって事態は昔と比していちじるしく変わってきている。彼は英国の財団公共学校（名門の子弟を預かる大学の予備校）で教育され、その後はケンブリッジの士官学校（正確には士官候補生大隊訓練学校 Officers' Cadet Battalion Training School）を卒業して、マラータ大隊に任官命令を受け、メソポタミアで軍務に服したのであった。

インドの王族らは、必ずしも部下の能率の上がるのを好ましく思っているわけではない。ハイデラバード国王はこの国の伝統として、帝王の権力というものを非常に重視していた。あるとき、英国人の財務官が賜暇《しか》帰国を前にしてハイデラバード国王の宮殿に暇ごいのため伺候《しこう》した。国王は夢うつつに彼の姿を見やっていたが、自分の国の言葉でつぶやいた。「ありがたいことに神は少しばかりのお慈悲を賜わった。少なくとも八か月の間は、儂《わし》は、儂の国庫の圧制的な番人の手から逃れることができるであろう」と。

インドの藩王国は、しばしば英国人官吏のお蔭で破産をまぬがれ、その経済力を大切に撫育《ぶいく》されて殷富《いんぷ》をいたしたのであった。そして、幼少未成年の君主が行政の衝《しょう》にあたっていた期間中、多くの進歩改善がもたらされたのであったが、この諸々の進歩改善こそは永久の価値をもつものである。しかしながら、時として英国人官吏は、ある藩王国の諸権利を侵害した。すなわち鉄道、郵便および電信等の問題について、財源を閉鎖してしまうことをやったのだという一般的な非難が諸藩王国の君主らによって行なわれている。ある一つの事件に関しては、これらの論難《ろんなん》攻撃のよって立つ根拠は相当確固たるものである。すなわち、藩王が未成年の場合に、英国人の行政管理が行なわれたためにしばしば巨額の金が集積されることが起こるのである。若き王侯が、即位した場合に―例えば十八歳くらいで王位につくとしよう―彼の王はこの蓄積された巨富の自由処分権をあたえられるわけである。一般にその結果は、若い国王がめちゃくちゃな金づかいをし、浪費の悪習がしみこみ、やがては身の破滅を招くにいたるのが落ちである。しかるに、もしこの金銭がその藩王国の資源の開発、例えば、鉄道、運河、井戸、および発電装置等の開発に投資されるならば、かかる危険におちいらずに済むであろう。機宜《きぎ》に適した好意の忠告をしてやったならば、もし浪費等の悪習をもたなければ前途有望な青年君主らを、不合理な浪費や無責任な行動によって、我と我が身を破滅させるようなことから救ってやれたであろうと考えられる。また、あまりにいつまでも干渉政策をとることも、藩王国の君主やその人民に対して正しい態度であるとはいえない。

これらすべてのことをもって、政治局を告発するというのは、明らかに行き過ぎである。実際、政治局の官吏たちは、カーゾン卿の政策に対しても、かつまた干渉問題に関するカンニング卿の声明に対しても、何らの責任を負ってはいなかったのである。事実、「服属的孤立、Subordinate Isolation」の政策は、政治局がいまだ存立しないうちに考案されたものであった。英領インドおよびインド藩王国に影響あるいろいろの問題の起こった場合に、それに最後の解決をくだすのは、大抵、インド総督の配下たる行政参事会の仕事である。この行政参事会に対しては、政治局は政治局を代表する職員を別にもっているわけではない。ただ政治局長官としてのインド副王すなわちインド総督が、インド藩王国および英領インドの双方の利害関係を監理すべき責任を負っているのである。財政問題に関しては、諸藩王国に比すれば行政参事会側のほうが遥かに重要だと思考されるが故に、しばしば藩王国側の意見が無視されることがあるが、これもあえて驚くにはあたらぬことであろう。その例証として塩、海運、海関税、鉄道、阿片、郵便、電信等の問題について藩王国側に強要されている政策を挙げることができるであろう。

これに反して、英領インドに無関係な純然たる藩王国内だけの問題については、明らかに、先例や個々の実例によってできた法律で固め上げられた有力な官僚政治が、インド総督に対して強大な影響をもたらしうるのだし、事実、現実にもたらしているのである。均等性を求むる努力および政策に適合する諸理論、すなわち封建理論の案出が、政治局で工夫されたことであろう。だが英領インドと藩王国の等質性やその封建理論を述べつくしたとしても、しかもなお、藩王国等は、依然としてインドの政治のなかに旧態をそのまま保持しているという事実には変わりがないのである。政治局において封建理論が工夫案出されたのも、誠にもっともなことではあったが、それだけでは、事実を変えることはできなかったのである。そして、ここに明白なことは、如何なる組織をもった政府が、この亜大陸ともいえるインドに展開されようとも、ただ一つの条件によってのみ、すなわち合理的に能率の上がるかつ公平な施政によってのみ、インドにおける諸藩王国の将来は保障されるであろうということである。

一九一〇年にいたって、はじめてインド藩王国に対する英国の服属的孤立政策が破られたのであった。すなわちそれは、ミントー卿が二三の藩王国の王侯らを呼び集めて、インドにおける治安妨害問題についての会議を開いたときであった。一九二一年になって、英領インドに、部分的な責任を負うところの政府が成立すると同時に、インド藩王会議制度が創設されたために、ついにこの服属的孤立政策は、完全に一掃されてしまった。このインド藩王会議は、比較的重要な藩王国の一〇八人の支配者からなっている。そして、これら藩王国の支配者は彼ら自身の権利において、すなわち、藩王国支配者たる権利によって、藩王会議の成員たるのである。藩王会議の議員たるための主たる資格は、十一発以上の挨拶の礼砲を受けることとか、しからずんば対内的な権力を完全にもしくは実際上完全に行使していることが条件となっている。さらに、その重要性の順序から見て、他の一二七の藩王国のなかから十二人の議員が追加して選ばれている。

その権限に関しては、藩王会議は、一つの評議および審議の機関であって、実行機関ではない。会議は、ニュー・デリーの議事堂のなかにある会議室に年々開かれるのである。インド総督がその総裁であり、議長および副議長は、議員中から毎年選挙されるのである。諸藩王国に関する利害関係について、討議が行なわれるが、これはとくに常設委員会において討議されるのである。これらの討議が行なわれたために、いろいろの慣習を法令化することがかなり容易に行なわれた。したがって王侯らは、彼らの現在の地位情況をよく了解するわけである。なかんずく、藩王会議は、王侯らに対して、共通の集会場を提供したのであり、かつこうして会議において互いに顔を合わせて接することを得たために、英領インドにおける目まぐるしき政情の変遷によって影響を受ける彼ら自身の利益を擁護するため、相集って相談することを可能ならしめたのである。

註、最近において、カシミール、トラヴァンコール、マイソール、およびハイデラバードらをふくむ比較的重要な六ないし七か国の藩王国が、この藩王会議から脱退した結果、藩王会議は多少その威信と権威とを失墜したおそれがある。この脱退は後に論ずるごとく、英国皇帝の至上権問題に関連をもっているのだと信ぜられている。とにかく、インド藩王会議が、藩王のインドすなわちインドにおける藩王国を充分に代表しているものでなければ、将来のインド憲法においてもっとも活躍する要素の一つとしての藩王会議の価値は、大きく割引されてしまうであろう。しかし、これら藩王国の藩王会議よりの脱退が永久的なものではないことが希望されているのである。

藩王会議にとって、将来もっとも重要なりと思われるのは、統治者たる族長およびその傘下の貴族らの子弟の教育に対して、充分な計画を樹立することである。百年前に、英国の保護国においては、無制限な専制政治に対する抑制を撤廃した。そしてそれに代わって政治を専制におちいらしめないためには教育こそが唯一のもっとも効果的なものであると考えられた。比較的大きな藩王国の支配者たちが未成年の期間中は、英国人の家庭教師を任命する政策を採ることが主張された。バローダ藩王国の国王は、一八七〇年代に、そうした英人家庭教師の補導を受けた。故ハイデラバード国王もそうであったし、またマイソール藩王国の現国王もそうであった。諸藩王国の国王一般およびその貴族の子弟のために、約五十年前に各地に単科大学が創立された。――例えば、カティアワール地方においてはラージコートに、中央インド地方においてはインドールに、ラージプタナ地方においてはアジメールにそれぞれ大学の開設を見たのである。しかし、何故に、全インドの藩王国のために一大中心的単科大学すなわち総合大学が開設されなかったのであるかという点については、その理由は明確ではない。多分、総合大学を設立することは、各藩王国を孤立させておく体制に悪影響をおよぼすものと考えられたのであろう。これらの諸大学は幾分英国の財団公共学校式の教学の方針を採っている。大学総長のなか二三の人は、とくに著名な人物がなっている。そして、従来においても現在においてもこれらの大学は、インドの王侯およびその貴族らの行動の基準を高めることについて重要な役割をなしているのである。同時にまた、二三の場合に、学生をして個々別々に生活させ、また自分自身の世帯を張らせておくことを認める風習は、学生の品性に対して好ましからぬ影響をおよぼすに相違ない。今日でもなお、インド藩王国王のポロの競技場において、球《たま》が国王の手にあるときは、双方の側の競技者が依然として王のために遠慮する態度を見せることが事実あるというのは、そもそも上述のごとき大学教育中における徳性陶冶《とうや》の方針が不充分なることを物語っているものではなからうか。

これらの大学は、明らかに藩王国の施政《しせい》標準を高め改善するのに相当の影響をあたえている。とはいうものの、大学教育を受けたからといっても、その改善の諸結果がまったく官学風で空論のみ多く実践的ではないというのではない。ときには、空論を脱してきわめて現実的な場合もあったのである。かようにして、ある学生が山岳に関係する論文を書くことを要求されたときに、彼は自分の考えを次のように表現した。「山は望ましきものである。そして山は一般に森や林によって覆われている。森林は虎の棲家である。虎はインド総督を魅惑し惹きつける。かくて道路は修復される。（総督が虎狩りにおもむくために道路を修理するのである。）当該藩王国の国王は、インド帝国大勲爵士の称号を授けられ、藩王国は利益を得る。」また他の学生は、彼の藩王国の負債を如何に整理すべきか、との質問に対して次のごとく解答をした。「余はまず国務大臣の信頼を得るであらう。しこうして、余が、国務大臣の提供しうる一切の情報を手中に握ったときにおいて、余は、余の未成年時代に国務大臣が蓄積し私腹を肥やしたる不正利得を全部吐き出すまで国務大臣を投獄するであらう。」これらの若き藩王国の子弟らは、この意気とこの調子で伸びていかせなければならない。

若い藩王らをイングランドに送って、そこで教育を受けさせた結果は、不満足なものであった場合があまりにしばしばあった。それ故に、多くの指導的な王侯らは、この風習に反対しているのである。

例えば、故シンディア大王は、その遺言書のうちに、息子を外国に留学させて薫陶《くんとう》を受けさせることを禁じた。同様に、バローダ藩王国王も自分の孫はインドで教育を受けさせた。

カーゾン卿は、インド王侯の子弟の教育問題に特別の関心をもっていた。彼はしばしば、インド王侯等の若き子弟に三つの教育の道が開かれていることを語った。その第一は、インド婦人の居室におけるものであって、彼はこれを最悪の教育方法であると考えた。その第二は、英国の学校および大学における教育であって、これは一つの危険な冒険であると論じた。第三は、藩王大学における教育であって、カーゾン卿の見解では、これがもっとも優れた方法であり、少なくとももっとも弊害の少ない教育であるとされた。カーゾン卿は、この藩王大学においてインドの名門の子弟を教育するにあたっては、卒業後彼らがインドの政治上重要な地位につくことにより、英国人らと統治について協力することが大切なることを熟知していた。したがって、彼は、インド統治の事業をなすにあたって、彼の同僚となり協力者となるこれらの人々に対し、「彼らは公共のためにつくすべき義務につき高い標準を追求しそれを達成するために努力するよう」誓わせるように如才《じょさい》なくふる舞ったのであった。さらにまた彼は、「インドの王侯らに対して、彼ら藩王国の支配者は、その人民たちの主君であると同様にまた下僕でもあること、および彼らの王座は、単に逸楽放縦《いつらくほうじゅう》の総理たるがためにあるのではなく、また実に、厳しき義務の座である」ことを記憶させるべく努めたのであった。

かつてこれらの大学の学生であったインドの諸藩王らは、この大学制度に対して批評を加えているが、その批評はまさに聞くべき価値をもっているし、我々を啓発する点がある。例えば、最近ある批評家が、これらの大学において程度の差こそあれ、多少強制的に教育をほどこすという方針はよくないといって非難している。彼は、この教育制度は、将来の統治者を訓練するには不適当であるといって攻撃している。そもそもインド政庁は歴史を好まないのである。したがって、歴史学が教授されることはほとんどないといってもよろしい。それ故にまた、経済学や、政治組織やもしくは行政一般についても、真の現実的基礎は少しもあたえられていないのである。おそらく、歴史学を通じてインドの諸藩王国の過去と現状とをそれらの国の子弟に明らかにしてやることは、統治上、種々の不都合を生ずるという見解をインド政庁はもっているがためであろう。そして、大学当局はインド政庁の要求を反映して、学生がそれを好むと否とを問わず、少年団員になることを待望しているのである。さらにこの批評家は語をついで曰く、嫌々ながらも少年団の制服を身にまとった無数のインド人の少年らが少年団の賛歌を歌いながら、少年団長の役割を演じている年寄りの文官のまわりを踊りまわっている光景ほど、世にも滑稽なものはないと。一般に確言されているところによると、こうした退屈きわまる教育制度を押しつけられるために、その若い酋長らは大学を卒業するとともに、再び昔の生活に逆戻りしてしまう傾向があるのだと。

この非難の多くの部分は、明らかに、英国皇帝の至上権およびそれの付帯事項に対する嫌悪から生まれたものである。そしてその限りにおいては、大して重要視するにはあたらない。同時に、大学の制度をもって近代的な事情にふれそれに適合させるように、編成替をする必要のあることも明らかであろう。

何故にインドの王侯らは彼ら自身で、大学制度に対して従来要求されたよりもさらに広汎なる計画を案出し、そしてもし必要とあらば英国政府の協力を得て、その案を実行に移してはならないのか。数年前に、この問題は藩王会議の委員会で討議された。現在までは、この問題に関しては、何ら根本的な改革を試みることはなされなかったと信ぜられている。だが、この問題は、現下もっとも切実に解決を迫られている問題である。

英国皇帝の至上権に対するインド王候らの最近の態度は、今日におけるインドの政治情勢を見れば明瞭となるのである。そして、これら王侯の態度は今やこの英国皇帝の至上権問題解決に対するもっとも重要な鍵の一つをなしているものである。インド王侯らが、この問題に対して英国に反抗する態度をとった理由は、主として、インド人の内閣の手中に国政の完全なる責任を負わせようとする新組織の政府のなかにおいて、彼ら王侯らが如何なる地位におかれるかが不定であり、その不安のために生まれたものであったことは疑う余地のないことである。少なくともインドの藩王国に関する限りは、インドの国家主義者は、明らかに英国皇帝の負っている政治上の全責任を、自分らが継承することを期待したのであった。そして、もしインド人による内閣が組織され、インド人の手に英国皇帝のもつ至上権が移譲されることが真実であるとすれば、王侯らの考えによれば、そのためにもっとも安全方策は、最初に英国とインド藩王国との間に締結された条約に立ち返ることであった。そして、二三の王侯のなかには、英国の信望が明らかに衰退していくことは、彼ら王侯が昔失ったところの諸々の特権を再び取り戻すための絶好の機会であったと想像したものもあった。今ではそう考えている王侯もあるのである。根拠を明確にするために、英国との条約で定められた彼ら藩王国とインド政庁との関係を、委員会によって調査審議すべきことを要求した。この提案は英国の同意を得、委員会の調査が行なわれたが、その報告は、多くの点において王侯らを失望させるものであった。

註、ここに委員会と称するは、バトラー委員会 The Butler Committee であり、一九二八年に設立され、退職インド知事サー・ハーコット・バトラー、シドニー・ピール、およびハウルズワース教授（オックスフォード大学法律学教授）によって構成されたものであった。

このバトラー委員会は、英国皇帝の至上権は、英国皇帝に属するものであって、インド政庁に属するものではない。またインドの諸王侯は、責任あるインド政庁に対して強制的に彼らの臣服の義務を転嫁《てんか》することはできないという根本的原則を規定したのは事実である。この原則の規定は、委員会のもっとも重要な収穫の一つであった。英国皇帝の至上権および英国と藩王国間に締結された諸条約に関しては、委員会は、そららの諸条約は、動きつつある世界の不断に変転する諸情勢に適応するために、政治上の慣習にしたがって絶えず補足されかつ改善されてきたのだと主張した。さらに委員会の確言したごとく、英国皇室の至上権は永久的に至上のもので他の干与《かんよ》を許さぬものでなければならない。一つの独特な意見が発表されて、一大恐怖を巻き起こした。インドの藩王国に対して提出されるかもしれなかった一般人民どもの要求についての問題を審議するに際して、委員会は次のごとく述べた。もし藩王国の政府組織を変化させる目的をもって政治運動が行なわれ、それが藩王国王侯らの地位を脅威するごとき場合が起こるならば、英国皇帝の至上権は、そのときにおいて、その王侯の諸々の権利、特権および威信を維持してやる義務があるであろう。しかしながら、一般人民に対しては、その王侯の地位をそのままにし、王侯をその国から除くことなくして、人民らの要求を満足させてやるような方法を示唆してやることもまた、英国皇帝の至上権が負うべき義務であろうと。

インドの諸王侯は、一般に、委員会がかくのごとき見解を発表することは、委員会の権限外のことであり、行き過ぎであると考えた。彼らはまた、自分らの国内において有効能率的なる政治が行なわれている際に、政府の組織を変更するように勧告するという英国皇室の権利なるものは、不当であるといって、この英国皇帝の権利を攻撃している。

しかし、インド王侯らの抱いているこの見解に対しては、言うべきことが多々ある。もしも上記の原則が明確に認識されたならば、連邦立法部のなかの一つの強力な団体が、インド総督に圧力を加え、総督をして、王侯に対して一般人民の政府を組織せしむることを強要させるような事態が容易に起こったであろう。しかもそうした情勢に立ちいたるならば、不可避的に藩王国の王朝は崩壊するかもしくは内乱を惹起するにいたるであろうと思われる。例えば、次のごとき場合を想定してみよ。ここに回教徒の藩王が統治する一藩王国がある。その住民の大多数はヒンドゥー教徒であり、ヒンドゥー教徒は回教徒の数に比して優勢である。そしてインド全体においてもヒンドゥー教徒の数は回教徒の人数よりも多数である。もし、強力な大多数をしむるヒンドゥー教徒が、一丸となって、インド総督に迫って、このヒンドゥー教徒の優勢な藩王国の回教徒君主に対し、一般人民に人気のある改革を行なうべきことを強要せしめるとしたならばどうであろうか。インドの回教徒側の反動はまた恐るべきものがあるであろう。王侯らは英国皇室の至上権について、より詳しくは、藩王国政府の組織の変更について英国皇帝が何らかの勧告を行なう権利について異議を申し立てているが、もし王候らの言うがごとく、英国皇帝のこの権利を否認するとしたならば、上記の場合等は如何なることが起こるだろうか。おそらく人民のなかの大多数者が人民の政府をつくることをインド総督に迫り、藩王を追放するごとき方法を採用するものとすれば、終局においては、藩王国内に過半数をしめる団体社会が登場し優勢を保持し、現在の藩王の地位のごときも累卵《るいらん》の危きにさらされるにいたるであろうと予想されるのである。しかも、そうした予想が合理的であることを王侯らは否定することはできないであろう。すなわち、王侯らの抗議はかえって彼ら自らを破滅の危機におくことにほかならないのである。

巨額の費用を投じて、インド王侯らは、英国の委員会と並行して審議機関をつくり、調査にしたがった。この調査は、一般に王侯らの条約上の地位に関する理論を説明した有名な法律学者等の援助を得て、一人の有名な英国の法律家すなわちレスリー・スコット氏の手を通じて行なわれたものであった。しかしながら英国皇帝の至上権の範囲に関しては、王侯らその範囲を拡大して、軍事的保護にともなう責任を遂行するために必然的に随伴《ずいはん》する干渉行為をふくめることを認める用意ある旨を発表した。例えば、王侯らは、反乱または国内の秩序撹乱《かくらん》を惹起するおそれある大なる内政紊乱《びんらん》に対して、英国皇帝の権力によって、干渉を行なうことを認めようとしたわけである。ただし、彼ら王侯は、英国皇帝は、インドの全般的利益のために案出された経済政策を諸藩王国に強制し押しつける権利はないのである。もしくは、藩王国と相互に了解承諾の上でなくては、藩王国の対内的主権に影響をおよぼすごとき諸問題を裁決する権利はないのだ、ということを非常に強調している。ここに注意しなければならぬことは、新たなる政体の下における連合州以外の藩王国と英国皇帝との将来の関係について、その困難を克服するために、従来の諸論争を解決すべき何らかの計画をたてることが必要であることである。そしてまた、紛争を解決することによって、インド王侯の間に、英国信頼の念を吹き込むようにすることが大切である。インド総督をしてこの問題について、一切の責任を負わせてしまうことは公平ではない。何となれば、インド総督は、第一に英国のインド総督であるとともに、連邦内閣の主班たるの二重の身分を兼ねているのであるからして、もしも、連邦内閣が、当該藩王国と係争中の問題に対して、間接的にも利害関係をもっている場合には、インド総督は二重の立場の故に、はなはだ困難な境地に立つにいたるであろうから。

過去十五年において、インド国内では猛烈な政治運動の台頭を見、全印にわたり激しい政治的煽動《せんどう》が行なわれたが、その間におけるインド人政治家の藩王国に対する態度はまったく区々別々であった。第一に、国家主義を奉ずる政治家は、英国をインドから駆逐《くちく》する目的をもって、諸藩王国との緊密な同盟を締結することを歓迎した。だが、この同盟を結んで英国を追放せんとする運動にはいささかの機会も恵まれなかった。第二には、ガンジーおよびネルー父子によって牛耳《ぎゅうじ》られている過激派の考えがあるが、彼らは数年前にインドを自治領にする計画を案出したのであり、これによれば、インドの諸王侯は騒々しい時代錯誤的存在にすぎぬとして、彼らを除去してしまおうというのであった。第三に他の過激派は、もちろんヒンドゥー教徒であるが、諸王侯を誘って、英国のインドに残した遺産を山わけにしようという考をもっていたのである。こうした協定の下では、回教徒は一体どうなるのかということは問題にならなかった。第四に、比較的進歩していない考をもっていた一派は、インドの支配者らに訴えて、彼ら藩王が立憲政府を樹立してその臣民らの君主への敬愛の情を惹きつけておき、しかる後にインド連邦に加入したらよいであろうと懇願《こんがん》する態度をとった。このことは、藩王らの自尊心を再び回復するのに役立つであろうということが、王侯らに対して指摘されたのである。何となれば、こうすることによって、すべての政治官吏の前に自己の威厳を屈しなければならなかった王侯らは、外国人官僚の服属者たることをやめることができるようになるからである。

また第五に、他の政治家たちは、立憲政府によって統治しているトラヴァンコールおよびマイソール藩王国に英領インドと同盟して、独裁君主制の藩王国に対抗すべきことを訴えた。そして、この独裁君主制の藩王国といったのは英領インドに対しては、民主主義を説教していながら、他方自国の人民に対しては、自由の根本的な諸原則を認めない国々である。かかる藩王国が若干存在しているが、一群の政治家たちはこれに対抗する同盟を英領インドとトラヴァンコールおよびマイソール藩王国との間に締結されんことを希求《ききゅう》したのであった。

他の一群の政治家たちは、英国政府に対する王侯らの不平不満を誇示することによって、諸藩王国からの援助を求めようとした。その際彼ら政治家は、政治局はインド立法部の勢力下におかれるべきでありかつ立法部の鑑定を受けて仕事をすべきであるとさえ示唆したのである。政治局を立法部の管理下におく目的は、それによって政治局の諸王侯に対する勝手気ままな取り扱いを停止させようとするにあったのである。このことは、インドの藩王国制度にとっては、一見些細に見えて実は結果の重大な事柄であろう。今までは、インドの諸藩王と英国との関係は、立法部の裁判管轄権から除外されていたのである。最近、立法会議の一議員が「印度――戦争か平和か」India,Peace or War？なる書物を著わしたが、その書中に、彼は「もしインド警備にあたっている英国軍隊に、一度動員下令されれば、これらの中世紀的存在たる藩王らは、一週間を出でずして打倒されてしまうであろう。」ということを断言している。如上《じょじょう》の藩王国対英国の関係について、この著者の提案する救済策とは次のごときものである。すなわち、英国人の文官らをすべて英領インドから解放して、諸藩王国の官吏に任命してやることである。こうすれば、彼ら文官らは、インドの藩王らに対して、如何にすれば立憲的な君主になることができるか、その方法を教えてやるであろうというのである。一般には穏健な自由党員だと目されている、V・S・サストリ閣下でさえも、インドの藩王らの要求する保障は、インドに自治制度をしくためには重大な障害物であるという意見をもっている。諸藩王は、自己の運命をインド国民主義者の手中にまかせる用意を整えておくべきであろう。

藩王国に対して如上《じょじょう》の関心を披瀝《ひれき》しているのは、主としてヒンドゥー教徒の政治家であることは念頭におかなければならない。回教徒は普通万難《ばんなん》を排して回教徒の藩王らを援助するものと思うのが当然であろう。

インディアン・プレス紙（The Indian Press）は、インドの政治家の藩王国に対するいろいろの感情を反映している。その他の比較的低級な新聞紙は、しばしば恐喝や強請《きょうせい》をこととしている。数年前にこの赤新聞の強請の悪傾向を抑えるために、「藩王保護法」The Princes' Protection Act が制定されたけれども、全然効果が上がっていない。それは、藩王らが、この法律を援用すると、その結果かえっていろいろの彼らに対する中傷讒謗《ざんぼう》をますます世間に発表することになりはせぬかと恐れているため、多少の恐喝金銭強請は泣き寝入りですませ、法の適用をはばかっているからである。さらに、ある新聞がこの法律によって処罰される恐れのある場合には、過激な色彩をおびた新聞紙がこぞってその処罰されんとする新聞を支持するという危険が常にあるのである。かかる危機に際しては、インド政庁といえどもその絶対権をふるって、インドの全新聞の統一戦線に対抗することは、ほとんど不可能なのである。この外に、インドの政治的将来といういまだ海図《かいず》にしるされていない海洋に、今一つの暗礁が横たわっているのである。

新聞紙は、主として、インドの諸藩王に対して攻撃的態度をとっている。すなわち、新聞は、藩王らの主張する王権神授説《おうけんしんじゅせつ》を嘲弄《ちょうろう》し、また藩王らが英領インドに対しては民主主義体制による統治を支持している反面において、自己の支配する藩王国においては、人民らに民主主義的統治を行なうことを拒否しているという矛盾を嘲笑《ちょうしょう》している。さらにまた、諸藩王のぜいたくや見栄好みのやりかたを愚弄《ぐろう》しているのである。

また、インドの藩王らは英国と共謀して、インドを永遠の奴隷状態におこうとしているのだという論難は、これらの新聞が好んで書き立てる標題である。ある瞬間には、一新聞が、英国は藩王国の秕政《ひせい》を黙視しているといって非難しているかと思うと、次の瞬間には、この新聞は、英国が藩王国に干渉するのは残虐な圧制であるといって毀謗《きぼう》するのである。結局、これら手に負えぬ新聞紙では、英国政府はいつも悪いことにされている。

国民会議派中の比較的過激な団体が、また各種の国難な問題を諸藩王国のなかで醸《かも》し出している。あるとき、連合州に起こった地代不払いの地主いじめの政治運動の打ち返しが、グワリオール藩王国に波及し、大きな脅威をあたえたことがあった。中央インド諸州にも、同じ根源から発した政治運動が起こり、紛乱を巻き起こした。こうした政治的煽動がまたコーラプール藩王国内にも波及し浸透したことは、すでに本書の他の部分で言及したところである。最近のカシミール地方における擾乱《じょうらん》は、主として、国外の勢力の働きかけによるものであった。この場合、擾乱の本源は回教徒であった。アルワール藩王国にも回教徒に紛争が起こったが、この場合には、国境外の回教徒からの同情が寄せられた。

インドの政治家らの発明した最新式の武器というのはジャータ jatha すなわち非武装の人民の一隊

である。彼らジャータは、政府当局に対し妨害運動を構成してその目的を達成せんことを求めるものである。このジャータの運動は、カシミール地方およびその他の地方で行なわれたが、よく効果を挙げたのであった。これこそはまた将来における危険の潜在的な原因をなすものである。ある州の警察力が国民会議派の大臣の支配下にある場合には、もしその国務大臣の政治的支持者たちが、自分らの嫌いな国王に反対して、自分らと同宗派の人々を援助するためにジャータを組織しかつ自国内のみにとどまらず国境外にまでその運動を伸展させるとすれば、すなわち例えば、カシミール地方において国王に反抗して回教徒のジャータが組織され、ハイデラバード国王に反抗してマラータ族のジャータが組織されるというような場合には、その州政府の立場ははなはだ国難なものとなるであろう。この難問こそは、実に生きた問題であることは、最近のあるエピソードからして明らかである。ある大悪戯者《いたずらもの》がデリー市において、パティヤーラー藩王国の大王は自分の藩王国内にある回教寺院でコーラン（回教の経典）を読むことを禁止した、という噂をふりまいた。一人の指導的な立場にある回教徒の政論記者は、その報告の真偽を確かめる間も待たずに、パティヤーラーの藩王に電話をかけて、その禁止（コーランの読経）を撤回しなければ、英領インドから十万人の回教徒をもってジャータを組織するぞといって脅《おび》やかしたことがあったのである。

最近になって、インド政庁は、このジャータ運動の危険を阻止するために法律を制定した。だが、国民会議派に属する国務大臣にして、この法律を自国の人民に対して適用する者があるだろうか。

英領インドの政治家の諸藩王に対する態度を考察してみると、彼ら政治家は、英国人を制御するための服属同盟加入者として、藩王を取り扱う場合は別として大体藩王らを嫌っているという一般的な印象を受けるのである。この政治運動に従事する人間は、民主主義をもってその政治的信条としているが、それは、彼が民主主義を神から授かったものだと考えているが故ではなくして、彼が現在の藩王国その他の支配者たちから権力を奪取するには、民主主義こそが唯一の手段だと看《み》なしているが故である。そして、この政治運動に従事する人間は、この民主主義という政治上の信条は、諸藩王に対して何ら訴えるものをもっていないし、藩王らはむしろ民主主義に反発を感じていることをよく知っているのである。

これら藩王国の国王らは、インド宗主権をほとんど太古からの姿のままそっくり今日まで維持するという大業《たいぎょう》を果たしている。これこそは二千年の長きにわたる古く尊い伝統の遺産なのである。そして、ヒンドゥー教徒のインドは、これらの価値ある遺産を実に藩王らに負っているのである。しかるにもかかわらず、英領インドにおける政治的煽動《せんどう》家は、この大いなる恩を藩王らからこうむっていることを無礼にも無視しているのである。さらにまた藩王国の王侯らは、戦闘的な回教徒の侵略に抗して、ほとんど一千年もの間、ヒンドゥー教徒の文化と宗教とを守り維持してきたのである。だが、この藩王らの偉大な功績に対してもまた、彼ら煽動政治家は何らの尊敬をも払っていないのである。

藩王国王侯の多くは、十世紀以上にわたって長い間支配を行なってきた王朝を代表している。したがって、将来如何にインドの政治機構をつくっていくかという問題を取り上げる際には、当然、これらの藩王らの権利の取り扱い方法につき協議を行なうべきであろうと思われるのである。しかるにもかかわらず、彼の煽動政治家は、この問題に関する諸藩王の権利については、何らの考慮をも払わざらんとする態度をとっているのである。

かくのごとく、法律家、学校長、金貸しおよび産業家らが、インドの運命を決定する権力を握っている限り、上に述べたような情勢下にあっては、インドの諸藩王らも、腕を組んで悠然《ゆうぜん》とダルバール（最高諮問会議《しもんかいぎ》）の席にのぞむなどということは、到底思いもよらないことである。

XIV

第十四章 インド藩王侯とインド連邦

The Princes and Federation

第十四章

インド藩王侯とインド連邦

一九三〇年がまさに暮れんとする頃に、英印円卓会議が開催され、きら星のごときインド諸藩王の一団と、インド政治家の一群とが、緊張した雰囲気のなかに相会《あいかい》したのであった。

英国政府は、インドに自治領たる地位をあたえることに関して発表を行なったがために、はなはだ困難な立場に立つにいたった。この英国の宣言を見れば、インドにおける如何なる政党といえども、中央において責任をあたえない改革案などを承認するはずはなかったのである。よって、英国政府は、藩王らが安定勢力として作用するようなインド連邦を作成するのでなければ、かかる改革案は到底実現しうべくもないことを感じたのである。それ故に、藩王国の王侯らが、この情勢に対する鍵を握っていたわけであったが、その王侯らの態度たるやまた疑わしきものであったのである。他方またインド人政治運動者の側はどうかというと、国民会議派は円卓会議に代表を出していなかったからして、彼らは、インド人の政治上の意見を代表して発言することができなかったことを知っていたために、彼ら自身の立場についてもまったく確信をもてずにいたのである。

しかしながら、藩王国王侯らが、インド連邦に加入する用意ある旨を宣言するにいたって、この政治的暗雲は払拭《ふっしょく》されたのである。彼ら藩王は、インド連邦加入について決定的な条件を定めることはしなかった。したがって、彼らが英国政府と協力してインド連邦の成員となる条件は、将来決定さるべきものとして残されているわけである。しかし、彼ら藩王らが英領インドと協力するということは、彼らが大英帝国との親密な結合を維持することを意味するものであるということは、充分明らかになったのである。彼ら王侯は、インドを大英帝国皇帝兼インド国王に対する臣服の義務から引きずり出して、英国から解放しようと欲している人間たちとは、何らの関係もないのである。国民会議派の首領、ジャワハル・ラール・ネルー Jawahar Lal Nehru は、共産主義国ソビエト・ロシアをその精神的故郷なりと考えている人間であるが、彼は全インドを藩王国をもふくめて社会主義的共和国に化してしまおうという夢を抱いている。しかしながら、ネルー自身も、また彼の抱く理想も、藩王国における独裁政治に対しては何らの反響もないのであった。

ある一部では、藩王らは、当時インドに高まりつつあった民主主義の風潮のなかに沈没してしまうことを避けようと欲していたために、唯一の安全な方策として、インド連邦案に、どっと押し寄せ加入せんとしたのだ、という意見をもった人もあった。そのときまでにすでに英国政府は、藩王国と締結した諸条約をほとんど廃棄していたのである。したがって、残るところの条約を全部廃棄してしまって、諸藩王国をインドの政治運動にしたがう連中にゆずり渡してしまうかもしれなかったのだ。当時すでに国民会議派は精神的に優越した立場を確立していた。また英国政府は藩王国に対して和協《わきょう》的な気分でいたからして、前に示唆しておいたように、藩王国がこの機にのぞんでインド連邦案を受諾《じゅだく》すれば、彼らが英国皇帝の至上権のために失ってしまった土地を再び手に戻すこと――すなわち新しい組織の政府を樹立するために、彼らが英国政府に協力する代償として――ができるのではないかとの一縷《いちる》の希望をもつことができるような情勢だったのである。かかるが故に、「藩王らは、国民会議派の手中に統治権を収められることを恐れ、そしてまた国民会議派にそれだけの優越性が当時できていたこと、および英国政府の態度から判断して、インド連邦に加入するのが、我が身の安全を保つのに最善にして唯一の方策であると考えたのである、」というのもたしかに一部の真理を語っていると言いえよう。

次にまた、藩王国の多くは、ヒンドゥー教徒の国であるからして、ヒンドゥー教徒たる多くの藩王らは、たとえ現実にではなくても、とにかく無意識的にでもあれ、ヒンドゥー教徒の国民主義に同情の念を抱くことは、有りうべきことである。こうした藩王らの心理は、国民主義運動にとっては、一つの幇助《ほうじょ》的な要素であったと思われる。

さらにまた、ソビエト・ロシアの労働者政府の特権的独裁政治体制すなわち藩王国に対する態度にも、種々の疑問があった。それ故に、藩王国の王侯らが、もっとも安全な保身の過程としては、労働者政府の煽動《せんどう》の渦中に我が身を投じて、できるだけ最良の条件をかち得る外にないだろうと感じたのも、あえて異とするに足りないのである。

まず最初において、英国政府はインド連邦圏外の諸藩王国は、直接に英国皇帝との関係におかれるであろうということを明確にしていたのであった。されば、インド統治に関して、中央における責任すなわちインド中央政府の責任というのは全般におよぶものではなくて、部分的なものにすぎないのだと考えらるべきであったろう。英国皇室はその条約上の諸義務を完全に遂行すべきものと考えられたし、そしてまたそれらの義務を完全に遂行すべき地位にあるべきであった。とくに、軍事的保護国に対してはなおさらそうあるべきであったのだ。そして、軍隊を完全に統制しえなければ、この目的を充分に満足させることは絶対に不可能だったといわなければなるまい。さらにまた、藩王国の対外関係もまた、英国皇室の手中に残らなければ、意味をなさないことになったといえよう。

藩王国王侯らは、当然のことではあるが、連邦政府がその機能を発揮するために必要なだけの最小限度の主権の譲渡を準備したのであった。彼らは自国の国内問題に関しては、一切の干渉を拒否するだろうということを強調したのである。

国土防衛の点を除外して考えると、次には財政問題が重要なことであった。インド連邦の財源に対しては、各藩王国が均等に寄与するという原則が、可能な最大限度まで適用されねばならぬということが認められていった。しからば各藩王国が連邦の財源に均等の貢献をするには如何にしたらよいのか、これを解明するためには、各種の問題を調査することが必要である。例えば、インド帝国防衛のために諸藩王国が今までに支払った軍税の問題があった。故に、もしも連邦を構成するすべての単位が、同等の立場に立って連邦の歳入を支払うべきであるとしたならば、年々現金で支払ったにせよまたは領土を割譲したにせよともかく今までにすでに軍事費の分担を支払った諸藩王国に対しては、クレジットをあたえるべきであったであろう。もし、このクレジットが、従来支払った拠金《きょきん》に対して許されぬとすれば、それら諸藩王国は軍事的防衛費の二重払いをすることになるであろう。

諸藩王らができるだけ有利な協定を締結しようと欲したのは、もちろんのことであった。そして多くの藩王らは、塩の独占権やその他インド政庁の財政上の管理保蔵《ほぞう》事項例えば鉄道、貨幣鋳造による利益、通貨および海関税のごときものに関して、それらを侵害するごとき種々なる要求を提出した。もし何らかのクレジットが許容されたならば、それは、当該藩王国の支払うべき連邦税を減らすことになったであろう。

したがって、一つの委員会　―これは藩王国財政委員会 the States Finance Committee として知られている―　が、一九三一年の末に組織され、インド自体で、藩王国に関する限りの財政問題を審査することになった。とかくする間に、藩王らは、新しい政策に対して以前もっていた熱意を幾分失うようになってしまった。彼ら藩王らは、各藩王国は個々別々に自分自身の計算において連邦に加入すべきであるというインド人政治家の主張に驚かされたのである。かくして、彼ら藩王は統一戦線を結成しなければ、新しい立法によって破滅させられてしまうかもしれないという感情を次第に強く抱くようになったのである。ナワナガール藩王国のランジート・シング大王は、その死の前に、最初に諸王国の連合を提唱した。大王の背後にはほとんどすべてのカティアワール地方の藩王国が控えていたのである。その他の藩王国もナワナガール大王の先例にならった。しばらくの間は藩王国連合のスローガンが風靡《ふうび》していた。しかしながら、時の経過するにつれて、藩王らは、「地方自治主義」と知られている論争やその他これに類似の議論に脅やかされて、またもやすでに設計済みの大建築物すなわち藩王国連合の安全性について、疑いをもちはじめるにいたった。

一九三二年七月に、藩王国財政委員会は調査の結果を報告した。軍事的保護を受けるために諸藩王国に課せられた財政的義務に関しては、これらの藩王国は、英領インドなるものは、主としてインドの藩王国から合併せる土地または藩王国から割譲させた土地の集合体に外ならぬと述べている。この委員会は、割譲された土地に対しては、クレジットをあたえなければならぬと主張した。だが、委員会は、その土地を評価するための一定の公式を設定することが困難なることを発見したが、ついに、財産譲渡における評価方法を採用することに決定した。この決定は一世紀前のルピー貨の商品価値と現在のルピー貨商品価値との相違を認めたことであると推定することができるわけである。ハイデラバード藩王国は、巨額のクレジットをあたえられる資格があると思われた。だが、ニザーム（ハイデラバード国王）の政府は、「外人の傭兵部隊」すなわちニザームの統率下にある英国軍隊に今後も継続して、国都に駐屯してもらうべきだということを了解の上、そのクレジットを受ける権利を放棄した。

バローダのガイクワール（バローダ王の尊称）は、折々《おりおり》時を異にして、そのもっとも肥沃な領土の三分の二を割譲して英国の軍事的保障を保障してもらった。藩王国（財政）委員会は、これに関して、英国はバローダ王の必要に乗じて、不正にも利得を得たのだと考えているように見受けられる。委員会は、バローダ藩王国の支配者は、永い間英国の同盟国であり、しかも、その領土の喪失は、戦に敗れたためではなかったという事実を強調している。そこで、藩王国委員会は、バローダ藩王国の領土割譲の価額のために年々二二・九八ラーク（一六〇、〇〇〇ポンド）のクレジットをあたえるべきことを提議した。さらに、委員会は、割譲した領土のある部分は、バローダ藩王国に返還さるべきであると、示唆したい意向であったように思われる。

グワリオール藩王国は、一八〇三年の戦争後に英国に併合された広大な地域にわたる領土を返還せよとの要求を提出した。しかしながら、英国側においては、この領土合併は絶対的のものであって変更を許さざるものであり、しかもその領土からの歳入をもって維持さるべき「外人傭兵部隊」として英国軍隊を貸与《たいよ》したことは、単に、それによって、シンディア大王を服属同盟に参加せしむるための誘因《ゆういん》に過ぎなかったのだという根拠にもとづいて、グワリオール藩王国の要求を棄却してしまったのである。その他の領土割譲に対して年々一一・七八ラーク（八〇、〇〇〇）ポンドのクレジットが認められた。その他の場合においても二三、より少額ではあるがまた同様のクレジットが許容された。

貢税すなわち、英国の軍事的保護に対する報酬金として現金で支払われた特別税の額は、一年に五九ラーク（約四〇〇、〇〇〇ポンド）に達したが、そのなか、マイソール藩王国の支払った貢税はもっとも巨額であり、年に二四・五ラークすなわち一七五、〇〇〇ポンドに達したのである。これらの藩王国側の税支払いは、結局においては全部免除さるべきであるというのが委員会の忠告であった。ただし、インド連邦の歳入の緊迫状態をやわらげるために、連邦の財政状態がより楽になるまでは、その免除額にも一定の限界をおかねばならぬ。すなわち、当該藩王国の歳入の五％を超える額は貢税として依然支払うべきであるという意見であった。かかる方法を採ることによって、マイソール藩王国は、その二十四ラークのなか七ラークをただちに受け取ることになったであろう。しかしながら連邦の歳入を補足するために貢税を欲するというこの熱意の根底をなす考えかたは、少々薄弱《はくじゃく》なように思われる。

ある藩王国が、他の藩王国から徴収すべき貢税を、英国政府に支払うべき軍事的保護に対する報酬金の一部として、英国政府に割りあてる場合には、問題はさらに錯綜《さくそう》してくるのである。かかる場合には、その貢税は、衡平法《こうへいほう》の考えかたからして譲渡人たる藩王国に復帰すべきものであるというのが、藩王国委員会の意見であった。委員会はこれらの藩王国と藩王国との間に貢税関係が存することは、インド連邦構成の精神に矛盾しているものであると考えている。そして委員会は、現在貢税を受け取っている藩王国等は、将来はそれを棄てるようにと、敬虔なる希望を表明している。

しかし、ある程度の期間内に、藩王国間の貢税関係を廃棄するまでに、連邦精神が進歩するか否かは疑わしいものである。

塩の専売は、英帝国がムガル帝国から受け継いだ帝国の歳入の一種である。この塩の専売から上がる額は、中央の全歳入の六・五％をしめる現状である。しかしながら、塩の専売は、完全に行なわれているわけではない。トラヴァンコール藩王国は、自国で塩を生産しているし、カティアワール地方もまたそうである。だが、明らかに英国皇帝の至上権の圧迫によって、カティアワール地方は、他の藩王国同様英帝国の指図を受けることとなり、輸出用の塩の生産を止めることを強制された。カティアワール地方もトラヴァンコール藩王国もともに塩税を支払っていない。この種の免税総額は四六ラークすなわち三二〇、〇〇〇ポンドに達している。もしも、藩王国が生産した塩を輸出するに際して、インド帝国の塩税が課されるならば、カティアワール地方、カッチ半島およびその他の藩王国にして、塩の生産の便宜を保有している王国には、塩の製造を許可しかつその生産せる塩をインド全体に売却することを許可すべきである、ということが勧められている。現在においては、塩は大部分アデンおよび大ブリテンからの輸入に待っている状態である。

巨額の免税を行なうことは、将来幾多の難問を起こすことになるであろう。現在免税の特典をあたえられている諸藩王国は、もしインド連邦に加入することによって、その国の財政が悪化するという重大な変化をもたらすものとすれば、新たにインド連邦に加入することは到底期待しえないこととなるであろう。

海関税問題はまた今一つの難問である。関税は実にインドにおける帝国財政の頼みの綱である。インド連邦の理想をよく理解すれば、藩王国の諸港で徴税された関税は、当然連邦の国庫に帰すべきものであることを認めるべきであろう。しかしながら、彼ら藩王国の領土内で消費される輸入雑貨に課せられる関税を藩王国が放棄し、帝国の歳入として割愛してくれるという望みは、ほとんどもてないのである。一例を挙げれば、バーヴナガル藩王国においては、その港は、英国との条約によって、自由港である。それでもバーヴナガル藩王国は自国で消費されずに英領インドに通過していく財貨に対して課する関税をすら自国の歳入として保留している有様である。

またトラヴァンコールおよびコーチンの両藩王国は、新しくできたコーチン港の関税を、英領インドと山わけにしている。藩王国（財政）委員会は、これら両藩王国の権利を全部買い上げてしまって、この新コーチン港は、インド連邦の所有財産となすべきであると勧告している。とはいえ、この必要な処理に対して、両国の同意を得るためには、なお相当の困難が予想される。

藩王国らは、インド政庁の鉄道歳入に対してその分け前にあずからんことを要求したが、これは、藩王国（財政）委員会から一片の同情をも寄せられなかった。その理由とするところは、たとえ鉄道の敷設に対して、藩王国等は土地の無償提供をなしたというものの、鉄道の敷設によって、藩王国等は経済的開発による多大の利益を受けているから、あれこれ総合してみれば、インド政庁の鉄道歳入を分割して自国の歳入の一部に繰り入れてもらうというのは、あたらないというのであった。

鉄道幹線地帯の英国の司法権の行使を撤回してもらいたいという要求が、沿線の藩王国から提出されたが、この要求は次の点に無理があるといって指摘された。すなわち、ボンベイからデリーにいたる間には、司法管轄権が二十八度も変わる。すなわち英国が幹線地帯の司法権を撤回するとなれば、各沿線の藩王国がそれぞれその領域内の司法権を行使することになるが、そうなると二十八か国の藩王国がボンベイとデリーの間に介在しているからして、いちいち司法権管轄が変化することはその煩《はん》に堪えないというのである。かつ各藩王国がそれぞれ、自国の領土内で鉄道の司法行政を管轄するとすれば、鉄道の運営はなかなか困難であるという点が指摘されたのである。この議論はすべて合理的である。これに反して、諸藩王国は鉄道運輸の利用から莫大な鉄道歳入が上がっていることも記憶されねばならない。

貨幣鋳造、通貨発行より得る利益も、できうる限りインド連邦の歳入として保留されるべきであると主張されている。多少重要性をもつ貨幣鋳造を行なっているのは、わずか七つの藩王国であるが、そのなか、相当の利益を挙げているのは、ただハイデラバード藩王国一か国のみである。ハイデラバード藩王国のこの利益は、主として紙幣の発行によるものである。この紙幣発行による利益は、ハイデラバード藩王国においては、年々十七ラークである。それと比較してみると、インド全体における通貨発行による利益は、連邦として評価してみると三百八十ラークに達するのである。藩王国財政委員会は、このハイデラバード藩王国の紙幣発行によって挙がる利益は免除さるべきだと考えている。もしも、ハイデラバード藩王国が、クレジットをあたえられる権利を放棄していなかったならばその領主割譲のためのクレジット設定とつりあいをとらせて、免税を許されたであろうに、すでに同国は、その権利を前記のごとく放棄してしまったのである。

諸藩王国が、インド連邦に加入する場合において、完全に均斉のとれた連邦財政体系を樹立することは、あらゆる点において不可能であろうということは、当然予想されるであろう。おそらく、藩王らと妥協するために、あらゆる努力が試みられることであろう。

英領インドの政治家たちは、インドの諸藩王らがインド連邦に加入するための通路を、できうる限り容易ならしめてやるべきが当然である。彼ら藩王の言葉は、八千万の人民の言葉なのだ。彼らはその治下八千万人の利益を代表しているのだ。さらに、彼ら藩王は、一旦緩急《かんきゅう》ある場合には、その擁している四万人以上の高度の訓練を受けた軍隊を戦場に送り、もって、インドの防衛にあたるべき用意があるのである。これは、連邦にとって大きな価値である。

さらにまた忘れてならないことは、英領インドの政治家は、まとまった一致せる意見を吐いているのではないということである。彼らの叫びには統一がないのだ。一例を挙げれば、ヒンドゥー教徒の政治家とマホメット教徒の政治家との間には、その意見に大きな間隙《かんげき》がある。また、カーストに属しているヒンドゥー教徒と、カースト外の無籍のヒンドゥー教徒の間にも大きな意見の相違があるのである。すべてこれらのことは、藩王国の王侯らにとっては、インドにおける政治的地位を弱める作用をしているのである。事実、藩王国の王侯らが、インド連邦を成立させようとして熱心になっていることは、インドの気短かな理想主義者にとっては、まことに好ましい事柄なのであるし、またそうした考えかたをもって、藩王らのインド連邦への執着をみるべきである。全体としてのインドが政治的進歩を遂《と》げることによって、藩王らの得る利益は、間接的なものにすぎないのである。しかるに、そのために藩王らの冒す危険は大きいのである。

現在インドに行なわれている政治運動のなかでは、明らかに、藩王国の王侯がもっとも強力な部隊をなしている。それ故に、インド政治運動の鍵は、今なお、藩王らの手中にあるといってもさしつかえないであろう。英国の「外交白書」に対する藩王らの態度はどうであろうか。ナワナガール藩王国の大王が死去した結果、そのもっとも熱烈な提唱者を失って藩王らの描いたインド連邦の画像は、しばしの間は色あせたものになっていた。数人の指導的な藩王らは、インド連邦に加入する用意があるが、しかし彼らは、そのことに大した熱意をもってはいないのである。その他の藩王らにしても、インド連邦の財政状態が、彼らにとって満足すべきものであれば、かつまた、自国の防衛について、および英国との関係の維持について、適当な保障をあたえられるならば、インド連邦に加入しようという態度を持《じ》しているものがある。

これらすべての問題を別にして考えてみても、インド連邦内において、藩王国らは彼ら自身のなかに何らかの種類の統一結合を保持していないので、明らかにこれが藩王国等の弱みとなっているわけである。そしてこの弱みのあるために、藩王国の支配者は次第に憂慮《ゆうりょ》を深めつつある次第であるが、ついに一九三四年五月にいたって数人の指導的な藩王らは非公式に会議を開くことを協定した。この会議において議題となった問題は、第一に、諸藩王国を一つの政治団体として、相互に協力する組織をつくる可能性があるか否かということであり、第二は、連合議会委員会の報告　―それが用意された場合に―　を検討することであり、第三には各種の推薦事項を明確に述べるということであった。

同時にまた、王侯会議（藩王会議）Chamber of Princes の再組織問題が討議された。藩王の多くは、この藩王会議制度の現在の仕事およびその重要性が減退しつつあるということに対して不満足である。藩王らの間には、この藩王会議はもっと強化さるべきであり、かつ、藩王会議の組織を藩王らの集合所として利用し、さらにまた藩王らの共同動作を確保する手段として利用するという考えの下に改善されなければならないという意見が一般に抱かれている。

この会議でさらに提案されたことは、藩王国の国務大臣十五人からなる評議会を設置することであった。この十五人の各藩王国の国務大臣中、十人は、二十一発の礼砲を受ける藩王国五か国と十九発の礼砲を受ける藩王国五か国より指名の上《うえ》任命され、その他の五人は、礼砲を受ける資格をもった残余《ざんよ》の百か国の藩王国から推薦されるということに定めることになっていた。この評議会は、政策の統一を確保する目的をもって、連邦内における諸藩王国に影響する一切の問題を考察審議することになっていた。これは正しい方向を指示した動きである。千変万化《せんぺんばんか》する目まぐるしいインドの政治に立ちおくれないように藩王国を維持していくためには、それぞれ別個の集団を代表する選《よ》り抜きの人物よりなる小政治団体がどうしても必要である。

故ナワナガール藩王国のジャム王が、将来の藩王国が行くべき唯一の安全な行路だとして採り上げたインド連邦結成に対する情勢に対して、現状はどうかといえば、その連邦結成に対し反動的な情勢が現れているように思われる。インド政治における一つの安定勢力としての藩王国の価値も、もし各国間の団結がなかったならば、容易に失われてしまうであろう。もしも団結協調ができるならば、藩王国中とくに歴史の古い三つの団体社会　―ラージプート族、マラータ人およびマホメット教徒―を相互に接近せしめ、かつまた二世紀にわたるラージプート族とマラータ人との不和を解消せしめることであろう。

英領インドにおけるもっとも強力な団体は、カーストに属しているヒンドゥー教徒らであると思われるが、もしも藩王国等が一致協力しないならば、例えばこのヒンドゥー教徒は、回教徒その他の連中に対抗するためにマラータ人と同盟を締結して、徐々に藩王国の基礎を危《あや》うくしていき、そしてついには藩王国等を吸収覆没《ふくぼつ》してしまうかもしれない。この危険を最小限度で食いとめるためには、諸藩王国に相互間に実効ある生きた協定を結ぶ外に仕方がないであろう。

このインド連邦案には、上記の外にもなお、種々の戦略がふくまれている。諸藩王らは、これに対してもよく注意を払うべきである。

英国政府は、鉄道局および準備銀行を確立することによって、これらインドの経済機構のもっとも重要な要素が、政治的影響に左右されることを大いに減退せしむるにいたった。しかしながら、これらの要素から政治的勢力を徹底的に駆逐排除《くちくはいじょ》してしまうことは、ほとんど不可能である。したがって、藩王国らは、彼らの利害関係は、完全にこの鉄道および銀行の両組織機関に代表されているという事実を確実に信ずべきである。たしかに、有効な財政処置と鉄道行政とは軍事的防御にとっては、不可欠の重大な要素である。

今一つ藩王らにとっていちじるしく重要な事柄は、犯罪審問部 Department of Criminal Investigation を有効に活用することである。連邦制度が成立すれば、その下において、当然共産主義者や暴力主義者の活動が起こるものと予想しなければならないであろう。そして、最近にアルワール藩王国やカシミール地方に起こった例があるが、英領インドにおいて、二三の藩王国を覆滅《ふくめつ》せんとする運動が組織されるだろうことは、ほとんど確実だといってもいいだろう。最近は、中央インドおよびラージプート族の諸藩王国の国境方面における強盗掠奪が増えてきているが、それにまた全インド犯罪審問部 All-India Criminal Investigation Department の活動が衰微《すいび》してくれれば、恐るべき結果を招来するにいたるかもしれない。この犯罪審問部の運営にあたっては、厳密に不偏不党の立場を持《じ》することが大切である。もし連邦のある国務大臣の手中にこの審問部がまかせられているとするならば、この国務大臣はとかくある特殊の団体、社会に対して好意をもつ傾向があるからして、不偏不党の立場を堅持することは困難であろう。藩王らのうちのある有力な一派は、つとにこの審問部運営に際して起こる困難を察知したが故に、犯罪審問部をインド総督（インド副王）の手中にゆだねて、もってその困難を回避せんことを提議している。

同時に、地方警察権がある藩王国国務大臣の管轄下にある場合には、全インド犯罪審問部の出張所にとって、ある犯罪が数州または数個の藩王国にまたがっているようなときは、その犯罪の処置に際してその地方の警察から必要な協力を得ることが困難な場合がしばしばあるだろうと思われる。それ故に、全インド警察隊 All-India Police Force を組織して、この困難を打開すればよろしいという案が提示されているのだが、これが達成はまた容易ならぬことであろう。

何にもまして、インドの藩王らは安定を熱望している。この目的を達成する考えをもって、二三の指導的な藩王国の国務大臣らは、アメリカ合衆国の例にならって、各州ごとに第二議会（二院制度の国における上院を指す =Second chamber=upper house）をおくべきであると示唆した。もし各州にかかる議会が設立されるならば、たしかにそれぞれの州における政情の安定に資《し》するところ大なるものありと思われる。しかしこの際もっとも重要なことは、その選挙制度を如何にすべきかということである。当面の場合においては、農民および地主階級は、町育ちの法律家らではなくて自分ら自身のなかから、自分らの議員を選出し代表として送ることを確実に実行しうるような選挙制度を慎重に制定すべきである。けだし、国民会議派の大臣なるものは、もっぱら英国との関係をよく処理しようとするのではなくて、ただそれを破棄することにのみ関心をもっているのであるからして、諸藩王国の王侯らも、かかる国民会議派の国務大臣を任命しその大臣とともに永久に不安の時代を通ごしていこうなどとは決して願ってはいないのである。国民会議派の大臣の策にしたがって、不断に破滅の危険にさらされていることは藩王らの極度に嫌うところなのである。

インド連邦の立法部に藩王らの出席代表を如何に送るべきかという問題は、今日までなお未解決のままである。比較的大きな藩王国と小さな藩王国との間には、この点に関して利害が相一致していない。比較的大きな藩王国側では、代表の選出は、人口を基礎として行なうことを要求している。しかるに比較的小さな藩王国側においては、人口以外の点に重点をおいて考慮すべきことを主張している。藩王ら自身の間で、この問題を解決することは、不可能のように考えられる。したがって、結局は帝国政府が、多分これが解決に対して干渉せざるを得ないことになるだろうと思われる。

インド連邦という一つの寄木細工《よせぎざいく》の設計は、現在ではほとんど完成しているといってよい。その細工を構成する各部分は、誠に微妙な多種多様な性質をもっている。藩王国等は大抵は独裁君主政治を行なっている。またトラヴァンコール、コーチン、およびマイソールのごとき二三の藩王国においては、統治組織は、程度の差こそあれ多少立憲的な制度にもとづいている。若干の藩王国においては、貢税を支払っている。また他の藩王国では、免税の特権を享受している。さらに二三の藩王国は、英国の軍事的保護を受ける代わりに、その領土を割譲している。さらにまた、右に述べたごとき条件の一つをも適用されないような藩王国も若干あるといった具合である。

英領インドの諸州もまた、同質性を示しているような州は一向に見あたらず、各州それぞれに特異の点を備えている。

連邦政府をつくろうとするインドの実験は、それ自身一般普通の場合の連邦形成の過程とは逆の道をたどっている。これは、まさにインドにおける政治上の改革の行なわれた場合とそっくりであって、逆立して構成されている。かくて中央政府は、現在最高の権威をもっているのであるが、その支配下にある諸州のために、それら諸州に対して責任を付与するに必要な中央政府としての権力を放棄している。そして、中央政府自体のために、ただインド連邦の区域内で、適当な権力を保留しているに過ぎないのである。普通は、連邦政府の支配力を強化し、政府が有利な権能をふるい得るようにと、おのおのの連邦構成単位は、自己の主権を次第に弱めるのが通例である。このことは、諸藩王国が、一定の限られた区域内で現在実際に経験しつつある現象なのである。インドの政治的分野におけるこの部分、すなわち藩王国の政治に対しては、連邦政府は充分にその権力を発揮することができず、きわめて限られた権威を有するに過ぎないだろうと思われる。

そして最後に、諸藩王国ならびにインド諸州のその共通の主権に対する関係は、王国と州とではいちじるしく異なる性質をもっているのである。種々の問題の大きさやその複雑さにいたっては、誠に驚くほどである。ただ相互の善意と目的の調和せることによってのみ、これらの諸問題を解決することができるのである。そして、一旦この錯雑《さくざつ》した諸々の問題が解決されるならば、それこそ二つのインド、すなわち英領インド諸州と藩王国との永遠の福利を招来することになるであろう。

第十五章 インドの将来

The Future XV

第十五章

インドの将来

インド連邦結成に開する政府の布告は、いたるところで随喜渇仰《ずいきかつごう》の歓迎を呼び起こしたなどとは到底言いうべくもない。穏和派　―これは実に上品な言いまわしであるが―　と称する連中でさえも、この政府布告に対しては、何らの愛情をももっていない。この穏和派なる一派は、英国のインドに対する保護という性質をもった事柄に対しては、ほとんどあらゆる場合に反対の態度を示している。彼らは、インドにおける軍隊をインド人の管轄下におくという英国の約束に対して、一定の期間内に、それを実現せよということを要求している。彼らは、インドにおける最高の権力を獲得しようとしているのだ。これはおそらく無理のないことであろうと思われる。このいわゆる穏和派の一員が、最近、この政府布告は、インドに対する反逆的な文書であると述べたが、彼の言わんとした意味は、すでに外人の独裁政治に反抗しそれとの戦に勝利を完全に得てしまったときにおいて、なお、インド連邦を結成し英国政府の意志に操られるということは、英国のインド保護の問題に関して、インド側が部分的に譲歩することを意味するものだということにあったのである。国民会議派は、この不吉な文書（英国政府の布告すなわち白書）を軽蔑している。藩王およびその忠告者側はまた常とは反対にこの白書に対して多くの非難を浴びせている。

かくのごとく、外見上は、この政府の布告はほとんど望なきかのごとくである。しかしながら、かりに、この白書が大体現在の形式のまま議会に採用されかつ諸藩王らが英国政府の規定した比率すなわち藩王会議に出席する藩王の五〇％の比率で、インド連邦に加入するものと想定してみよ、しかるときは、初期の段階にて、この新しきインド連邦は如何なる活動をなすであろうか。この問題は大部分が、国民会議派の政策に依存するものと言うことができるであろう。

もしもこの国民会議派を構成している各種の団体が相互に打ちとけず、自己の立場を孤立させていて、かつ、いわゆる外国人の支配なるものを駆逐《くちく》するために、最後まで戦い抜くことを決意しているとすれば、しからば、そこに、新しき組織と秩序を混乱せしめる諸力との間に、力の試練が行なわれることになるであろう。しこうして、この新しき制度が、その不秩序を招来する諸力の圧迫に堪《た》えうるか、または敗れて破滅してしまうかは、主として藩王らの態度如何によるものである。

インド国民会議派は、前記の二者のなか、そのいずれか一つをとるところの選択権を有するのである。すなわち、第一に、国民会議派はまず有力な力を獲得し、やがてその力を利用して彼らの諸目的をさらに追求する目的をもって、しばらくの間は、穏和派の連中と提携して、インド連邦計画を実現し活躍せしめるという道を選ぶことができる。もしこの方策をとらないとすれば、国民議会は、各州の官吏らを逮捕してしまって、かくして獲得した有利な地位を利用し、国民会議派分子等が諸藩王国に侵入しきたって暴動を誘発するのを許容し、かくて、全インドにわたって非協力運動およびボイコットを助長せしめることになるのである。

警察権をその手中に握れば、会議派は、この非協力運動およびボイコットが、ある地方の一角から漸次《ぜんじ》地方に波及していって、ついに完全なる混乱状態におちいるよう、なるがままに任せることができるであろう。かかる状態が招来されるならば、インド副王兼総督は、ジレンマにおちいり、進退に窮するにいたるであろう。もしも、インド総督が、早期に干渉を行なうならば、それは結局新しきインドの組織を打破してしまうことになるであろう。逆に、もし彼が非協力およびボイコット等の政治的煽動を発展するがままに放任しておくならば、おそらく総督は、その統制権力を再び取り返すことがほとんど不可能になり、そして、もしも英国政府において英国軍隊の大増強を行なう用意なき場合には、ついに条件を定めて、その運動の前に降伏するのよぎなきに立ちいたるのではないかと思われる。

今一つ国民会議派が選択しうる道がある。それは、新しき議会をボイコットし、かつ穏和派の政府は彼らに充分対抗しうる力をもたず、またいずれによ結局は同一の結果を得るのだとの確信をもって、議会の外部からして、前に述べたごとき政府運動を遂行することである。例えば、国民会議派は、インド総督をして心ならずも早まった行動をとらせる目的をもって、ハイデラバード藩王国において、ジャータ運動を起こすことができる。それは、必然的に、カシミール地方において、回教徒の返報を受けることになるであろう。かくして国民会議派の惹起《じゃっき》する微妙な政治運動の結果として、英国政府は、ついに自らの友をも撃つはめにおちいることになるであろう。かかることは、国民会議派に対して声望を高めしめる反面において、英国政府自身の立場を弱いものにすることになるであろう。

ここに反駁《はんばく》しておくが、上に述べた事柄は、すべてこれ一片の憶測にすぎないのである。英国政府は、インドに対して、憲法改革案を提出している。この憲法改革案を、インド側において好意をもって受け取りかつ協力するの用意ができているならば、それは本質において国内自治たる性質のものだと思われる。そして、この英国政府の改革案に対する明らかな熱心と誠意とは、あらゆる団体からの援助を得て、過激派の連中の意図とは全然かけ離れた友好的な雰囲気を醸《かも》し出していくであろうと思われるのだ。それには、今述べたごとく、インド側において、この英国政府の誠意を素直に受け取ってくれることが必要なのである。ここに我々は、インド政治の将来と、英印関係の発展についての楽観論の根拠を見得るわけであるが、これは、英国側の提案に対するインドの諸政治団体の態度からして、容易に成就しうるものとは思えない現状である。その理由はしからば何であるか。けだし、インドにおける政治的不安の根源は実にその経済的な諸困難のなかに存するからである。高等教育を受ける組織になったために、多くの、貧乏に打ちひしがれた知識階級の人間等が、経済的需要を超過して、社会に送られることになった。これこそが、不可避的にインド経済の撹乱《かくらん》的要素となっているのである。

この貧乏な知識階級の人員は、年を追ってその数を増している。そして、インド自治獲得運動によるインドの自治は、これらの知識階級にとって、新しき天であり新しき地を意味するものである。彼ら知識階級は、早晩、彼らの夢が単に一片の奇怪な妄想にすぎないことに気づくであろうけれども、しかしその夢の続く限りは、過激派の連中は、これら絶望せる学生の集団を、その突撃隊として把持《はじ》利用することができるであろう。

平和と秩序とを確保しうる強力な統治と、急速な経済的発展の政策を構想しうる充分な想像力をもった政治のみが、インドにおける無秩序と混乱とを防ぎ保護しうる唯一の条件なのである。

英国政府の白書（政府の布告）を起草した政治家たちを動かし、その心に影響をあたえていたのは、英国の付与する自由の憲章は、インドに対して、平和、幸福そして繁栄をもたらし、かつまた、友情と好意との絆によって、従前《じゅうぜん》よりも遥かにインドを英帝国に結びつけるようになるだろうという大きなそして寛大な希望であった。そして、これまた幾千人の進歩的な英国人がともにわかち抱いている希望でもあるのだ。これら進歩的な英国人は、気の進んでいないインドを、無理にでも英国が支配しようなどという望みは、露《つゆ》ほどももっていないのである。

大抵の藩王らは、上述したような感じを抱いているのであるが、しかし、もしもこの白書起草者らの根本観念を真実に実現しなければならないとすれば、藩王らはこの考えかたを打ち破ろうとする種々なる危険に直面するに相違ない。多くの人々の感じでは、これらの危険のうち最大のものは、経済的分野に存するということになっている。もしも、田園地方の経済的復興の問題が等閑視《とうかんし》されるならば、如何なる新政府が成立するにせよ、インドは無政府状態の渦中に漂い流れていってしまうであろうということは疑いを容れぬところである。田園復興についてのもっとも重要な問題は、地方の負債負担を軽減することである。この地方の負債こそは、今日インド農民の生活を麻痺させているものなのである。しかし、英国の協力を待たずしてこれが解決方策を講ずることはおそらくははなはだしく困難なことだと思われる。

しかしながら、インドの政治家たちは、保護主義の政策にしがみついて離れようとはしない。この保護主義政策によって、結局は、英国の対インド貿易は麻痺させられ、英国の勢力は非常に弱められるであろう。その結果は英国が藩王諸国に条約によって誓ったところの海陸両面におけるインド防衛の責任を、英国がついに果たしえざることになってしまうであろう。

英印円卓会議が解散して後、国民会議派の陣営は分裂したために、会議派の地位は弱いものになった。これはラムゼー・マクドナルド氏が、インドの各種宗教的および人種的団体の裁定について意見を発表したことが主なる原因となって、会議派の陣営に分裂をきたしたものだと言い得る。このことは、藩王らのなかのある者をして、彼らの利害関係を有する諸問題について、裁決をあたえてしまうことを無理に急がなくともよろしいという態度をとらせるかもしれない。何となれば、会議派の分裂によって、諸政党の勢力関係はインド連邦が成立し発足するあかつきにおいてはむしろ保守主義に傾くのではないかとの希望を、藩王らが抱きうる情勢になってきているからである。しかし、藩王らのかかる態度は危険をはらむものであると言えよう。その理由如何。けだし、もしもインドの全政治家どもが、藩王らは英国政府を支持する傾向があると感じた場合には彼ら政治家は、実際において全体として団結をかためて、藩王らに対抗すべき陣営を整えるというようなことが、容易に起こりうると推測されるからである。それ故に、藩王らはここにおいて躊躇《ちゅうちょ》しているべきではない。否、彼ら藩王たちは、一番最初にまず、彼らは必要と感じている英国からの保護条件が打ち建てられるべきことを確実にしておくべきである。なかんずく、彼ら藩王の間には、相互に統一ある結束がなければならない。これこそは、如何に強調しても強調し過ぎることのない重大な点である。この団結なくしては、藩王らのインドは、その地位を喪失してしまうことになるであろう。英国国民は、今日あるがごとき藩王国等の生ける政治組織を如何にして維持していくかについて、ひたすら心を悩ましているのである。しかしながら、もしもインド藩王らが相互に協調して動き、かつインド民衆の目から見ても藩王らの存在が合理的なものであるということが認められるのなければ、英国の藩王国維持の念願も到底不可能なものになってしまうであろう。

政治的権力が、その国土の保守的な分子の手中にあるときにのみ、名門の人々による政治が可能なものである。ところで、インドにおいては、言葉の通常の意味においての保守主義は、藩王国および都市にあらざる地方においてもっとも強力である。もしも諸藩王国が、帝国の首都にそのもっとも優れた人々を代表として派遣するならば、それらの代表者たちは、英領インドおよび比較的穏健《おんけん》な都市の大小の地主代表らと適当な比率をもって、政策を左右するに足る強力なブロックを構成するであろう。とくに、彼ら代表が回教徒の支援を得た場合は、なおさらに強力なブロックを構成することになるであろう。そして、これらの回教徒こそは、全体として、過激派の戦術を忌み嫌っている人々である。

もしも上記のごとき結合ができた場合には、諸藩王国の代表らは、インドおよびイギリス帝国のために、はかりしれぬ価値ある勢力をふるうことができるであろう。しかしながら、彼ら代表らがインド連邦における一つの安定的要素として、充分にその威力を発揮し得るがためには、まずその前に充足する必要のあるいろいろの条件がある。すなわち第一に藩王国の大多数がインド連邦に加入することが必要である。何となれば、もし規定の最小限度の藩王国数のみが、インド連邦に加入するのみであったならば、その勢力は全印におよばぬ力弱きものになってしまうであろう。第二に、藩王国のインド連邦加入の諸条件は、すでに他の箇所で述べておいた諸理由によって、できるだけ伸縮性《しんしゅくせい》に富んだものにすることが必要である。第三に、もっとも重大な事柄であるが、すべての藩王国が、強力にして安定せる政府に対して充分な援助をあたえるために、その目的が一致することが必要なことであろう。

もしも藩王らが上に述べたような仕事を果たすとすれば、その結果インドの政治全体に対して、一つの安定化の力となるのだということはほとんど疑いのないところである。過激派の連中といえどもこの議論に無関心であるわけにはいかない。諸藩王らはただ一つの政策 ―すなわち英国と相携えてインドを完全な自治に自然的に発展させていくというただ一つの政策― のみを支持する決意を固めたのであり、かつまた藩王らは自己の軍事上の地位を弱化することを絶対に容認せぬのだということを、もしも過激派の連中が感得《かんとく》するにいたるならば、あるいはもっとも悪いところのみを表示してきた過激主義も徐々に消滅していくのではないかという若干の希望がもちうるであろう。

藩王らが、事物の新秩序のなかにおいて完全に自己の力量を発揮するためには、彼らは自国の民衆をその背後にしっかり握っていなければならない。しかし、今日の状態では遺憾ながらそういう具合にはいっていない。そもそも絶対的な専制政治と責任政治とは、無限に相並行して存続することはほとんど不可能だと言っていいであろう。多くの藩王らは、よくこのことを理解している。そこで、ある指導的な団体が藩王の政治について自己否定的な法令の大体を述べたのであった。これは、取りも直さず国境の彼方から藩王らに浴びせられた非難に対する一つの解答だと言い得るだろう。善き政府の必須条件として彼らが規定したものは、次のごとくである。

一、合理的な王室費

二、勧告または諮問機関および法律制定機関としての代表議会

三、近代的原則にもとづいた法制

四、公平なる裁判
五、在職期間を保障された有力にして能率的なる文官

その他、軍隊の俸給は高く支払わるべきこと、および軍の士官は、祖先以来何らかの尚武《しょうぶ》の伝統をもった家族のなかから徴募さるべきことも規定してあった。最後に、君主自身は除外して、一般に行政官も法廷の判決に服すべきことも示唆されている。確かに、かかる種類の制度は、民衆に対して信頼の念を吹き込むことであろう。かかる治政の下において、もしもインドの藩王らが、その人民に接触する機会をよくもつならば、人民の忠誠の心をつかみかつ永く人民をして藩王に忠義をつくさせることができるであろう。かかる君主と人民との間に緊密な調和が存在するにいたるならば、国境の外部から藩王国を覆滅させようとする勢力が入り込んで働くこともなくなり、藩王国破壊の亡霊も姿を消すようになるであろう。そして、具眼《ぐがん》の士が見て、依然藩王国の統治は水割りされない専制主義にのっとっているのであり、ただ、英国駐在官を恐れるのあまり多少その程度を加減しているのだといわれるごとき状態はもはや消滅するにいたるであろう。そこには、真に善き統治を志す君主と、政治を信頼する忠実なる人民との融合が見られるようになるであろう。

本書の他の箇所において、筆者は、もっとも太古からのインドの政治制度すなわちラージプート藩王国について論述しておいた。ここに記憶にとどめておくべきことは、家長制度は、独裁政治に対して種々の制限を課し、同時に藩王の諮問会議に対して、藩王国内の各種の団体が適当な代表を送ることを規定していたということである。藩王国に対する英国の軍事的保護は、その自然の結果として、各種団体間の結合力を弱める作用をなした。しかし今やインドは、多分に民主主義的観念を取り入れた政体の下に新たなる政治的統一を行なうことになったのだ。したがってラージプート族の酋長（族長＝藩王国支配者）らは、彼らの民族の古代に存した政治的総合を再び組織せんと試みることは、まさに骨折り甲斐のあることだと考えうべき情勢になったのである。そして、古代の総合的政治の再建によって、政府の政策を決定するにあたって、藩王らの直臣たるサクルスすなわち封建的領主（領地を所持せる高位の臣下）、僧侶、村落の部落会、および組合等と藩王との協力が復活されうることを望み見ることができるようになるであろう。

バローダ藩王国のガイクワール大王（ガイクワールは王朝の名）は、古来の村落の部落会を復活して、それを基礎とし地方会議を構成し、地方会議を通じて立法議会を構成する政策をたてた。この政策は非常に興味ある一つの実験であって、バローダ以外の諸藩王国　―たとえ英領インドには不適合であるとしても―　に対して一つの先例を提供することになるであろう。

インドにおいては、知識階級の人数が過剰で就職に困難を感じている現状であるが、各藩王国政府は、かかる雇用に必要な人員を超過するインテリゲンチャをつくる結果種々の困難な問題を発生せしめぬように気をつけてきた。しかしながら、インドにおいて民主主義が将来いよいよ発展してくるにつれて、高等教育の必要がますます切実なものとなってくるであろう。この要求は、多分職業教育については自由制度をとることによってなかば充足することができるであろうと思われる。

今や、我々は全体的な結論を述べるべきところへきた。インドは現在分岐路に立っているのである。インドは果たして、混乱に通ずる路を選ぶであろうか、あるいはまた、英帝国内の自治的な一単位として、秩序ある進歩の道をたどろうとするのであろうか。

もしもインドの藩王らが、全力を挙げてインド連邦の達成に努めるならば、平和と進歩の道が選ばれることになるであろう。そしてまた、藩王らが全力を傾けてもっとも賢明な道を考慮するならば、平和と進歩の道を選ぶ外はないであろう。

しかし彼ら藩王は、この圧倒的に重大な責任を負担すべき資格を充分にもっているであろうか。彼らはかつてベンガルの大暴動に際しては強力な防波堤の役割を果たした。また、第一次世界大戦にあたっては、彼らの不動の援助があったればこそ、インドは英国に忠実なる態度を一貫したのであった。現在の危機に際して、インドの無政府状態に対する強力な障壁を同様に構築するか否かは、一つに藩王らの手中にゆだねられているのである。

すべてこれらのことは、英国の軍事的勢力を維持するのに役立つものである。彼ら藩王は、インドの軍隊の背後には、海陸よりする侵入に対してインドの国土を保護すべく大英帝国の全力が整えられているのだということを忘れてはいない。藩王らは、英国皇帝の存在によって、インドにおける彼らの利益を確保してもらえることを信頼してさしつかえないのである。英国が過去において彼ら藩王にあたえ、今もなおあたえつつあるところのものに対する代償として、平和的進歩を確実ならしめるのにもっとも必要な道徳的援助を、インド総督および英国皇帝に対してあたえるであろうか。

藩王らの声望威信、彼らの富、行政上の実際的経験、彼らの多くが具えている指導者および政治家としての優れた性質、これらすべては、連邦政府のみならず、またインド全般において、彼らに重大な地位を付与することになるであろう。

しかしながら、インドおよび彼らの藩王国の利益のために、彼ら藩王らが自分の力を遺憾なく発揮するがためには、彼ら藩王は、民主主義を注入しようとまた注入しないとにかかわらず、英領インド—否そのときはすでにもはや英領とは呼びえないであろうが—　における同様の、そしてまた多くの場合においてより優れたる政治を、自己の人民たちにほどこすことが必要である。

「付」Appendix

インド藩王国について

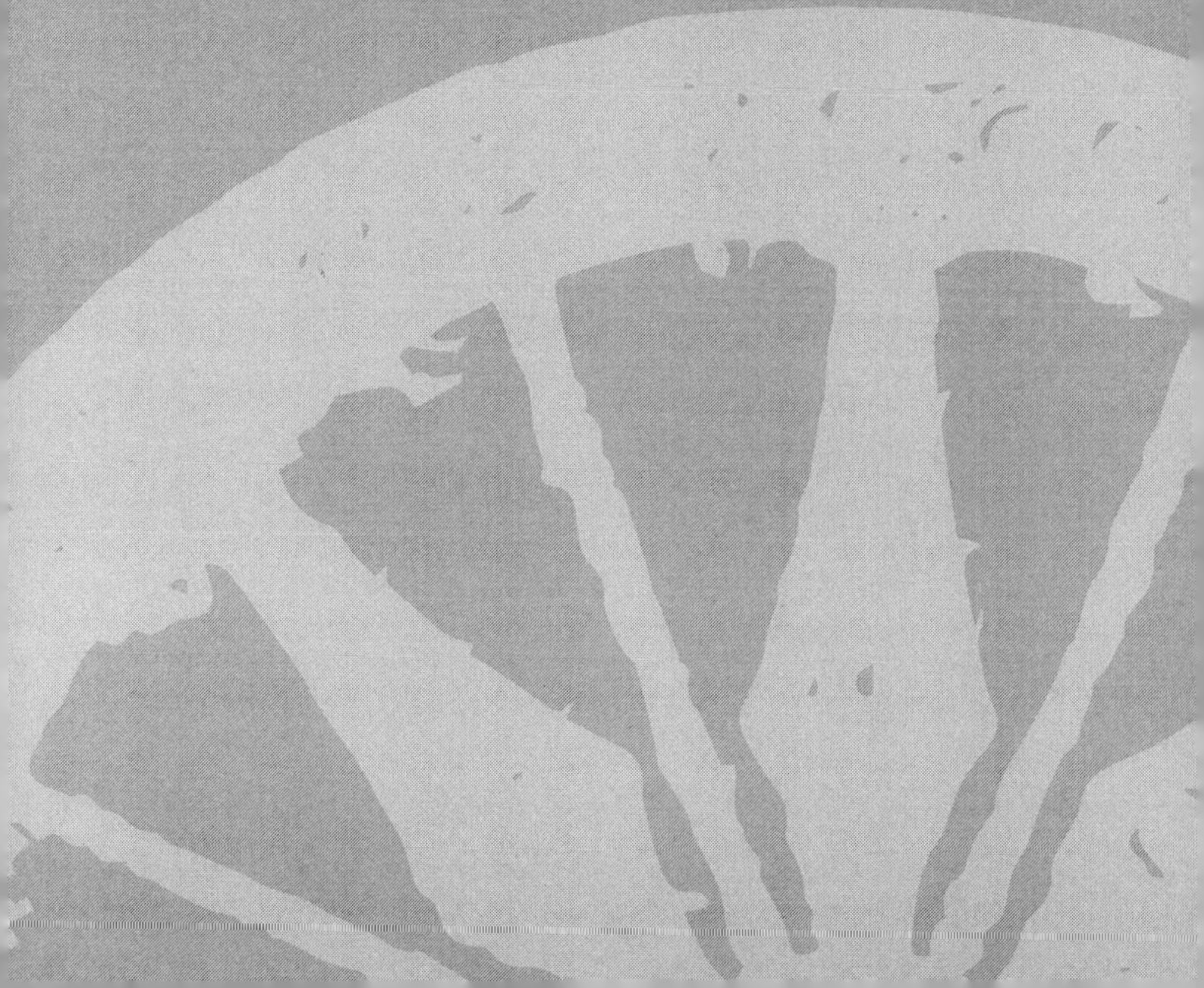

付

印度藩王国について

野副重次

一　藩王国の概説

インドの独立は現代人類の大きな問題の一つとさえなっている。しかもこの独立運動たるや、ヒンドゥー教徒と回教徒、藩王等々とその利害の方向は三方にわかれ、区々として帰一《きいつ》するところを知らない。一はインド全体の独立を求め、他はヒンドゥー教徒の圧迫を逃れるため別個の独立国をつくらんとし、しかもその援助を支配者英国に求めている。同じ英国と款《かん》を通ずる藩王国はまた独立に反対することによって自己の封建的夢を貪《むさぼ》り続けんとしている。

かくのごとく不統一な独立運動がかつて世界史上のどこにあったであろうか。しかも支配者の横暴と差別観を糾弾する独立運動の最中において、同じインド人でありながら人間の取り扱いをうけず、人間としての再生を拒否され、他の階級からさわるべからざる、見るも穢らわしき生物なりとみなされている人間が三千五百万人もいるという現実を我々は如何に理解していいだろうか。

インド人は果たして一民族なりといいうるであろうか。インド人は果たして、人種差別撤廃の問題を云々《うんぬん》し、支配者に対する不平をならす資格があるだろうか。インドが独立したる場合、果たして一国民として、また一国家としてよく統一調和融合して平等なる生活を営みうるであろうか。インドは切離されたる国土の五分の二を如何に取り扱わんとするか。そこに行なわれている二十世紀の唯一の封建生活を如何に処理せんとするか。

アーリアの差別的人種観とそのカースト制、印回の不和、驚くべきかつ信ぜられぬ二十世紀の封建藩王国、しこうして英国の帝国主義的支配、それを脱せんとするおのおの違った見地からする独立運動、我らは不可解と謎と混乱とを脳裡よりとり去ることができない。しかもインド独立問題は現実である。とくに大東亜戦はこれに徹底的解答をあたえんとしている。我らはインドの謎の一つである暗黒の藩王国について一般常識的知識を記載して読者の理解の便に供《きょう》したいと思う。

インドは行政上、中央インド政府に直属する英領インドと、いわゆる藩王国とに区分される（註一）。前者は別記のごとき十の自治州と総督に直属する五つの長官州からなり、後者は英人駐在官を派遣する七つの大きな藩王国と自余《じょ》の小藩王国をあわせた十の藩轄区からなっている。後者は内政上ある程度の自治を保持し、英国皇帝を代表する副王に隷属する封建領である。これら諸藩王国中、弱小なるものは、いわゆるエージェンシーに統合され、副王または各州の知事に隷属する駐在官《エージェント》の監督の下におかれている（註二）。

註一、英領インド

（イ）自治州―アッサム、ベンガル、ビハール、オリッサ、中央、連合、パンジャーブ、西北国境、シンドボンベイ、マドラス

（ロ）長官州―英領ベルチスタン、クールグ、デリー、アジメール・メールワラ、アンダマン・ニコバル列島

二、灌王国

（イ）藩王国―ハイデラバード、マイソール、トラヴァンコール、グワリオール、カシミールおよびジャンム、バローダ、シッキム

（ロ）藩轄区―ベルチスタン、中央インド、グジャラート、コーラプール・デカン、マドラス、パンジャーブ、東部、ラージプタナ、西インド、西北国境州

註二

地域	国名	面積（平方マイル）	人口（人）	宗教	収益ラクルピー	国王（称号）	礼砲（発）
アッサム	マニプール	八、六三八	四四五、六〇六	アニミズム	九・五	マハラジャ	一一
ベルチスタン	カラット	七三、二七八	三四二、一〇一	回教	一三・九	カン	一九
	ラ・ベラ	七、一三二	六三、〇〇八		三・五	カン	
	クアラン	一四、二一〇	一九、二二五		一・〇	ナワーブ	
中央インド（セントラル・インディア・エージェンシー）	インドール	九、九〇二	一、三二五、〇八九	ヒンドゥー教	一・二六	マハラジャドイラージャ	一九
	ボーパル	六、九二四	七二九、九五五	ヒンドゥー教	八〇・〇	ナワーブ	一九
	レワ	一三、〇〇〇	一、五八七、四四五	ヒンドゥー教	五一・八	マハラジャドイラージャ	一七
東方諸国	クッチ・ビハール	一、三一八	五九〇、八八六	ヒンドゥー教	四〇・〇	マハラジャ	一三
	トリピュラ	四、一一六	三八二、四五〇	ヒンドゥー教	三三・〇	マハラジャ	一三
グジャラートおよびバローダ	バレイジナー	一八九	五二、五二五		二・五	ナワーブ	九
	バンスダ	二一五	四八、八〇七		七・五	マハラバラ	九
	バリヤ	一八三	一五九、四二九		一二・〇	マハラール	九
	バローダ	八、一六四	二、四四三、〇〇七	ヒンドゥー教		マハラジャ	二一
	キャンベイ	三九二	八七、七六一	ヒンドゥー教	一三・〇	ナワーブ	一一
	チョタ・ウダイプル	八九〇・三	一四四、六四〇	ヒンドゥー教	一二・〇	マハラワール	九
	チャランプール	七〇四	一一二、〇三一		八・〇	マハラナ	九
	ジャワール	三〇八	五七、二六一		三・五	ラージャ	九
	ルナワダ	三八八	九五、一六二		五・五	ラージャ	九
	ラージピプラ	一、五一七・五	二〇六、八五四	ヒンドゥー教	二五・〇	マハラナ	一三

	サチン	四九	二二、一〇七		五・〇	ナワブ	九
	サント	三九四	八三、五三一		五・〇	マハラナ	九
レワ・カンタ（以下十六か国はレワ・カンタ・エイジェンシー内に入る）	アガー	一七	三、五八六		〇・三五		
	ブアダーワ	二七	一一、〇四八		〇・九三		
	チアリアー	一一	二、九四六		〇・一九		
	ガッド・ボーリアッド	一二八	一一、二六三		〇・五二		
	ジャムビュゴーダ	一四三	一一、三五八		一・三一		
	カディイナ	一三〇	一七、五六〇		一・〇一		
	マンドワ	一六・五〇	五、五九五		〇・九四		
	ナスワディ	一九・五〇	六、五三六		〇・四二		
	パレイスニ	一二	二、七五八		〇・三二		
	サンジエリ	三四	八、〇八三		〇・八一		
	シオーラ	一五・五〇	四、五三二		〇・三二		
	スアナー	一一・二五	一、八四〇		〇・三〇		
	サーゲイナ	三六〇	一五、二五八		〇・九三		
	ユーチャッド	八・五〇	三、三六二		〇・三三		
	ユーメタ	二四	五、六二二		〇・七〇		
	バジリヤ	二一	五、九六八		〇・五三		
（以下十八か国はサンケダ・メワ区域に入る）	アルワ	五	一、七五七		〇・〇九		
	ブイロディア	九	二、五五八		〇・二〇		
	ビオーラ	一・七五	二六六		〇・〇二		
	チョラングラ	一六	二、七一五		〇・一五		
	チューデスワー	二・五〇	六四四		〇・〇三		
	デュードプール	一・七五	一二九		〇・〇〇六		

地域	国名	面積（平方マイル）	人口（人）	宗教	収益ラクルピー	国王（称号）	礼砲（発）
続（以下十八か国はサンケダ・メワ区域に入る）	ジラル・カムソリー	五	一、二五三		〇・一〇		
	ナリヤ	一	一七六		〇・〇一		
	ナンガム	三	六二五		〇・〇三		
	パンタラブディ	五	九三五		〇・〇六		
	ランプーラ	四・五〇	一、九八二		〇・一一		
	レンガン	四	五八九		〇・〇四		
	シンドイアプーラ	四	九六七		〇・〇五		
	バンマラ・エリヤ・ダメイシア	一〇・五〇	二、三七九		〇・二二		
	ベイサン・シュワーダ	一二・五〇	一、六〇四		〇・〇八		
	ベイサン・バープール	一二・五〇	四、五七一		〇・三三		
	バーランプーラ	一	一〇七		〇・〇一		
	ボーラ	五	一、四〇七		〇・一一		
（以下二十二か国はパンドウ・メワ区域に入る）	アムラプール	二	四〇七		〇・〇一		
	アンゲイド	四・二五	三、七九八		〇・一二		
	ダーリー	三・七五	一、四五四		〇・〇六		
	ドッドカー	三	一、〇四六		〇・〇五		
	ガダーデイ	三	四三〇		〇・〇一		
	ゴートダ	四	一、四五九		〇・〇七		
	エトワー	六	一、五六九		〇・〇三		

続（以下二十二か国はパンドウ・メワ区域に入る）	ジェサー	一・五	五一四		〇・〇三		
	ジュムツカ	一	三七二		〇・〇一		
	カノーダ	三・七五	一、三八七		〇・〇四		
	カララ・パギ・ヌ・ムバド	一	一三三		〇・〇〇八		
	メブリ	五	一、七〇二		〇・〇八		
	モカ・パギ・ヌ・ムバド	一	二〇七		〇・〇一		
	ナーラ	三	四五三		〇・〇〇〇九		
	パンドウ	九	二、三四一		〇・〇八		
	ポイチャ	三・七五	一、〇一八		〇・〇三		
	ライカ	三	五五四		〇・〇六		
	ラジプール	一・五〇	一九五		〇・〇二		
	バクタプール	一・五〇	三九〇		〇・〇二		
	バーノル・マル	三・五〇	六八四		〇・〇一		
	バーノリ・マティ	二	三四二		〇・〇一		
	バーノリ・ナニ	一	八七		〇・〇〇四		
（以下十四か国はダング区域に入る）	アマラ	一一九・七七	六、二三五		〇・〇四		
	アブチャー	七・八七	六二二		〇・〇〇二		
	ビルバリ	一・六五	二七		〇・〇〇〇八		
	チンチリ・ゲイデッド	二七・二三	一、三〇五		〇・〇〇六		
	ダーブアベイティ	七六・二五	四、三四三		〇・〇四		
	ゲイドビ	一七〇・八二	七、七六七		〇・〇六		

地域	国名	面積（平方マイル）	人口（人）	宗教	収益ラクルピー	国王（称号）	礼砲（発）
続（以下十四か国はダング区域に入る）	ジャリ・ガークアデイ	八・一七	五〇一		〇・〇〇一		
	キリー	二一・〇〇	一、二五〇		〇・〇〇八		
	パラスビーヤ	二・〇二	一三九		〇・〇〇一		
	ピンプレイドビ	三・四四	一二五		〇・〇〇二		
	ピンプリ	七二・九四	二、二三三		〇・〇四五		
	シブベイラ	四・九九	四九九		〇・〇〇四		
	ベイディヤワン	四・九〇	一四七		〇・〇〇一		
	ベイサーチ	一三二・一四	七、三三九		〇・〇四		
ガリヤー	ガリヤー	二六、三九七	三、五二三、〇七〇	ヒンドゥー教	二四七・六四	マハラジャ	二一
ガリヤー・レシデンシー	ランプール	八九三	四六四、九一九	ヒンドゥー教 回教	五一・〇〇	ナワーブ	一五
	ベナレス	八七五	三九一、一六五	ヒンドゥー教	一九・〇〇	マハラジャ	一三
ハイデラバード	ハイデラバード	八二、六九八	一四、四三六、一四八	インド教	九〇五・六二	ニザーム	二一
ジャンムおよびカシミール	カシミール	八四、四七一	三、六四六、二四三	回教	二五〇・八九	マハラジャ	二一
コーラプールおよびデカン	コーラプール	三、二一七	九五七、一三七	ヒンドゥー教	五〇・〇	マハラジャ	
	ジャンジラ	三七九	一一〇、三八八	ヒンドゥー教 回教	一一・〇	ナワーブ	
	サワントワディ	九三〇	二三〇、五八九		六・五		
	サングリ	一、一三六	二五八、四四二		一六・〇		
	ミユドール	三六八	六二、八六〇		三・二		

	プオール	九一〇	一四一、五四六		五・〇		
マドラス	トラヴァンコール	七、六二二	五、〇九五、九七三	ヒンドゥー教 キリスト教	二六八〇〇・〇	マハラジャ	一九
	コーチン	一、四八〇	一、二〇五、〇一六	ヒンドゥー教 キリスト教	九三・六四	マハラジャ	一七
	ピュードコツタイ	一、一七九	四〇〇、六九四	ヒンドゥー教	一九・五一	ラージャ	
マイソール	マイソール	二九、三二六	六、五五七、三〇二	ヒンドゥー教	三九八・二八	マハラジャ	二一
北西国境諸国および部落民諸国	チトラル	四、〇〇〇	八〇、〇〇〇	回教	六・三〇	メター	
	部落民諸国	二五、七九二	二、二五九、二八八				
パンジャーブ	パティヤーラー	五、九四二	一、六二五、五二〇	ヒンドゥー教 シーク教	一四一・八	マハラジャ	一九
	バーワルプール	一六、四三四	九八四、六一二	回教	四三・七	ナワーブ	一七
	シンド	六、〇五〇	二二七、一八三	回教	二三・六	マー	一五
	ジンド	一、二九九	三二四、六七六	ヒンドゥー教 シーク教	二五・五	マハラジャ	一五
	ナブア	九四七	二八七、五七四		二八・三	マハラジャ	一三
	カプータラ	五九九	三一六、七五七	ヒンドゥー教 回教	三二・八	マハラジャ	一五
	テーリ	四、五〇〇	四七〇、一〇九	ヒンドゥー教	二〇・〇	ラージャ	一一
	マンデイ	一、一三九	二〇七、四六五	ヒンドゥー教	二一・八	ラージャ	一一
	サームール	一、〇四六	一四八、五六八	ヒンドゥー教	七・五	マハラジャ	一一
	ビラスプール	四五三	一〇〇、九九四	ヒンドゥー教	三・〇	ラージャ	一一
	バスアール	三、四三九	一〇〇、一九二		四・二		九
	メイラーコトラ	一六五	八三、〇七二		八・九		一一

地域	国名	面積（平方マイル）	人口（人）	宗教	収益ラクルピー	国王（称号）	礼砲（発）
パンジャーブ 続	ナラグール	二七六	五〇、〇一五		二・一		一一
	ケオンタール	一八六	二五、五六〇		一・七		一一
	ファリドコット	六三八	一六四、三六四	シーク教 ヒンドゥー教	一七・四		一一
	チエンバ	三、一二七	一四六、八七〇	ヒンドゥー教	九・四	ラージャ	一一
	スケット	三九二	五八、四〇八	ヒンドゥー教	二・六		一一
ラージプタナ	ジョードプル	三六、〇七一	二、一四三、八四八	ヒンドゥー教	一六四・〇六	マハラジャドイラージャ	一七
	バイカナー	二三、三一七	九三六、二一八	ヒンドゥー教	一二六・八	マハラジャドイラージャ	一七
	ジャイプル	一五、五九〇	二、六三一、七七五	ヒンドゥー教	一四一・九七	マハラジャドイラージャ	一七
	ウダイプル	一二、九四一	一、六一一、三七三	ヒンドゥー教	一六・五二	マハラジャドイラージャ	一九
シッキム	シッキム	二、八一八	一〇九、八〇八	ヒンドゥー教	五・〇	マハラジャ	
西方諸国	カッチ	八、二四九	五一四、三〇七	ヒンドゥー教	二・四	マハラジャドイラージャ	
	アイダー	一、六六九	二六二、六六〇	ヒンドゥー教	一・〇七	マハラジャ	
	ジュナガール	三、三三七	五四五、一五二	ヒンドゥー教 回教	六・二	ナワーブ	
	ナワナガール	三、七九一	四〇九、一九二	ヒンドゥー教 回教	八・四	マハラジャ	

西方諸国 続

バーヴナガル	二、九六一	五〇〇、二七七	ヒンドゥー教 回教	七・八	マハラジャ	
ポールバンダル	六四二	一一五、六七三	ヒンドゥー教	一・六	マハラジャ	
ドランゲイドラ	一、一六七	八八、九六一	ヒンドゥー教	一・八七	マハラジャ	
ラドアンプール	一、一五〇	七〇、五三〇	ヒンドゥー教	〇・五八	ナワーブ	
マルビイ	八二二	一〇六、八三四	ヒンドゥー教	三・〇	マハラジャ	
ゴンダル	一、〇二四	二〇五、八四六	ヒンドゥー教 回教	三・七六	マハラジャ	
ジャフラバード	五三	一二、〇九二			ナワーブ	
ワンケイナー	四一七	四四、二八〇	ヒンドゥー教 回教	〇・五	マハラジャ	
パリタナ	二八九	六二、一五〇			ターコール・サーヒブ	
ドロール	二八三	二七、六三九			ターコール・サーヒブ	
リンブデイ	三四四	四〇、〇八四			ターコール・サーヒブ	
ラージコート	二八二	七五、五四〇			ターコール・サーヒブ	
ワツドワン	二四三	四二、六〇二			ターコール・サーヒブ	
ビジャイナガル	一三五	八、四九一			ラオ	

（ステイツマン年鑑一九四一年版より作製）

もちろんこれらの藩王国は面積わずか数平方マイルというような小さなものもあり、英・仏の本国くらいの大きさの大国もある。また藩王国の歳入は約三、五〇〇万ポンドに達しているが、このうち約三、三〇〇万ポンドまでは比較的重要な大藩王国でしめており、約四五〇の小藩王国はその残りの二百万ポンドをわけているに過ぎない。

これらの藩王国は、いみじくもある評者のいえるがごとく、「光輝く専制政治の貯水池」であり、そのなかにおいては善い意味においてよりもより多く悪い意味においての中世的封建政治と生活とが展開せられている。しかしインド現行社会制度の下において、これら藩王（マハラジャ、ラージャ、あるいはニザーム）たちに近代的統治者たることを要求することは無理であるかもしれない。けだし彼らは生まれ落ちるなり媚《こび》を職業とする臣下に取り巻かれ、惰弱と腐敗、淫靡《いんび》の王宮空気のなかにおいて、自らを「小なる神」と看《み》なすように教育されているのみならず、彼らの成年後のヨーロッパへの留学は、彼らを堕落せしめんと待ち受けている英国の懐へ飛び込むことに他ならず、したがってもし彼らが王位を継承する頃までに立派な放蕩者《ほうとうしゃ》になっていないとすれば、それこそむしろ不思議なくらいであるからだ。もちろん例外はある。しかしそれは何処までも例外に過ぎない。

大多数の藩王国はいくつかの農村をもつ封建的領地である。英人は藩王にその住民を自由に搾取《さくしゅ》することを認め藩王国を英領インドと対称して『インド人のインド』と名づけている。あらゆる藩王国においても支配的であるものは徭役《ようえき》労働であり、租税は英領インド諸州におけるよりも遥かに重く、藩王は土地全体の所有者である。農民はわずかに彼の小作人にすぎない。のみならず、あらゆる場合、例えば藩王の家族の一員の結婚式、祭日等に関して莫大な年貢や租税をとるほかに、住民に時には租税以上の『贈りもの』を強要する。ある藩王国のごときは（例えばラージコート）つい最近まで、初夜権が藩王にあたえられていたという。英国政府は『通例の意義における』奴隷の不在を強調しているが、事実上の奴隷はラージプタナ国や西部諸国に現在でも存在している。一九二一年の調査では、ラージプタナおよび中央インド藩王国だけに一六〇、七三五人の奴隷がいた。彼らはすべて農奴であり、特別の許可なくしては藩王国から出る権利をもたない。彼らは一般に警察官、官吏の職につくことができない。強制労働は藩王国のほとんど全部に存在し、労働者や職人や農民は、藩王や役人たちの命令するままに、何時でもまたどんな長時間にわたっても働かねばならない。

藩王国の経済がインドにおいてもっとも遅れているのはもちろんである。大多数の藩王国には国の予算と藩王の個人財産との区別がない。藩王は自己の個人的な必要のために国の収入の大部分を支出する。しかもこれに加えて藩王の私有財産ならびにそれからの収入もまた莫大なものである。世界的富豪の一人といわれるハイデラバードの藩王だけがその好例ではない。

藩王国住民の識字率は英領インドにおけるよりもさらに低い（約八％）。例えば、もっとも発達した藩王国だとせられているハイデラバードでさえも識字者は三・三％といわれている。藩王国の住民には何ら公民的自由は存在しない。大多数の国では公衆の集会は、あるいはまったく禁ぜられ、あるいは厳重に制限されている。藩王国では労働者、農民の組織は禁ぜられている。英領インドで認可されている幾多の新聞も藩王国では見られない。発達しないためではない、禁ぜられているのである。例えば千四百万以上の人口を有するハイデラバード国においてさえ英語の新聞が一種、マラーティー語の週刊が一種、テルグ語（この国の大部分の使用語）のものが一種、週刊のものおよびウルドゥー語のもの二、三種があるだけである。英領インドで発刊されている三八種の新聞もここではその購読を禁ぜられている。ナリシンガルでは警察で新聞購読者のリストがつくられている。

きわめて少数の場合を除けば、これらの藩王の家は、古代から連綿としてその国々に君臨したものではない。また、同じくほんのわずかな例外を除けば、藩王諸国の国境は、インド史上の境界線とは何ら一致していない。つまり今の国境も、これを支配する藩王国もともに、英国の帝国主義によって定められ設立されたものなのである。したがって、各藩王国の住民は他国の住民と、種族も言葉も宗教も違っていなければ、また社会上および経済上の制度にも何ら異なるところがない。彼らを区別するものはただ、英国がつくり出した国境という障壁《しょうへき》と、この障壁によって生じた過去五十年間における発達の程度の相違だけである。

一八七〇年以来、インドにはさまざまな変化が起こったが、この変化はきわめて徐々ながらも藩王諸国へも入ってきた。鉄道や貿易でさえもが、やがてこれらの自治領土に手を伸ばしてきた。その上、英国の保護が保障されたので、支配者たちは統治の責任感を消失するとともに、人民が反乱しはせぬかという一抹《いちまつ》の不安から解放されてしまった。

こうして経済不振と社会衰微が、あらゆる拘束から解放された思いのままの貴族政治と結びついて、藩王国にその特色を刻《こく》するにいたった。その特色とはすなわち、支配者側の貪婪《どんらん》飽くことを知らぬ臆面もない搾取《さくしゅ》と被支配者側の萎縮しきった奴隷根性とこの上もない絶望感とが一緒になって、国全体の雰囲気が悪徳と堕落で靡爛《びらん》しきっていることである。

大きな藩王国のなかには、比較的に進歩している国もある。例えばトラヴァンコールとバローダでは、各州よりも文盲者が遥かに少ない。また、マイソールでは大規模な発電事業が行なわれているし、その他、いくつかの藩王諸国では織物工場もはじめられている。だが全体として見ると、藩王諸国は英国の直轄地よりも農業でも工業でも遅れていて、道路もなければ、病院などはもとより、もっとも初歩的な公共事業でさえも全然ないのが多いのである。

さらに、藩王国のなかには、たといかたちばかりのものにもせよ、ともかく民主政治を採用しはじめたものもあるが、その数はほんのわずかにすぎない。そしてそうした国には選挙や議会はあるが、進歩している国の一つであるマイソールにおいてさえも、議会は滅多には開催されず、しかも開催されても顧問機能以上を出でない。大多数の国の政府は、王宮から発せられる命令のまにまに動いているのであって、普通の意味での立法権は全然存在しない。つまり、立法、行政および司法の一切の権力がみな藩王の手に握られており、しかもその藩王たるや、多くの場合、病的な性格とまではいかないにしてもかなりの変人で、その大概のものが、ヨーロッパやアメリカの遊び場でぜいたくな歓楽生活を送っているいわゆる不在君主なのである。

藩王国の歳入の主要財源はいうまでもなく税であって、英領各州の場合と同じように、農民や商人や労働者などの階級から集められる。なお、地租や入市税や関税のほかにさらに、一種の人頭税や家畜税や結婚税および葬式税などと、まったく藩王の意のおもむくままに課せられるためにどうにも類別できないような税がいろいろとある。納税取立請負もまだやんではいない。このほか、ただ藩王自身の利益となるような、ひどい搾取的な専売を行なっている国があることはもちろんだ。

藩王の気ままな意志以外に法律がないとすれば、藩王国に公民の自由などはありえようはずがない。公《おおやけ》の集会、図書の刊行、団体の組織などのことは、大概の国で禁ぜられている。また禁ぜられていない国でも、これにはまず藩王の裁可を得なければならない。例えばハイデラバード国では、集会は、警察と幾度か交渉を重ねた後でなければ開くことができない。マイソールやトラヴァンコールやバローダなどのような比較的に進歩している国でさえも、言論、出版および団体の組織については、ほんのわずかしか自由を許されていない。また、どんな人でも何の取り調べもなくて無期限に投獄されたり国外追放に処せられたりもする。個人の財産などは、裁判の真偽らしいものさえもない以上に、なお易々《やすやす》と、国庫に没収されてしまったりもする。それに、藩王はそれぞれ絶対の主権者であることとて、藩王の悪行に対しては何ら訴える方法がない。

藩王国はいずれも英国のインド侵略当時、英国に款《かん》を通じ今日まで余命を保つところのムガル王朝時代の諸侯、地方長官および免租所有者の領有する国であり、換言すれば英国がインド支配の都合上つくり残した帝国主義的第五列に過ぎない。したがって英国は、(一)、その藩王国構成上、巧妙な分離政策を工夫し、諸侯間の合従を防止し、(二)、その内部行政に中世的専制段階を保たしめて人民との摩擦を期待するとともに、駐在官、藩務官を通じて絶対支配権を確立したのである。

読者は藩王国分布地図によって見られるごとく、藩王国の配置が如何に無秩序であるかを認められるであろう。藩王国間の条約は英国との条約によって堅く禁ぜられている。藩王国の数が正確にはわからないといえば、読者はきっと不思議とされるであろうが、それは、シムラ丘陵、ビルバイのごとく荘園や封禄地《ほうろくち》に類するものまでもふくみ、しかもこれらはその増減が常ならぬからである。

もっともこれらの中世的藩王国間にもその横断的組織として藩王会議《ナレンドラマンダール》 Narendra Mandal or Chamber of Princes と藩王国大臣委員会 Committee of Dewans とがある。しかしそれらは英国の傀儡機関《かいらいきかん》にすぎない。すなわち前者は一九二一年に設立されたものであって定員二十名であり、年一回会議をデリーに招集する。なお同会には毎年総裁の選ぶ四名の委員からなる常務委員会がある。しかしこの会議には皇帝名代が議長として出席し、ここに討議を許される問題は藩王国間あるいは藩王国と英領インド間のきわめて一般的な問題に限られ、しかもその議題も事前に議長の承認を必要とする。またその投票権は国の大小に関せず一票である。このことは一流国の感情を害し、現在では実際二流以下の小国しか出席せず、その出席者の数も大概四五十名にとどまっている状態である。そのため英国でもついに一九三九年末、新たに大臣委員会を設けて対藩王国活動の中枢機関とせざるを得なかった。

既述のごとく、英国は藩王国内の政治をわざと中世的暗黒状態に放置した。ガンジーをして甘くも「地上の神の国」と呼ばしめたかのマイソール国やもっとも民主主義的政治が行なわれていると称されているトラヴァンコール国、これらをふくめた全藩王国五百八十四か国を通じて立法議会を有するものの四十か国、高等法院を有するものまた四十か国、行政と司法の両部門を有するもの三十四か国なりと称せられているが、これらとても単なる名目に過ぎず、いずれの藩王国も依然絶対専制であり、藩王の行動が即法律であり、予算を公表し王皇費を制限するものはわずか五十六か国に過ぎず、他はいずれも国家収入がすなわち藩王の個人収入となっており、また藩王個人の宗教をもってその国の宗教政策は方向づけられ、なかには異教徒たる国民の大多数に対し恐るべき圧迫政策をさえ採っているところもある。

英国は東インド会社時代に藩王諸国と結んでいた従来の攻守同盟に一歩を進め、会社の覇権承認と交換に相手藩王国を保護する旨の条約を結んだ。これをサブシディアリー協定 Subsidiary Treaties といい、今日の英国と藩王国間の関係はこれにもとづいている。(註)

註　例えばバローダ国との間に結ばれた同協定によれば、東インド会社は藩王国の内政に干渉せぬを前提として、(イ)外国および会社と同盟関係にある藩王国との外交権の放棄、(ロ)政府よりの外国人顧問、とくにフランス人の放逐、(ハ)会社軍隊の国内駐屯権、(ニ)駐屯軍隊の費用支出のため一部領土割譲、以上の四項からなっている。

すなわちに藩王国は軍事および外交権について英国に代表せられ、さらに王位継承に関し、その承認を必要とし、藩王の称号、礼砲の数等についても英国の決定にしたがわねばならない。場合によっては退位をさえ要求せられる。鉄道の新設、河川工事についてさえも英国の許可が必要とせられ、鉄道沿線の司法権もまた英国に譲渡せられている。そこで残っているのは国内治安維持に必要な数の軍隊の保有と国内の統治権だけである。誠に英国の権力は絶大である。

英国はこれらの藩王の支配にあたり別に政治部 Political Department を設けてその主権の代行を管掌《かんしょう》せしめている。しこうして前述七人の駐在官と十人の藩務官は、この政治部の監督の下にその任務を遂行する。すなわち英国の藩王国統治は『皇帝の権限におけるクラウン』―インド大臣―皇帝名代―藩務部―駐在官または藩務官なる一連の組織の下に行なわれている。

なお藩王国と中央または地方政府、あるいは他の藩王国との間に起きた紛争に関しては、皇帝名代が通常英印高等法院の判事一名と当事国代表一名宛をもって組織する仲裁裁判所によって解決にあたる慣例となっており、この場合その判定に不服のときはインド大臣に訴えることを許される。しかし如何にもっともらしい形式と方法をとろうとも、もともと東インド会社時代の古い条約を基礎としたものである以上、その間各種の矛盾は一掃さるべくもない。なかにも朝貢金および割譲地問題のごと

きはその矛盾のもっともなるものであろう。(註一、註二)

註一　本来この朝貢金と割譲地の問題とは、藩王国が東インド会社に軍隊の派遣を求めたる場合、その費用として提供したものである。したがってその必要もなくなった今日では、もはや英国側にそれを提供せしめる理由はないにもかかわらず、依然会社から一切の権利を継承したと称して今なお条約の履行を各国に強制し続けているのである。

そのなか朝貢金を納付する国は二百二十か国であるが、その金額は年二百四十五万ルピーを支払うハイデラバードから肩掛二枚を献納するカシミールまでがあって一様ではない。しかしその現金だけの総額でも、現在中止中の三十一万五千ルピーをのぞいて実に五百六十三万九千百四十四ルピーに上り、前記ハイデラバードのごときは今日までに三億七千万ルピーを支払った旨が強調されている。したがってこれは第一次円卓会議以来しばしば問題となり、もし英国がその廃止を承諾せねば朝貢金を納付する一流国が連邦参加を拒絶し、連邦制の成立が不可能の形勢となり、今日にいたるもいまだ解決していない。(脇山康之助氏著「インドの政治問題」一〇六頁)

註二　割譲地をいまだ返還されない憂き目を見ているのはハイデラバード、バローダ、グワリオール、インドール、サングリの五か国であるが、このなかもっとも被害の大きいのは旧領の三分の一を奪われたバローダとベラールを失ったハイデラバードである。ことにハイデラバードは東インド会社への負債五百万ルピーとその軍隊派遣費として年収千百九十万ルピーのベラールを奪われ、その超過返還金も過去四十年間わずか九十万ルピーという小額にとどまったため、ついにカーゾン総督時代には両者砲火を交えんとする形勢にさえなった。このため一九三五年法においては、これら五か国に連邦加入と軍事的保障を放棄する代償として一定の年金を支払うことになり、とくにハイデラバードに対してはベラールにおいて英国旗と藩王旗を併用してハイデラバード国の主権を明示することにしたが依然領土は返還せず、将来に禍根を残している。

また同様の問題にカントンメントCantonmentの問題がある。これもやはり東インド会社時代の遺物たる軍隊の半永久的駐屯地で、英国はこれによって軍隊を入れえぬ藩王国の戦略的要地を合法的に占領し、しかも治外法権を享有している。最近藩王国側の運動でハイデラバード、インドール二国のそれは返還したが、マイソールその他の分はいまだに占有して返還せず、問題となっている。（脇山氏前掲書一〇七―八頁）

しかし藩王国の地位と性格、言いかれば藩王国に対する英国の支配権、それらをもっとも明確に決定するものはいわゆる至上権力に関する問題であろう。従来「インド政府はこれまで最高主権の名で藩王国の内政に干渉し、朝貢金を徴収し、外交を代行して、政府＝最高主権者の観があった。したがってもし政府が最高主権者であれば、結局インドに完全な自治政府の生まれるあかつきには、藩王国が英領インドのインド人をもって組織する政府の監督をうけなければならなくなる。これは藩王国として大問題である。

藩王国側の法律顧問レスレー・スコットは「一、過去に締結せられた一切の条約は藩王とクラウンとの関係において成立せるもので、東インド会社あるいはインド政府との間に結ばれたものではない。

二、これらの条約にクラウンおよび英国臣民を信頼して藩王の結べるものなるが故に、第三者に議渡しえない」と、藩王国のために有利なる解釈をくだした。

これは藩王国にとってきわめて有利であるとともに、英国のインドに対する主権を確固不動ならしめんとするものでもあった。したがって同問題について政府側がつくったバドラー委員会でもただちにこの解釈を採用し、『藩王国と最高主権《パラマウントパワー》との関係は藩王国とクラウンとの関係である』と述べ、条約に対する責任、履行には英国議会に責任をもつインド大臣および総督を通じて行動する旨《むね》明確に規定した。またこの主張はサイモン委員会にも採用せられ、英藩合作となる有利な地位が藩王国に保障され、ついに一九三五年法の中心をなす基本的条約となり、一九三七年四月にはインド総督と皇帝名代の間の職能分離が行なわれ、藩王国が英領インドの最高統治者たる総督の下を離れ、直接皇帝名代を通じてクラウンの監督をうけることになった。

しかしこの結果は、連邦制が生まれた場合の連邦政府と藩王国との関係がきわめて微妙複雑にならざるを得なかった。すなわち藩王国の統治部門は、その場合、連邦への委譲《いじょう》事項と非連邦事項にわかれ、前者は連邦政府、後者は皇帝名代の下に立つ藩王国自身が処理することになるのであるが、この場合これを連邦高等法院で処理することができないのである。したがって委譲事項に対するサボタージュの余地をつくったともいい得る。

ある論者はこれを藩王国に対する不当なる厚遇ないし譲歩とも言った。しかしこの厚遇ないし譲歩も決して英国の利益を犠牲にして行なわれたものではない。むしろそれを強化する線に添って行なわれたことは、これに続くパラマウント・パワー（Paramount-Power）の権限および活動範囲の問題で厳然と示されている。

すなわち時に必要を感じては条約の範囲を越えて内政干渉をなし、またレディング総督はハイデラバードの藩王の円卓会議の要求を拒絶して『インドにおけるクラウンの主権は絶対最高である。故に如何なるインド藩王国の支配者も英国政府と同等の立場に立って商議を要求する資格はない』といい、バトラー委員会のごときも次のごとく述べた。『藩王国とパラマウント・パワーとの関係は一世紀以上もたった過去の条約による単なる契約を基礎とする関係ではない。それはウエストレーク教授も述べるごとく、歴史、理論、近代的事実に基礎をおく環境および政策によって生まれ、生きかつ成長するところの関係である。』

以上の英国の態度に驚愕した藩王国は円卓会議の折もこの問題を採り上げ、パラマウント・パワーの限界が決定せぬ限り、連邦制に参加しないといきまいたのであるが、英国の態度はその後も依然として変わっていない。一九三五年、インド大臣サミユール・ホーアが英国議会を試みた演説でも、クラウンと藩王国の従属関係は既定の事実なるが故に、クラウンの代表者の藩王国に対する権力に一定の限界を付することは不可能である、すなわち無限であると述べ、この問題に最後の終止符を打ってしまった。かくて英国も英領インドとの対立関係においてはある程度の好意を藩王国に示すが、一度この対立関係を離れれば、依然藩王国にとっては横暴なる主権者なることにおいて変わりのないことを暴露したわけである。

かくのごとく一度英領インドとの対立関係を離れた藩王国問題に関しては、英国はどこまでも横暴性を発揮するのであるが、英領インドとの対立関係においては十分好意を示して、英領インドの民族運動に対する防壁たらしめんと努める。いわゆるインド連邦案と藩王優遇はその代表的現れであろう。そもそも中世的封建政治形態たる藩王国と英領インドの民主的自治とを一緒にして連邦制を設けるというそのこと自身が矛盾しているのであって、これについては英本国側でもサリスベリー一派は今なお非難し続けている。しかしこの連邦案がもともと藩王国側からの提議にかかるものであり、英国としても藩王国という反動勢力を組み入れた連邦制度とすれば、英領インドの民族運動の強固なる防塞たらしめることができるから、サイモン委員会でも、藩王側の連邦制提案を採用したのである。実にインド連邦案は英国と藩王国との合作である。

かくのごとき因縁《いんねん》と目的をもった連邦案であるとすれば、その内容は自然無理とならざるを得ない。第一に連邦を構成するものは英領インドの全部と藩王国の一部である、ということである。すなわち藩王国は連邦加入を強制せられることなく、加入してもその全機能を挙げて連邦に委譲する必要がない。単に自分が承諾しうる行政部門の一部（軍事、外交、関税、郵便、電信、通貨、河川、犯人引渡しなど）を委譲すれば足ることになっている。いいかえれば、一部の藩王国が第二義的一部の機能を委譲することによってインド全体の問題について中央に大きな発言権をあたえられるわけである。しかも連邦議会に対する藩王国代表の参加の割合が非常に大きくなっている。すなわち上院定員二百六十名中、藩王国百四名、英領インド百五十六名であり、下院においても三百七十五名中、藩王国側が百二十五名で、英領インド側が二百五十名となっており、その比率から見て藩王国を故意に優遇しているのである。すなわち、インド人口のわずか二三％をしめるに過ぎない藩王国側が上院において四〇％を、下院においても、三三％をあたえられている。しかもなお藩王国議員は選挙によらず、藩王の指名によることになっており、この点からも藩王と英国の利益擁護が露骨にあらわれているのである。

英領インド側、回教側、はては英国側、また藩王側、それぞれの立場、利害関係の錯綜《さくそう》は、インド連邦案をいまだ実施の運びにいたらしめないが、連邦制は従来英国がインド独立運動を抑えるために採っていた藩王国利用の法制化とも見るべきものであって、それによるある意味における藩王国側の不安　―連邦加入による主権維持の不安と英領インドとの接触による反封建運動の国内激化の恐れ―ありとしても、藩王国の地位は永久に保障されることとなり、また逆にいえば藩王国はいよいよ英国とその運命をともにせざるを得ないようになるわけである。

二　英帝国主義の第五列としての藩王国

英国の求むるところ、藩王国はきわめて強固な封建社会を形成してインドの近代的発展の致命的障害となり、もって近代的独立運動侵入の防壁を形成している。

東インド会社も英国政府も、一八五七年のインド兵反乱まではその領土拡張政策上、その主権者が失政を行なった場合にはこれを廃し、あるいは主権者が死んでも直系の相続者がなかったり、その他いろいろな理由のある場合には、その国を併合し続けてきた。しかしダルハウジー総督は賢明にもこの政策を放棄して、民族精神の統一と形成なきインドの分裂と利害の錯綜を積極的に利用する方法として、これら藩王国の主権者たちを保護することによって、英国のインド支配の堡塁《ほうるい》要塞たらしめんとしたのである。この政策はまさに適中した。

インド人はインド的観念にとぼしく、国王を売ることを恥と思わなかった。すなわち大多数の藩王は土民兵《セポイ》反乱の際英国側に味方し、反乱の鎮圧に協力した。バハドゥール・シャーは捕虜となり、ここにムガル王朝の滅亡となった。すなわち藩王は自分らの手によって彼らの主君を倒し、もってインドの主権を英国に捧呈《ほうてい》したのである。初代総督カンニングの「藩王の永続およびその統治権保障」に関する声明は、実にかかる国土売却の対価であったのだ。爾後《じご》マハラジャに対する英国の政策は、代々の総督に委任せられたため、その総督の変わるたびに多少変化したのであるが大体において若干干渉政策的であった。(註)

註　一八五八年以後十年間は、不正および悪政の行なわれた場合政府の干渉が行なわれた。英印両政府とも藩王国の好きな国内統治に対する責任を容認したが、あるときはまた行政方法を規定し、それを採用すべき命令をパラマウント・パワー、すなわち英国国王のもつ至上権力であると主張した。この責任と声明は、英国国王がこれら藩王国との協定あるいは条約によって生まれるところの至上権力であり、この東インド会社時代から継続する権力は全インドの進歩と繁栄をはかるべき義務を有すという見地に立って行なわれるものであった。

しかるにインドにおいて民族解放運動が成長したとき、藩王国に対する政策も変わった。藩王は成長しつつある民族解放運動排撃の闘争に依倚《いい》しうる勢力と見なされた。英国政府は藩王国の土地に手をつけてはならぬと考えた。藩王にはその国の住民を搾取《さくしゅ》する自由が付与された。

その後民族解放運動の成長とともにこの傾向はますます強化されていった。藩王国の統治に対する干渉は弱められ、『非常に拙劣《せつれつ》な支配が永続し、公正な裁断が行なわれぬことが常となった場合にのみ』若干の干渉が行なわれたに過ぎない。(註)

註　インドにおける民族解放運動が激化するにつれてその後英国の政策は次第に藩王擁護の方針にしたがうようになった。藩王たちは英帝国主義にとってますます大なる意義をもつにいたった。英帝国主義は藩王国の立ち遅れのうちに、それらがまだずっと帝国主義の予備軍として残るであろう。それ故に、帝国主義の根底は目下のところでは藩王国の内政『不干渉』にある、との保障を見出した。しかしながら、この『不干渉』は圧政に我慢のできなくなった住民が藩王に対して蜂起したあらゆる場合には藩王の援助へ、また藩王がその住民に対して、帝国主義の観点から、あまりにも大譲歩を行なったと思われる場合には藩王の圧迫へと変わった。

一九二七年藩王国問題調査のために組織されたバトラー委員会も、左のごとく、干渉は義務であると述べているにもかかわらず、今では単なる空語となっている。

かくて藩王の絶対忠誠を獲得した現在においては最大の失政が行なわれる場合でも干渉を行なわない。ここ数年の間だけでも全インド多数の藩王国においてまったく我々の信じえない暴行が繰り返されている。その国々に展開されるものは苛酷な課税と民衆の農奴的生活であり、二、三の例外をのぞいては、法律もなく、身体の自由もなく、言論、新聞、集団の自由もない。また裁判官は結局金権の前に膝を屈する腐敗分子である。不在地主の悪例も枚挙《まいきょ》にいとまがない。しかしそれにも増して驚くべきことは、いやしくも一国の行政、立法、司法の独裁者として、その責任範囲がきわめて広汎であるはずの藩王たちが、国政を放棄してあるいはダービーまたはクリケット狂として欧州都市をうろつきまわっていることであろう。マハラジャを規律する法律はない。その国を支配するものは彼の意志のみである。その役人が如何なる悪事を働こうと彼が役人である限り藩王国では処罰されないのだ。

かかる状態において、如何にして藩王国の国民に人間生活が保障せられよう。この封建的な暗黒生活を逃れる人民は、年々莫大の数に上るといわれ、彼らを生んだ土地を見棄てることそれ自体罪悪であるとせられているヒンドゥー教徒が、この挙に出ずる事情を掬《きく》すべきである。インド総督もこの状態を見て、時折マハラジャに忠告するが、彼らには依然馬耳東風《ばじとうふう》で、ただ彼らの信じていることは彼らが英帝国主義の支柱である限り、英国側で思い切った処置に出るはずはないということだけである。

元来マハラジャといえば立憲王国において憲法に対して責任をもつ国王のごとく、その国の支配者であると同時に人民の代表者でなければならない。しかし藩王国民衆の希望は、ただの一度も論究せられたことはない。故に、もし国民投票でも行なわれるとしたら、英領インドとその併合を決議したり、マハラジャに年金をあたえて馘《かく》にする場合が多いに違いない。しかし、英帝国主義支配のしからしむるところ、事実はまったくそれとは反対で、民衆にちょっとした同情を示したばかりに、かえって英国により、その地位を奪われた藩王の数のほうが、遥かに多いことを記憶すべきである。

しかも帝国主義は彼ら藩王を必要とする。「つまり藩王国は、インド搾取という帝国主義の広大な建築物の主要扶壁《ふへき》の一つなのである。」しかしせまい経済的立場だけから見れば、藩王国は大した利益は提供していない。帝国主義組織における藩王国の基本的な機能は、経済的なものというよりもむしろ政治的および軍事的なものである。まず、藩王国は莫大な人的資源をもっている。このことは英国直轄州の場合にもあてはまりはするが、藩王国のほうが直轄州よりもおくれているので、政治的な目覚めの低さと藩王たちの専制とが結びついて、民衆が政治的にすっかり目覚めている各州よりも兵員募集には遥かに都合のよい状態をつくり出しているのである。実際、藩王たちの英国に対する忠誠とは、戦時に指定された兵数を直に徴募することを意味している。いや、これは何も戦時に限らない。既述のごとく、藩王国は一八五七年の大反乱に際しては、英帝国に対する有用性を実証した。藩王が英国にとって貴重なる一つの財産であることを再確認させたものは、まったくこの場合における彼ら藩王の役立ちかたであった。こうして藩王は、英国のインドにおける恒久的な第五列となっているのである。

さらに、近年の事態の発展は、英国の帝国主義と藩王たちの利害関係とがまったく一致していることを一層明瞭にした。わけても国民解放運動の発達は、戦争危険の増大とあいまって、藩王の政治的および軍事的価値をいよいよ強めるにいたった。

故にインド政庁の傾向は、藩王の「独立を尻押しすることであり」、英帝国主義がなさんと決定していることは、「藩王の特権、権益およびその尊厳をそのまま維持する」ことである。ここに新しい「藩王保護法」は発布され、「藩王の専制を誹謗《ひぼう》することは、民衆に、インドの藩王国政治に対する憎悪もしくは軽蔑の心を植えつけ、不満の情を焚きつけるもの、あるいは藩王国の内外にある民衆の勢力を統合しようとするくわだてである」として、罰せられることになった。

「英国の帝国主義は、藩王にこのような処置を講じているが、さらになお圧力を加えて民主主義的改革を行なわないように説得している。例えば、一九三九年のはじめにインディアン・プレス紙は、インドールのマハラジャは最高権力の反対があまりに強くて、人民にあたえようと思う立憲的改革を自由に実行することができないために、自分の国を出て行ってしまったと報じている。このような例はもちろん、非常に少なく、全体としてみれば藩王はその権利を揚棄《ようき》する用意があるという形跡はない。」

まことインド藩王国は英帝国主義の産物である。封建的秩序をかかる確固たる形態に維持助長する経済的、地理的、民族的理由は全然ありえない。藩王国の存続はインドにおける英帝国主義政策の、すなわち『分割し統治せよ』の基礎である。一九三八年二月藩王国諸人民代表者会議の席上、インド国民会議派、左翼の指導者ジャワハル・ラール・ネルーは藩王国を支配している封建的体制を特徴づけ、『我がインドにとってこの体制は事実上帝国主義の発現であり……それはそれだけにおかれたならば自然消滅するであろうが、それが明らかに衰退し瓦解しつつあるにもかかわらず、イギリス帝国主義によって強化され、人為的に維持されつつある。』といい、さらに『我々がもしこれら藩王国の過去を見るならば、それらの大多数が贈りものの領地であったことに気づくであろう。しかし我々には過去を振りかえるものとてない。何となれば、イギリス帝国主義がこれら藩王国を統治していることは今においても変わりがないからである。すべて藩王国はイギリス帝国主義の笛によって踊らされ、それらの実際の主人公は英国駐剳官《ちゅうさつかん》である』と述べた。

されば暗愚にして無条件な英国びいきである藩王らは今次大戦勃発とともに、大戦参加を表明するとともに、インド独立運動阻止の任務遂行に余念がない。アガ・カーンの激電、ハイデラバード藩王国の空軍献納《けんのう》ならびに献金をはじめとし、他の藩王また先を争ってこれに続き、藩王自身英国の危機を叫んで民衆の参加を強要している。藩王の英皇帝への忠勤ぶりたるや誠に狂気の限りをつくしている。

三　藩王国における反封建運動

あるいは「インド人のインド」と呼ばれ、あるいはまた「中世的絢爛《けんらん》たる専制政治の国」と呼ばれ、あるいは「インドにもっとも適しているが故に古代より連綿としてつながりきたったもっとも理想的なる政治形態」として推称せられたためでもあるまいが、実に藩王国はつい最近にいたるまで英領インドの各種の民衆運動からまったく絶縁せられて、非協力運動も、非軍事不服従運動も展開せられず、民衆の禁令無視もなければ、怠業《たいぎょう》もなく、政治的罷業《ひぎょう》もなく、あたかも桃源無風の夢をむさぼっていた。しかるに一九三七年の州議会の総選挙と会議派の州内閣組織は、全インド民衆の自信を高めしめ、これが自然藩王諸国の民衆にも強く影響して、その人民の長年月にわたる藩王ならびにそれをとり巻く一連の支配者に対する敵意を呼び覚まさしめ、次から次へと反乱の勃発を惹起したのである。すなわちこの運動は一九三八年早々のマイソール国を皮切りとして、藩王諸国に伝播していった。とくに一九三八年においてもっとも尖鋭化せる運動はカシミール、ハイデラバードおよびトラヴァンコールのそれであった。一九三九年のラージコート、ジャイプルならびにオリッサ藩王国の騒擾《そうじょう》もまた吾人《ごじん》の注意をひくに十分であろう。しかもそれはこれまでのものとは異なって、はっきりした政治目的をもった政治闘争であり、責任政府の樹立、民主主義的自由、強制労働およびそのほか各種の封建的形式と搾取の廃止などが要求せられたのである。民衆は各所で示威運動を行なった。もちろん藩王側でもこれが撃砕《げきさい》のあらゆる手段をつくした。群衆に対する発泡、残忍な殴打はもちろん、老若男女を問わぬ滅茶苦茶の襲撃（とくにデンカナル、トラヴァンコール、マイソール、カシミールなどにおいて）

を敢行した。ラムドウルグでは群衆は刑務所を破壊して政治犯罪者を解放し警官と看守とを殺害した。ガングプールでは、苛税《かぜい》と圧迫で絶望におちいったムンド種族の農民が弓矢をもって政府に迫り、警官の逆襲にあい、ここに一大乱闘が行なわれた。

民衆の要求は概して穏便であったにもかかわらず、藩王は運動に対して残忍な態度をとった。幾多の藩王国における弾圧は、住民をして大量に彼らの農村を放棄せしめ、英領インド諸州における保護を求めることをよぎなくせしめた。オリッサのドヘンカナルの住民は約三分の一逃避し、彼らは現在オリッサの森に住んでいる。タリチユル国でも同様であり、リムブジ（カティアワール）国からはリムブジ市民の六〇％が逃亡した。移住者の財産は政府に没収され、掠奪された。藩王が自己の力をもって運動を処理できなかったところにおいては、英印当局が彼に援助をあたえ警官のみならず軍隊を派遣したのはもちろんである。

なかにも藩王国の民衆の闘争においてもっとも積極的役割を演じたのは農民大衆であった。例えばオリッサ藩王国でも運動はまず最初農村から勃発し、その要求は純粋に農民的性格のものであった。したがって責任政府設立の要求はその後に続いて提起されたのである。しこうして運動に参加した農民の政治的意識の成長は驚くべきものがあったことをここに付言せねばならない。
　上述のごとく藩王国における該運動は封建制への反抗であった。農業の領域では賦役《ふえき》労働、用益税《ようえきぜい》、封建的苛税の撤廃、租税の低減がその主要な要求であり、さらに公民の財産を藩王およびその官吏の専横から擁護せんとする要求ならびに商業の独占、手数料の撤廃が提起された。政治の領域では公民的自由すなわち言論、出版、結社および集合等　―の許可に対する要求が提起された。もっとも基本的な政治的要求は選挙制にもとづく立憲政府の樹立であった。例えば、一九三九年、グワリオールの政治会議は、グワリオールにおける責任政府の樹立、地代の低減、労働組合法賃銀支払い法規の制定、労働者の『プラージャ・マンダル』参加禁止令の撤廃、公民的自由の制限撤廃、弾圧に関する諸法の撤廃ならびに選挙制を連邦議院にもおよぼすことなどの要求が提起された。(註一、註二、註三)
　しかし全インド的規模をもってする政治的要求のうちの基本的なものは、英国政府によって強制された連邦案に対する抗議であろう。すなわち一九三八年のジャイプル国人民代表者会議は連邦に関する次の決議を採択した。
　曰く、「会議は、英領インドとインド藩王国の連邦を必要とは思惟するが、提議された連邦には反対を唱えるものである。……けだし住民に代議制を付与せぬものだからである」。かくて、藩王国における運動は経済の領域（ことに農民の要求）においても、また政治の領域においてもそこに君臨しつつある封建的施政に対する反抗であった。

藩王国における運動の先頭に立ったのは、『人民同盟あるいは人民会議』（プラージャ・マンダル、プラージャ・パリシャード等）と称せられる組織と、多数の藩王国（ことに大きな国）に存在する『藩王国会議派』であった。後者は、形式的には会議派と別個のものであって、したがってその支部ではないが、その目的と任務と組織は会議派とまったく同じうしている。

ともあれ、桃源無風の中世的専制国たるインド藩王国においても、今や暗黒政治を永く行なうことは昔物語と化そうとしている。しかも住民の藩王に対するこの反封建運動は将来日増しに熾烈《しれつ》になっていくばかりであろう。しかも英国によって軍備を制限せられ、わずかな国内治安維持に必要なる最低限度の兵力保有しか許されず、しかのみならず、昔の豪健《ごうけん》なる気風の影もかたちもないこれら藩王国の現支配階級にとっては、これが鎮圧はおそらくほとんど不可能なりとすれば、彼らは勢い、それが援助を保護者英国に求めざるを得ない。事実英国はこの目的をもって頻繁に藩王国に軍隊を派遣した。しかしかくのごとく英帝国主義とその第五列としての藩王国との利害の一致がますます痛切に感ぜられ、その共同戦線の結成が如何に強固に行なわれようとも、全インド的民族独立と社会革命とに結びつくべき反封建運動にとっては、その突破は単なる時間の問題に過ぎないであろう。

註一 「西カティアワール諸国に属する藩王国ラージコートにも人民戦線的運動が起きた。ことにこのラージコートにおいては総人口七万五千の六割までが、都市生活者であるにもかかわらず、国庫収入年百十五万ルピー（邦貨約百五十万円）のうち約六割にあたる七十万ルピー（邦貨約九十万円）を王室に奪われ、しかもラージャの飽くなき貪欲は国民の日用品たるマッチ、氷、砂糖まで政府専売の下におき、さらに財源増収の目的で賭博場を民間に許したのである。

また国家の統治規定には、立法議会の制度を規定しながら有史以来前記のごときただ一回、それもわずか二時間開かれただけで、内閣もことごとくラージャの一族、あるいは寵臣によってしめられている。ところが最近、その首相が地位を自分の子供に譲り、甥を警視総監に任命したところ、この二人とも国民になじみの薄い若輩の青年であったため、国民もこの無茶な派閥主義についに不満を爆発させた。その結果、一九三八年八月には残虐な警官暴行事件となり、これが賭博場の公認取り消しを要求する国民の対政府闘争へ発展し、統一人民委員会の結成となった。

この警官暴行事件によって、二百名の負傷者と八十名の投獄者が出た。この事件後、国民の憤怒は全国的となり、同国の警察力はついに大衆の圧力の前に威力を失うにいたった。国民は総理大臣とその甥の罷免を要求し、責任政府の樹立を叫び、かくして単なる社会改革運動から立派な政治闘争へ発展した。

このとき、国民会議派の議会局を握る穏健派の代表たるサルダール・パテルが、突然飛び込んできて同国の政治状態に猛烈な攻撃の火蓋を切った。これまで彼は藩王国問題に一切干渉しないという同派の方針を支持する一派の代表者であるためその行動は非常に注目された。彼はさらに進んでその闘争を有効ならしめるためカティアワールの××主義者とも共同戦線を結成すべしとも主張した。

この問題はきわめて興味ある発展をたどり、一九三九年三月にはガンジーの断食騒ぎまで起こした。すなわちパテルの加入に驚いたラージコートの主権者タクール・サーヒブは妥協することに決し、十名からなる国政改良委員会（内七名まで会議派の推薦）を任命して解決にあたる協定がパテルとの間に成立した。しかし、三月にいたり会議派委員数名が同国居住の英人の反対で拒絶せられたため、これに憤慨したガンジーは同三日から断食を開始してこれに抗議した。この有効適切な国民会議派の抗議にはインド政府も驚愕し、ただちに総督は断食の中止を要求する一方、最高判事のサー・モーリス・グウヤーをして一切の解決にあたらしめたため、ガンジーの断食は九十六時間の後中止せられた。しかしその後ラージコートの宗教団体が会議派に協力しないのに慣概し、ついに同派の大衆行動の中止をガンジーは命ずるにいたったため、パテルの努力も水泡に帰し、結局会議派はラージコートの支配者にあざむかれて失敗する結果に終わった。」

註二　「ジャイプルにおける大衆の反封建運動は大いに注目する必要があろう。「ジャイプルはラージプタナにおける藩王国の一である。人口二、六三一、七七五人、大部分がヒンドゥー教徒であり、回教徒は二〇万以下にすぎない。マハラジャは絶対的君主である。その下にマハラジャによって任命された諮問機関がある。マハラジャは六名の大臣を任命する。国の予算は秘密にされているが、ともかくその八分の一以上が王とその宮廷に私消されている。一九三一年住民の組織『プラージャ・マンダル』がつくられ、その第一の目的とするところは国の首都ージャイプル市の整理であった。しかるに、それに通じて民衆のなかに解放的理念が浸透するであろうことを恐れて政府はただちに同組織に反対的態度をもってのぞんだ。現制度の下では何らの社会的活動もなしえないことが証明された。それ故に同組織はその終局の目的を責任政府の樹立にありとした。一九三八年『プラージャ・マンダル』は、地方農村における学校網の拡大、債務者への援助、一連の封建的租税と賦役労働の撤廃とジャイプル市会議員選挙の指定を要求する決議を行なった。首相は、同組織を認めることを明らかにした。しかし、それにもかかわらず一九三八年十月、政府はジャイプル市会議員の少数派を選挙せざるを得なかった。一九三八年末『プラージャ・マンダル』はガンジー側近の協力者で会議派右翼の指導者、ジャムナラル・バジャジーをその代表として選出した。禁止されていたにもかかわらずバジャージーはジャイプルにおもむき、逮捕された。それに対する応酬としてこの国にはサチャグラハ、すなわち抗議のデモンストレーションが開始され、政府はこれに弾圧をもってのぞんだ。

ジャイプルの事態を特徴づけるにあたって、ガンジーは『ジャイプルの事件は非常に単純なものでラージコートの事件とは異なるものである。私の情報が確実なものとすれば、ジャイプルの首相は責任政府というイデーの平易化さえも禁じようとした。ジャイプル市民の反抗は責任をもつ政府のためではなく、「プラージャ・マンダル」に加えられた禁止ならびにシエトヒ・ジャムナラル・バジャジー代表の入市に加えられた禁止をとりのぞくための闘争である』と述べた。

ラージコートにおける運動はやはり一九三八年発展した。ラージコートはカティアワールにある小国である。人口は約八万、タクール・サーヒブという名の王が統治している。運動は首相ヴィラヴァラが広汎に行なった圧迫および偽瞞的陰謀に対する抗議として開始された。ヴィラヴァラは国務の地位を自己の一族をもってしめさせ、彼らに重要商業部門を独占せしめ、ラージコート銀行を自己の金庫とし、収賄し、好ましからぬ者をすべて逮捕し国外に放逐することによって整理した。これに対する回答としてサチャグラハが開始された。その首脳者として国民会議派の右翼の指導者サルダール・ヴァラッパイ・パテルが推された。住民の組織『プラージャ・パリシャード』は、責任政府の樹立を要求し闘争に入った。弾圧が加えられたにもかかわらず運動は進展しそれには婦人が積極的に加わった。運動を弾圧しながらもサーヒブは譲歩をよぎなくされ、一九三八年十二月彼とパテルの間に協定が結ばれ、それにしたがってサーヒブは十名よりなる改革実施委員会の任命を約した。この場合三名は官吏で王によって任命され、七名は『プラージャ・パリシャード』の議長パテルにより彼らがこの国の住民であらねばならぬという唯一の条件によって選出された。

協定締結後大衆運動はやんだ。しかるに一九三九年一月カティアワールにおける英国の手先から支持を受けることによって、支配者は、彼にとって協定は義務的なものでないことならびにパテルによって代表された候補者を認めえざることを言明した。その他、候補者中に回教徒組織およびブハヤト（特権を有する小地主カースト）の指示による回教徒代表をも包含することを彼は要求した。パテルは、これが協定の違反であることを指摘し、大衆運動はむしかえされた。回答として弾圧が開始され、運動の指導者は逮捕され、無頼の徒は示威運動者を襲い、彼らの財産を掠奪し、暴行をはたらきはじめた。農民の土地、財産は没収された。ガンジー夫人も逮捕され、死者、負傷者を多数に出した。

当時ガンジーは自ら運動に干渉した。彼の父はかつてラージコートの一閣僚であり、ガンジーは幼年時代をここで過ごした。ガンジーは、彼が事件に干渉せざるを得ぬこと、君主の協定違反に対する抗議として彼は死をもってハンガー・ストライキを行なうことを言明した。爾後ラージコート事件は全印的意義をもち、インド全土にラージコートにおける弾圧抗議の波が高まった。運動が英・印政府を脅威する性質をもつであろうと恐れた副王は、ガンジーに電報をもって、君主とパテルとの紛争問題をインド最高法院に引き渡すよう述べた。ガンジーはハンガー・ストライキを中絶し、副王との会見後、ラージコートおよびその他の藩王国における大衆的運動形態の停止に関する指示をあたえた。最高法院は、協定にしたがいパテルの推薦候補者を君主が認める義務をもつことの判決をあたえた。この判決はインドではガンジーの輝かしき勝利と見なした。しかしこの勝利は敗北に終わった。反動的な回教徒組織、地主組織が登場した。それは自己の反動的代表を委員会に加えるよう要求しはじめたが、パテルおよびガンジーはこれを拒否し、彼らはガンジーを約束の違反をもって非難した。パテルの推薦した七名のなかの六名の候補者はこの国の住民にあらずとして排斥した（それは容易なことである。何となれば、ラージコート国には形式的に認められた住民はいないのだから）。ガンジーは改革委員会の構成について話をまとめることは不可能と見て、他のプランを提起した。すなわち君主は委員会を任命するが、彼の樹立した改革案なるものは、改修をほどこし『プラージャ・パリシャード』を補足した。この提案も、また採用するところとならなかった。君主は委員会を任命し、その首脳部に有名なヴィラヴァラを据えた。ガンジーは君主とヴィラヴァラを折り合わそうと試みたが、彼には不首尾に終わった。彼はそこで、自ら敗北者であること、副王に宛てた忠告は不成功であったこと、支配者排撃のために闘うのではなく、彼らを味方に引き入れねばならぬこと、従順なる支配者のあたえたすべてのものに服従すべきことを言明した。ガンジーはサチャグラハに敗北を喫した。何となればその参加者は神を信じなかったからであると述べた。

ガンジーの降服はラージコートにおける運動に対してのみならず、すべての藩王国の運動に対して大打撃をあたえた。それは幾多の運動指導者の方向を誤らせた。例えば、トラヴァンコールにおける婦人義勇軍の指導者K・M・ゼラマは、解任を迫り、何となればガンジーは責任政府樹立のための闘争をアヒンサー（無抵抗）の実験に供したからであると述べた。ガンジーの降服は会議派左翼グループより猛然たる抗議をまき起こした。『ボンベイ・クロニクル』ならびに『アドヴァンス』のごときガンジーに忠勤を励んだ新聞でさえ、彼との完全な提携を表明しなかった。」

註三　「しかしより重大な意義をもつのは、もっとも進歩的な藩王国の一に数えられるトラヴァンコールの現状であろう。この国においては、国民会議派の全印不服従運動の展開せられるたびにこれに呼応し果敢な闘争を開始しているのであるが、一九三八年から九年にかけてもまた軍隊の発砲事件が国内三か所に起き、警官の暴行事件が毎日のように繰り返された。同国会議派の指導者たちは投獄せられたが、民衆の団結は堅く、彼らの政治的権力獲得の決意をより高く高唱した。全印に著名な同国首相《デワン》サー・C・P・ラマスワミイ・イエールは藩王国人民会議を粉砕してみせると豪語したが、粉砕するどころか、今なお解決しない大衆運動の飛沫を全身に浴びている。政府の集会禁止も一蹴せられ、市民非協力の要求に学生も参加し、女学生もまた、示威運動の先頭に立った。労働者も参加し、数千の紡績工がクイロンに集合したときには軍隊が発砲し、死者二名を出した。また同国内に勢力をもつシリアキリスト教徒もヒンドゥー教徒と提携し、インドの癌たるコミュナル問題も同国においては忘れられてしまった。彼らが何故にヒンドゥー教徒と提携するにいたったかというと、最近政府の息のかかるトラヴァンコール銀行の一が破産し、そのもっとも苦い経済的打撃を受けたからであった。

かくてラージコート事件を契機に、藩王国問題から一切手をひくと宣言したガンジーも、このトラヴァンコール事件には少なからず食指を動かした。また、現在はほとんど鎮圧されたかたちでインド政府もその禍根を断つべくその駐在官を通じて干渉の手を延べようとしているが、これらの全インド的運動へ結びつこうとする藩王国の民族運動的空気こそ、その封建的障壁が現在如何に高く、如何に堅固であろうと、やがてはそれを突破して向かうべき方向を暗示していると言える。」(脇山康之助氏、「現代印度の諸問題」)

四　各派の対藩王国態度

―国民会議派の右派、同左派、反対勢力としての回教連盟―

我らは以上において英帝国の御先捧《おさきぼう》としての藩王国の成立とその現段階における民族独立運動と藩王国内における反封建運動とに関連した英帝国の藩王国保護政策を見た。英帝国なくして藩王国はありえない。また藩王国なくしては英国のインド支配はいちじるしく危険におちいる。英帝国と藩王国とは唇歯輔車《しんしほしゃ》的相互援助関係にありとも言うべく、切っても切れぬ同生同死の因縁に結ばれている。英帝国とかくも強度な連帯関係を結んでいるインド藩王国だとすれば、インド独立を目指す諸党の藩王国に対する関心はまた重大かつ複雑でなければならぬ。しからば国民会議派と回教連盟とはこれに対して如何なる態度を採らんとするのであろうか。

しかるにまず我らの不思議に感ずることは、国民会議派の対藩王国態度の不徹底さである。それは、ガンジーの言うごとく、国民会議派は藩王国にまで手を伸ばすだけの力のいまだ生長していないためだろうか。それともインドがいまだインド国民または民族なる統一した自我の形成にまでいたらず、人種・宗教・カースト・藩王等々というがごとく分裂自我の段階にあるがためであろうか。

藩王国における運動は、今や会議派の積極的指導を必要とする段階にまで進展しており、したがってなお現在公然と不干渉方針を固守せんとする者は会議派のなかには存在しないようになっているのであるが、会議派の内部においても藩王国における運動参加問題への態度は左右両翼によって異なっている。すなわち右翼は今日までできる限り民衆の大衆運動展開を助長せずに藩王を譲歩せしめんとする政策を採った。右派の代表ガンジーはいう『私が彼らの友として、百％の調停者としてラージコートに来たことを私が語るのを藩王に信頼させたいものである。ある者は藩王を野蛮の遺物だとしているが、私はこれに同意しえないし彼らはインドに存在しなければならぬものだと考えている』と。また曰く『国民会議派は全インドを代表し、今後起こりうべき如何なる計画においても、最下層階級を容るべき余地をつくり、全インドの共有財産としてある程度の基礎的権利をあたえることによって臣下たちを融和せしむべきことを要求する』と（註）。さらに彼はN・C・ケルカー宛の書簡において述べて曰く、『藩王国に不干渉政策は賢明である。英領インドにはアフガニスタンやセイロンに対する場合以上、対藩王国政策を確立する力を欠いているのである。……余は彼らの臣下に対しての専制権を藩王国に許容し、その主権者たちに国庫収入の一定小額を彼らにあたえることによって自らを彼らの支配する人民の受託者と見なすことを許容したいと思う……余は彼らの現状をしいて破壊しようとは考えない。余は個人と社会の変革を信ずる者である』と。さらに他の書簡に言う。

『余は貴君やその他の人々同様、堕落、横暴、無節操な専制政治を嫌悪する……余もまた何人に劣らず、藩王国内の急激な改革に我慢することができない。しかし我慢はできないと言っても、それは余の――もしご希望なら我々特有の無能によって条件づけられていることを、余も認める。藩王国と英領インドの民衆間には、疑いもなく利害関係の共通することが自覚せられている。藩王国の主権者たちは一階級を構成しながら、不幸にしてそれを認識していない。彼らは、防水区画を信じているようである。彼らはこの防水区画内において英国の法律および英国の武器の保護をうけているのである』と。ガンジーは英国の第五列としての藩王の認識が浅い。したがって彼の態度はどこまでも曖昧である。しかるが故に会議派としてこれまで散々手を焼いた挙句闘争を断念していた藩王国へ手を伸ばそうとした最初の組織的試みであるマイソール国における民衆圧迫に対する非暴力行為支持の決議（一九三七年）に対して、ガンジーが過去における藩王国へ一切干渉しないという伝統を破る行為であるとして猛然と反対したとしても、あえて不思議とするに足らぬであろう。このため国民会議派は（一）国民会議派は、藩王国における市民不服従運動の開始に賛成するか否か、（二）もし藩王国民衆がかかる運動を開始する場合、国民会議派がこれを煽動《せんどう》し、友誼《ゆうぎ》的援助をあたえるか否か、（三）もし国民会議派がそのイニシアティブを採って、かかる運動の援助を継続しうる状態にあるか否か、という珍妙な問題を採り上げ（ハリプラ大会）、結局、「藩王国の民衆は英領インドの独立が達成されるまでは独立で戦え」という結論に到達したに過ぎなかったのである。

そもそも、会議派は無言のうちに、藩王国は『インド人のインド』であると認めている。それ故に藩王国の専横に対する民衆の闘争は、英国の支配に対する闘争と態度を異にしたのである。しかるが故に一九三八年国民会議派はハリプラ大会において藩王国に会議派の組織をつくることを禁じたのだ。一九三九年の大会（トリプリ）の決議が一歩進めて『会議派は、もし事態が要求するならば、将来その藩王国の民衆に対するより一層積極的な援助政策をとらんとするものである。会議派はハリプラの会議によって藩王国の会議派委員会に課せられた会議派の名による議会ならびに直接行動への参加禁止は撤廃《てっぱい》されねばならぬものであるとする』と決議したものの、国民会議派の公式の政策は依然曖昧かつ逡巡《しゅんじゅん》的なものにとどまっている。実際彼ら指導者たちは将来藩王国をどうすべきかについての所見は何らいまだ明らかにしていない。

会議派右翼の指導者は、藩王国の大衆がいまだ十分な規律なくかつその闘争方法は暴力的であるという理由をもってこの民衆運動を中止すべしとなした。故にバーヴナガル藩王国人民会議においてもサルダル・パテルは『事態は今日サティヤグラハ運動を完全に開始すべき状態ではない。ランプール、ラムドゥルグおよびガングルプールにおけるおそるべき不幸な出来事は、この国の住民であるグループの間から徐々に成長しつつある暴行への傾向を表わすものである』といって反対したのである。

しかし、社会主義者と共産主義者をもふくむ会議派左翼も、現段階において藩王政権の絶滅をスローガンとして掲げてはいない。しかし彼らはガンジーの主唱する大衆運動の中止を排撃するとともに藩王国の民衆運動に積極的に参加すべきを主張する。すなわちネルーはすでに一九二八年において、もし円卓会議が藩王国代表を参加せしめるのみで、その民衆代表を等閑《とうかん》に付するならば無意味であると言っている。彼はまた藩王国人民代表者会議の議長にまでも選ばれているのであるが、彼もまた右翼同様根本的藩王対策をもっていないのである。

インド民族自我の未形成は藩王国内大衆の反封建運動の進行ならびにこれに対する利害を混乱せしめ、したがってその対策、戦法をも撹乱《かくらん》させた。なかにもヒンドゥー教徒と回教徒間の宗教上の争いと、これと結びつける当該藩王国の支配者被支配者間における宗教上の差は、当該藩王国の反封建運動とこれが鎮圧ならしめ、英国の意識的利用方策は、さらにそれを積極深刻ならしめ、ために、国民会議派をして大衆運動の中止を行なはしめたのであった。すなわちインドの宗教、人種の差と英の積極的利用はインド各党派の対藩王国政策を混乱せしめた。かかる場合大業運動は中止のやむなきに立ちいたらざるを得ない。ハイデラバードの事態はかかるものであった。けだしそれは全民族的運動の特徴を曖昧にし、それをヒンドゥー教徒、回教徒の鏖殺《おうさつ》とする危険があったからである。

「ヒンドゥー、回教徒虐殺を挑発せんとの企図は全藩王国の主人公であるイギリス人によって藩王たちに教唆《きょうさ》されたものである。藩王国ではこの手段によってしばらくは運動を挫折せしめることができた。例えばハイデラバードのものがかくのごときであった。そこでは現在では運動はすでにヒンドゥー、回教徒間の反目という特徴をおびた。しかもこの不幸な出来事に英・印政府および藩王を援助したのは、ヒンドゥー・マハサバならびに回教徒連盟のごとき反動的宗教組織であった。ヒンドゥー・マハサバはハイデラバードの大衆運動鎮圧に少なからざる役割を演じた。回教徒連盟は、責任政府の樹立ならびに藩王国における組織の民主主義化のためにたたかう藩王国民衆の運動に対して概して敵対態度をとった。この内容をもったものはパトナおよびミールートにおける連盟会議の決議である。回教徒連盟の運動に対する態度は被圧迫民衆が回教徒であるか、ヒンドゥー教徒であるかということにかかっている。例えば回教徒連盟はカシミールの回教徒運動に対していちじるしく敵対態度をもってのぞんだ。カシミールは藩王国で、そこの住民の七〇%は回教徒であるが、彼らを統治するのはヒンドゥー教徒の君主である。カシミールの運動は宗教的性質をおびたものではなく、それは民族運動である。主要な被圧迫民衆は回教徒である。回教徒はそこの運動の先頭に立ちもっとも積極的役割を演じた。しかも回教徒連盟とは依然として同運動に敵対態度をとった。パンジャーブの藩王国　―例えばカプトハラ、パティヤーラー等も同じようなことが言える。そこの住民の大部分は回教徒であるのにシーク教徒のラージャが統治している。それ故これらの国における封建的独裁反対運動はインド国民会議派の旗幟《きし》の下に行なわれ、回教徒連盟は大衆の間に勢力をもたなかった。

これらの事実はすべてインド回教徒の利益の独占に対する回教徒連盟の要求と悪質に絡みあってい

る。連盟の行状は英国帝国主義にとってもっとも希望する方向に向けられているのである」。

五　結語

―大東亜戦争と藩王国の将来―

歴史の教えるところインドの脅威は常に西方にあり、東部国境よりの蹂躙《じゅうりん》は、インドのかつて経験せざるところであった。しかるに大東亜戦争勃発するや、インドの外郭香港、マレー、ビルマは一瞬にして奪われ、今日本軍は東部国境に迫っている。インド史上はじめての出来事である。しかもこの大東亜戦争こそは、大東亜の一環としてのインドに対して有史以来の大変革をあたえんとしているのだ。まさに釈迦以来の黎明《れいめい》である。

大東亜戦勃発前、世界大戦に対する国民会議派の態度はただ反戦運動を出でなかった。しかるにインドの東方国境にはすでに今日皇軍の進出を見、我が空軍はインド東部地方の敵米英の軍事施設を爆撃している。東條首相はたびたび「インドの完全独立を援助す」と呼びかけた。これとともにかつての彼らの同志チャンドラ・ボースのひきいる彼らの同胞インド国民軍はデリーに向かって進軍せんとしている。それでもなお、反帝国主義的にして古き英米式民主主義的なるインド民族運動家たちはその自己の理想に忠実なるため、ただ反戦の立場に終始せんとするのであろうか。それとも旧時代的観念論を清算して、大東亜共栄の理想に目覚め、ここに新たなる運命共同的独立達成の絶好の機会なりと見るだろうか。反英即親枢軸にあらず、とくに親日にあらずといい、また「英国が生死の闘争に従事するとき、不服従運動の開始はインドの不名誉なり」とさえいった国民会議派の心理も、また英との結合によりヒンドゥー教徒とは別の独立国をつくらんと考えている回教徒連盟の心理ももちろんであるが、とくに、英国皇帝への忠誠を励むことによってのみその封建的地位を維持せんとする藩王たちの立場と心理こそは、けだし複雑なるものがあるであろう。藩王とその役人らは藩王国の運命が一に大東亜戦と皇軍に対する態度如何にかかっているという明察《めいさつ》と、時いたれば今日までの英国との腐れ縁を断ちきるだけの賢明さと決断力とを有しているだろうか。

しかしひるがえって考えてみるに、そもそもインドには独立しうるだけの条件がそなわっているだろうか。条件とはインド自我の形成と英国の支配力如何である。換言すれば、前者はインド民族精神の統一と、インド独立のための全インド人の一致団結を意味し、後者は支配国たる英国の力の変化を意味する。これまでのインド独立運動はもっぱら後者の条件の変化を基礎としてのみ発達してきた。詳言《しょうげん》すれば、まず日露戦争における日本の勝利によって、アジア人必ずしも欧米人に負けるものにあらずとの精神的信念があたえられ、第一次世界大戦における英国の劣勢とインドへの求援に英国必ずしも絶大の力にあらずとの感を深くし、さら戦後世界経済における日米の躍進とインド経済の発展に、英組しやすしの感をあたえられ、いわば英国支配権の動揺という相対的条件を基礎として、インド民族運動は発達してきたのである。しかし英国の支配力はなお厳然たるものあり、英国の假借《かしゃ》なき弾圧の前にはインド独立運動の力はほとんど無力に等しかった。もちろん剣や槍を操る技が一国の興廃を決した時代ならば、堅き民族の団結をもってすれば、容易に支配者の束縛より脱しうるであろうが、今日この驚くべく発達せる武器の前には、如何に大衆の団結ありとするも、その独立の達成はほとんど不可能と言わなければならない。すなわち、インド独立は支配者英国の武力を破壊し去る他力の加わらざる限り到底その実現は不可能である。換言すれば、インドは独力をもってその独立を獲得しうるものにあらず、インドの独立は他によってはじめてあたえられるものである。実に、ここに、インド独立と大東亜戦争との不可分関係がある。インド独立の性格は彼ら会議派の夢想するがごとき国際デモクラシー的なるものではない。遥かにその時代を超え、広域共栄圏的なるものである。インドの独立も日本によってあたえらるべき大東亜の一環としての更生に他ならない。このことはビルマをはじめとするあらゆる被圧迫アジア諸民族の解放のすでに明らかに教えるところであり、あえてインドだけに限ったことではない。

ただこの場合問題は、（一）インド民族の一致団結とその民族的統一如何と、（二）大東亜戦に対する彼らの態度如何である。

インドは果たして、過去においても現在においてもよく一致団結しているであろうか。また将来独立のあたえられた場合にもよく一致しうるであろうか。インドの独立が日本によってあたえられるとしても、この場合における従来のごときインド諸派の不一致では、その成長は困難なりといわねばならぬ。過去現在においてインド独立運動のはなはだ不振にして英国になめられ、奔弄《ほんろう》せられた最大原因がここにあり、また独立国としてその実質を獲得しさらに発展し行くことの困難の最大原因もまたここにあろう。インドの独立と成長にはインド人の一致団結を絶対条件とする。インド民族精神の樹立といい、インド民族の形成といいまたインド自我の形成というもこの意味に他ならぬ。インドには果たしてこの条件が備わっているであろうか。遺憾ながら否である。すべての読者の知られるごとく、インドの社会ほど、雑然として不統一であり不調和であり、その利害の錯綜《さくそう》せるところはほかにまたとあるまい。かの抜くべからざる階級観念―人種差別観念、ヒンドゥー教徒と回教徒の争い、英第五列としての藩王等々、かくのごとく混乱した社会が他にあろうか。インド人には真の共同の利害に関する自覚がいまだにかけている。彼らはいまだ団結して一つの民族にまで成長していない。現在インド民族なるものは実在しない。それは将来の希望にすぎぬ。インド精神もインド自我もなお形成途中にある。現在あるものは一部的のものであり、また分裂的のものである。かくのごとき状態にある限り、インド民族運動は他の条件を抜きにしても、その成功はおそらくおぼつかなかろう。すなわちインドは（一）カースト制の撤廃、（二）回印対立の解決、（三）藩王国問題の解決、なる三つの社会革命を経《へ》ざる限り、その成長は不可能といわねばならぬ。インドの独立問題とこれらの社会革命とは不可分だ。

しかしかかる社会革命を通じてのインドの一致団結の獲得までには長き時間を要するであろう。しかもインドを取り巻く現実はあまりに切迫している。現実は待ってはくれぬ。右の問題の未解決のまま、インドは共栄的独立をあたえられるであろう。インド民族運動は決して孤立した運動ではない。アジア—すなわちタイ、ビルマ、ジャワ、中国そして日本までの—復興の一環としての運動であり、したがって今日の大東亜戦争によってはじめてあたえらるべき一環の宿望《しゅくぼう》に属する。したがってこの偉大な現実は、如何にインド自身に独立達成の能力を欠こうとも、また如何にインドが現実の解決に無力であろうとも、やがて大東亜戦争の発展とともに彼らにあたえられるであろう歴史的必然であり、ここに大東亜戦争とインド民族運動の不可分性が横たわっているのだ。独立は日本によってあたえられ、独立して後諸々の問題の解決は行なわれるであろうが、ただこの際誰が政治をとるかは、誰が日本と協力したかにかかってくる。かくてインドは各種の社会対立的呉越同舟《ごえつどうしゅう》のまま独立の彼岸に導かれるであろう。そしてその独立の彼岸に運ばれるとともに諸々の社会矛盾は、改革の大嵐にぶつつかるべく、藩王国問題もまた、その根本的問題の一つとして採り上げられるであろう。英国の第五列、したがってもっとも転向に困難なるこれらの藩王たちの立場と、その時代遅れの政治形態の運命については、読者のご賢察《けんさつ》におまかせしよう。

—昭和十八年九月—

「付」　インド藩王国について

本説明文「インド藩王国について」の執筆にあたって、参考した引用書は、主として、レオナルド・シフ著「現代印度の構成」（国際文化協会訳ならびに脇山康之助氏の「現代印度の諸問題」）と、脇山康之助氏著「印度の政治問題」ならびにシェルヴァンカの著書（江口芳樹氏訳「白日のインド」、世界経済研究会訳「印度の政治と経済」）とステイツマンス年報一九四一年版中の「藩王国と藩轄区」である。併読参照せられんことを希望する。なお大東亜学術協会編『印度の文化』中の「印度のカスト制度」、プーグレ著「印度のカスト制度」（藪中静雄氏訳）、矢内原忠雄氏著「帝国主義下の印度」、総合印度研究室編「印度の抗戦力」、須田禎一氏著「印度五千年史」、ドッドウェル著「印度史」（寺田顯男氏訳）に負うところも少なくない。以上諸著書の引用箇所、頁について一々書きあげるべきであろうが、手引説明文であって、論文ではないから、それは省くことにした。ご諒承願いたい。

「付」 インド藩王国について

訳者紹介

訳著国土計画研究所は昭和十六年八月十二日政府の日本ならびに東亜の国土計画設定に対し、理論的側面より協力する目的をもって設立されたものである。研究の一部は同研究所の四季版「国土計画」に迫加発表されている。所長、高田保馬博士。所在地、東京都神田区一ツ橋二丁目五番地。

中川書房識

初版本奥付

インド藩王国―教養向け―

昭和 18 年 12 月 15 日初版印刷
昭和 18 年 12 月 20 日初版発行

(2000 部) い 130170 号出版会承認

訳者　国土計画研究所

発行者　中川　澈
東京都本郷区本郷五丁目八
印刷者　福神 和三
東京都京橋区銀座西一丁目七（東東四八六番）

発行所　中川書房
東京都本郷区本郷五丁目八番地
（会員番号一二一〇四〇）
電話　小石川（八五）二三五二番
振替東京　一四八三八六番

配給元　日本出版配給株式会社
東京都神田区淡路町二丁目九

定価　四・八〇
特別行為税相当額　・一五
合計　四・九五

著者紹介
ウィリアム・バートン
William Barton
（1871―1956）
イギリス生まれ。英領インド時代のパンジャーブ、北西辺境州などで勤務。１９３４年、『Princes of India』（邦訳『印度藩王国』）出版。１９５６年没。「Sir」と「K.C.I.E.」の称号を得ている。

・本書はオンデマンド印刷で作成されています。
・本書の内容に関するご意見、お問い合わせは、発行元の
まちごとパブリッシング info@machigotopub.com までお願いします。

印度藩王国-Princes of India-（Classics & Academia）

Digital Publishing

2017年11月14日　発行

著　者　ウィリアム・バートン
訳　者　国土計画研究所
発行者　赤松　耕次
発行所　まちごとパブリッシング株式会社
〒181-0013　東京都三鷹市下連雀4-4-36
URL　http://www.machigotopub.com/
発売元　株式会社デジタルパブリッシングサービス
〒162-0812　東京都新宿区西五軒町11-13
清水ビル3F
印刷・製本　株式会社デジタルパブリッシングサービス
URL　http://www.d-pub.co.jp/

MP186

ISBN978-4-86143-320-7　C0326　Printed in Japan